帛書《易傳》初探

廖名春著

文史哲學集成

文史哲出版社印行

國家圖書館出版品預行編目資料

帛書《易傳》初探 / 廖名春著. -- 初版. -- 臺北
市：文史哲, 民 87
　面：　公分. -- （文史哲學集成；401）
ISBN 957-549-175-0(平裝)

1.易經 - 研究，考據等

121.1　　　　　　　　　　　　　　87014820

文史哲學集成　㊶

帛書《易傳》初探

著　　者：廖　　　名　　　春
出 版 者：文　史　哲　出　版　社
登記證字號：行政院新聞局版臺業字五三三七號
發 行 人：彭　　　正　　　雄
發 行 所：文　史　哲　出　版　社
印 刷 者：文　史　哲　出　版　社
　臺北市羅斯福路一段七十二巷四號
　郵政劃撥帳號：一六一八〇一七五
　電話 886-2-23511028 · 傳眞 886-2-23965656
實價新臺幣四八〇元
中 華 民 國 八 十 七 年 十 一 月 初 版

帛書《易傳》初探
目　錄

自　序

　　本書收錄我關於帛書《易傳》的十九篇論文和六篇釋文。這些論文和釋文都是我來清華大學思想文化研究所任職以後寫的，從一九九二年八月至一九九五年九月，時間三年零一個月。比起「十月懷胎」來，這本書所花的時間和心血都要多得多。

　　本書大約可分為五個方面的內容。第一編「帛書《易傳》簡說」是關於帛書《易傳》除《繫辭》以外的五篇的基本內容的介紹，共四篇小文。它們都是在初步完成這五篇帛書釋文工作之後，應陳鼓應先生之約寫的。由於帛書《易之義》和《要》篇的釋文最早完成，所以先寫出了《帛書〈易之義〉簡說》和《帛書〈要〉簡說》。這是一九九三年三月之事。隨著帛書《二三子問》釋文的完成，我又寫了《帛書〈二三子問〉簡說》，這是一九九三年四月之事。隨後又寫了《帛書〈繆和〉〈昭力〉簡說》。這四篇《簡說》，後來都刊登在《道家文化研究》第三輯（上海古籍出版社，一九九三年八月）。

　　《帛書〈二三子問〉簡說》是研究帛書《二三子問》的第一篇論文。此文認為于豪亮先生將《二三子問》一分為二是錯誤的，「夕沂若，厲无咎」前後都是交叉論述乾、坤兩卦爻辭之義，不能因二三字的空而忽視其前後意義的聯繫。又指出其引《易》以今本卦序為準，與帛書《易經》的卦序並不相同；其解《易》與《象傳》、《大象傳》、《文言》、《繫辭》較為接近，尤近於

《文言》、《繫辭》中的「子曰」。《二三子問》不可能是荀子一系學者的作品，當是孔子弟子保留下來的孔子說《易》的遺教。本文的最後一段，原稿本無，是後來發表時應陳鼓應先生的要求補寫的。

《帛書〈易之義〉簡說》是研究帛書《易之義》的首篇論文。該文認為帛書《易之義》後面同於今本《繫辭》的部分，是其摘引《繫辭》文而成的，它引《繫辭》文多次稱為「《易》曰」就是明證；此外，從行文風格上看，它改動《繫辭》而成文的痕跡非常明顯。從其引用經文的情況看，它一般都以今本卦序為序。該文又懷疑帛書《易之義》原有尾題。其「後記」又進一步報告，作者從帛書的照片中找到了載有該篇尾題的殘片，其中一字為尾題，另外兩字為所記字數，惜當時未能將尾題之字識出。

《帛書〈要〉簡說》認為《要》篇的篇名與其體裁形式及作者的易學思想密切相關。《易》之要，不在於筮數，而在其德義，這是孔子的遺教，可能就是該篇以「要」名篇并通篇記敘孔子論《易》的重要言論的原因。從《要》篇所載史實可知孔子對《易》態度曾有過相當大的變化，「夫子老而好《易》」而遭到子贛的激烈反對，說明孔子晚年以前視《周易》為卜筮之書，不予重視，這種態度對子贛等弟子影響甚深，所以當孔子一反常態「老而好《易》」時，子贛就以孔子的「它日之教」來反詰。《易》在今文家的六經次序中排第五，在古文家中居首，這兩種排列，可能與孔子對《周易》態度的變化有關，應視為孔子弟子間的不同傳承。

《帛書〈繆和〉〈昭力〉簡說》是研究這兩篇帛書的首篇論文。該文認為這兩篇帛書行數應在八十四行左右，其中《繆和》約七十行，《昭力》十四行。《繆和》、《昭力》中的「子曰」，

應即「先生曰」，是歐陽修所謂的「講師之言」。《繆和》後面部分，大量用歷史故事來解釋《周易》卦爻辭之旨，可以說開了以史證《易》派的先河。這些歷史故事，大多見於《呂氏春秋》、《韓非子》等書，但往往比《呂氏春秋》、《韓非子》等所載更爲詳實，說明它是在《呂氏春秋》、《韓非子》之前寫成的。

本書的第二編「帛書《繫辭》論辯」收有五篇論文專門討論帛書《繫辭》。《論帛書〈繫辭〉與今本〈繫辭〉的關係》原是我一九九二年十月二十八日在北京炎黃藝術館召開的北京《周易》研究會會議上的發言初稿，後刊於《道家文化研究》第三輯。該文指出，從帛書《繫辭》與今本《繫辭》語意不同的異文比較證明，帛書《繫辭》的祖本非常接近於今本《繫辭》；從帛書《繫辭》與今本《繫辭》詳略的比較可知，帛書本少於今本的許多章節、段落、文字，在帛書本的祖本中原是存在的；而《易之義》、《要》的記載則說明，在帛書寫作時，《繫辭》已被稱之爲《易》而作爲它們的材料來源。這一切證明，在帛書《繫辭》、《易之義》、《要》寫作時，今本《繫辭》的內容都已基本形成。因此，以帛書《繫辭》爲據證明今本《繫辭》的許多內容晚出的論點，是不能成立的。

《論帛書〈繫辭〉的學派性質》一文寫於一九九三年四、五月，刊於《哲學研究》一九九三年第七期，但因篇幅過長被刪去了近一半的內容。該文針對王葆玹、陳鼓應先生帛書《繫辭》較今本更近於《繫辭》原貌，帛書《繫辭》是戰國時期道家學派傳本的觀點，從帛書《繫辭》的祖本、帛書《易傳》諸篇的內容、帛書《繫辭》的思想構架、周秦至漢初易學的源流四個方面進行考察，指出王、陳的說法誇大了帛書《繫辭》同今本的差異，顚倒了兩者之間的關係，定錯了帛書《繫辭》的學派性質，帛書《

繫辭》是儒家而決非道家的傳本。看到《哲學研究》的清樣後，陳鼓應先生手持清樣跑到清華筆者家裡，要求筆者修改，並說他慣於打筆戰，不要怪他不客氣。我以爲這是說笑話，不想眞地應驗了。以顧頡剛對待錢穆的故事來看陳先生，涉世未深的我，眞是跌破了眼鏡。

《讀〈也談帛書繫辭的學派性質〉》一文寫於一九九三年九月，該文是對陳鼓應《也談帛書繫辭的學派性質》（《哲學研究》一九九三年第九期）的回應。該文認爲陳文關於先秦儒家解《易》基本特點的歸納有問題，從事理上言，重人道教訓，主張「不占」與講天道變化並非「非此即彼」的矛盾關係，反而，二者更容易融合。從帛書《要》所載孔子「好易」、「緣易」的事實和《莊子》〈天下〉篇所載「鄒魯之士」的「《易》以道陰陽」說來看，先秦儒家視《易》爲講天道之書是不可否認的。陳文以蔡澤、顏斶爲戰國時期道家解《易》的代表，以顏斶所引《易傳》爲道家學者解《易》的作品是不能成立的。帛書《繫辭》只是一個抄本，當有底本存在，認爲它是最原始的《繫辭》是錯誤的。

《帛書〈繫辭〉與今本〈繫辭〉的關係及其學派問題續論》寫於一九九四年十一月，刊於《國際易學研究》第一輯（華夏出版社，一九九五年一月）。該文是對王葆玹先生《〈繫辭〉帛書本與通行本的關係及其學派問題——兼答廖名春先生》（《哲學研究》一九九四年第四期）一文的回應。王文名爲「兼答」，實則每一段都是與我商榷。我針對王文所提出的問題，指出帛書《繫辭》少於今本的部分，大多在其底本中是存在的；帛書《易之義》、《要》同於今本《繫辭》的文字，大多是它們稱引、改編《繫辭》造成的；不能只看到今本《繫辭》不見於帛本《繫辭》的部分有的出現在帛書《易之義》、《要》裏，就認爲今本《繫

辭》是揉合帛書《繫辭》、《易之義》、《要》而成。事實上，帛書《繫辭》有的段落，也有在帛書《易之義》出現的。王文關於帛書與文獻記載的分析基本上是有問題的。

《「大衍之數」章與帛書〈繫辭〉》寫於一九九三年五月，刊於《中國文化》第九期（一九九四年二月）。該文從帛書《繫辭》的「天一地二……天九地十」段論證帛書的祖本原有「大衍之數」章，又從熹平石經《周易》殘字等材料論證早在西漢初年《繫辭》就有「大衍之數」章。對帛書《繫辭》之所以不載「大衍之數」章的原因作了兩點猜想。

本書第三編「帛書《衷》、《要》考析」收有五篇論文，從學術史的角度探討帛書《衷》（即原《易之義》）和《要》篇記載的價值。《帛書〈衷〉與先天卦位的起源》一文寫於一九九三年九月，曾縮寫為《先天卦位探源》一文刊於《國際青年易學通訊》第四期（一九九四年九月十五日），又刪節為《帛書〈易之義〉與先天卦位說》一文收入《易醫文化與應用》（華夏出版社，一九九五年三月）一書。最近筆者又作了修改。該文認為帛書《衷》「天地定立」一段反映了系統的「先天卦位」，邵雍說「先天卦位」本於《說卦》是有根據的。不過，邵雍他們沒有覺察到，今本《說卦》的記載有錯訛，「天地定位」段應以帛書《衷》所載為是。由此可見，說「唐以前無言先天象者」不足為據。從帛書《衷》「天地定立」段考察，「先天卦位」極有可能起源於先秦。

《帛書〈要〉試釋》一文寫於一九九三年十月，後刊於《中國文化》第十期（一九九四年八月），被編者改題為《帛書釋〈要〉》。曾獲香港古易學會一九九四年度《易經》徵文比賽冠軍獎。該文是全面考釋帛書《要》的首篇論文，認為帛書《要》篇

首殘存有今本《繫辭》下第十章的文字；對原刊於《道家文化研究》第三輯上的釋文又作了不少改正；對其與今本《繫辭》相同的部分作了詳盡的考證，認為這些文字都是取自《繫辭》；對「夫子老而好易」和「孔子繇易」段從文字、音韻、訓詁幾方面進行了考釋，又用相關的歷史文獻與其進行比較，認為先秦還存在著一種更原始、更詳細地記載孔子論《易》言行的文獻，這種文獻出於孔子後學傳《易》的一派之手，是帛書《要》和《淮南子》、《說苑》等關於孔子《易》說記載的來源，有許多內容也不見於今本《易傳》。

《帛書〈要〉與〈尚書〉始稱問題》一文寫於一九九四年十月。該文認為《尚書》之名稱首見於帛書《要》篇，出於孔子之口。因此，先秦時應已有《尚書》之稱，鄭玄《書贊》云「孔子乃尊而命之，曰《尚書》」，其說可信。

《帛書〈要〉與〈論語〉「五十以學」章》作於一九九三年十一月。該文以帛書《要》篇「夫子老而好易」的記載為據，論證《論語》〈述而〉「五十以學」章的「易」字，《魯論》作「亦」不可從；又認為此章是孔子晚年深入學《易》後的追悔之言。因為在晚年以前，孔子視《周易》為卜筮之書，採取排棄的態度，因此不可能發出「學《易》可以無大過」之嘆。只有在「老而好易」，認識到可以「觀其德義」之後，才會說出這一番追悔之語。

《從帛書〈要〉論孔子易學觀的轉變》作於一九九四年十一月，原是提交湖南岳陽一九九四年國際「儒家文化與當代文化走向」學術討論會的論文，後以《試論孔子易學觀的轉變》之名刊於《孔子研究》一九九五年第四期。該文認為，從帛書《要》篇和《論語》〈述而〉篇看，孔子的易學觀曾經有過很大的變化。孔子早年以前，不但不好《易》，反而視好《易》為求「德行」、

「遜正而行義」的對立面；到晚年以後，他一反常態，好《易》竟到「居則在席，行則在囊」的癡迷地步。孔子晚年易學觀的這種轉變是因爲他發現《周易》一書蘊涵著深刻的哲理，有「古之遺言」。這種認識，可能是孔子見到了魯太史所藏、載有「周公之德」和「周之所以王」的《易象》一書所致。傳說今本《易傳》係孔子所作，今本《易傳》某些部份和《易象》的關係，可能也象已修《春秋》與不修《春秋》一樣。由此看來，孔子晚年的易學觀和孔子關於《周易》哲理的闡發，其中固然有孔子自己的創造，但毫無疑問，他也汲取了前人的成果，有其歷史的淵源。

　　本書第四編「帛書《易傳》專論」收有五篇論文，從縱向的角度探討帛書《易傳》的一些專門問題。《帛書〈易傳〉引〈易〉考》一文作於一九九三年八月，是我參加濟南山東大學召開的「首屆海峽兩岸《周易》學術討論會」所提交的論文，後刊於臺灣《漢學研究》第十二卷第二期（一九九四年十二月）。該文考察了帛書《易傳》六篇稱引《易》名的情況，認爲「卦」就是《易》的別稱，「易卦其義」就是「易卦其議」、「易卦之辭」。又考察了帛書《易傳》稱引卦名的情況，指出可辨認出的卦名共四十七個，其中有六個異寫的卦名是于豪亮先生《帛書〈周易〉》一文沒提到過的，並對其進行了考釋。又考察了帛書《易傳》徵引卦爻辭的情況，指出它們共引用了四十五卦的卦爻辭；並對其異文進行了比較，指出帛書《易傳》的引文有不少勝於今本和其它各本，也有不如的，也有兩可、難以遽定是非的。這些異文，對於我們理解經文的眞相，有著不可低估的意義。最後又考察了帛書《易傳》引《易》的次序，認爲帛書《易傳》所本之經卦序同於今本，並非帛書《易經》之序。

　　《帛書〈易傳〉象數學探微》一文作於一九九五年六月，刊

於臺灣《漢學研究》第十三卷第二期（一九九五年十二月）。該文認為帛書《繆和》有用「之卦」解《易》之例，說明春秋時史官的這一方法，也為戰國時儒家經師所沿襲，不過前者用於占事，後者則將其提昇為論理。《繆和》篇和《二三子》解《易》也用八卦分析法。帛書《易傳》中有兩種卦氣說，一是《要》篇的損益二卦卦氣說，以益卦當春夏兩季，以損卦當秋冬兩季，這是一種原始狀態的樸素的卦氣說；二是《衷》篇的八卦卦氣說，《衷》篇以此來解釋坤卦卦辭。《衷》篇的八卦卦氣說是以《說卦》「帝出乎震」章的理論為背景的，沒有《說卦》的理論，就不可能解釋通《衷》篇的說解。所以，我們不應低估八卦卦氣說產生的年代，也不應低估《說卦》產生的時代。最後又考察了《衷》篇「天地定立」段與「先天卦位」的聯繫，認為帛書《衷》所載，正好可以揭開「先天卦位」來源之迷。

《論帛書〈易傳〉與帛書〈易經〉的關係》作於一九九四年春，刊於《孔子研究》一九九四年第四期。該文對于豪亮等先生帛書《易傳》「天地定立」段反映了帛書《易經》卦序排列之迷的觀點進行了批評，認為帛書《易傳》引經有一些與帛經不同的異文，這些異文不能用筆誤作解，而是意義有別，當是其另有所本而致；帛書《易傳》引用了大量的卦名和卦爻辭，有許多都是依今本卦序，沒有明顯遵從帛經之序的；而以「天地定位」段來解釋帛經之序，又須改「火水」為「水火」，所缺的四字，如不是「山澤通氣」而是「澤山通氣」，則更不合帛經卦序。由此可知，帛書《易傳》諸篇所本之經，決非帛書《易經》，它與今本《易經》的關係，顯然比帛書《易經》更近。帛書《易傳》的作者沒有接受帛書《易經》這一事實表明，帛書《易經》的產生很難早於今本《易經》。

　　《從帛書〈易傳〉等文獻論〈周易〉本經的作者問題》寫於
一九九四年十二月，是筆者參加一九九五年一月廣州國際易學思
維與當代文明學術研討會的論文。該文認爲從帛書《易之義》「
子曰：易之用也，段〈殷〉之无道，周之盛德也」的記載看，《
繫辭》「易之興也，其當殷之末世、周之盛德邪，當文王與紂之
事邪」句並非如崔述所云「爲疑詞不敢決」，「邪」同「也」，
表示的是肯定語氣。從《要》篇的記載看，《繫辭》的話並非「
但就其文推度之」。從《繫辭》到《彖傳》，從帛書《易之義》
到《要》，它們都一致認定《周易》的產生，周文王是最有關係
的人，這些記載是信而有徵的。漢代文獻關於文王、周公作《易》
的觀點是可以成立的；孔穎達的文王作卦辭、周公作爻辭說雖爲
主觀，但「父統子業」說以文王爲其父子的代表不失爲一種合理
的解釋。從《周易》本經和先秦兩漢的文獻記載看，周文王囚於
羑里時，可能對六十四卦的卦序作了一定的編排，以致形成了今
天通行的卦序，這是所謂「演」；文王又將六十四卦繫以一定的
卦辭和爻辭，這是所謂「增」；文王所繫之卦、爻辭，後來又經
過周公的改編、加工，以致最後形成《周易》本經。《周易》形
成後，掌於祝卜之手。周公作爲祝卜系統的首腦，不但改編和加
工過《周易》的卦爻辭，而且爲解釋《周易》的創作背景、思想
內涵也作了一定的工作，於是就產生了《易象》一書。《易象》
藏於魯太史之處，既與周公父子的職掌有關，也表明了周公與《
周易》本經的特殊關係。

　　《關於帛書〈易傳〉整理過程中的一些問題》寫於一九九五
年九月，該文是針對《道家文化研究》第六輯（上海古籍出版社，
一九九五年六月）陳鼓應所撰《本刊聲明》和陳松長的「整理說
明」而作。此文本已爲《原道》第三輯所接受，已印出了清樣。

但目錄傳出後，有些人作了工作，迫使該刊不得不撤下了此文。此文對帛書《易傳》的整理過程作了一客觀的介紹，以供讀者評判是非。此文指出，所謂陳松長作出了《二三子問》的釋文原稿是不對的，事實上，先作出的是帛書《要》和《易之義》的釋文，《二三子問》的釋文陳松長一直反對作，只有在人家作出後，他才對照照片作了一些修改。爲了證明這一點，該文發表了陳松長的三封信。該文又指出，筆者於一九九三年暑假携帶帛書《繆和》、《昭力》釋文初稿在湖南省博物館核對原件，《繆和》篇的校對完成一半時，由於回北京的時間已到，筆者就將釋文稿交給了陳松長，囑他繼續校對，然後寄北京。陳松長當時口頭應允了，事後卻食言，一直未將釋文稿退還。後來他作了進一步的加工後，竟以自己的名義發表於《道家文化研究》第六輯。在「整理說明」中，他隻字未提釋文是在筆者工作的基礎上作出的。《道家文化研究》的主編陳鼓應既看了陳松長的信，又拿去了筆者所作釋文的複印件，卻故意讓陳松長以他的名義刊出釋文，其性質是耐人尋味的。

本書第五編「帛書《易傳》釋文」收錄了帛書《易傳》的六篇釋文。《帛書〈二厽子〉釋文》最初由筆者據照片拼接復原並作釋文，後交李學勤先生審校，再由陳松長先生核對原件，加以校改。在此基礎上，由筆者定稿，以陳松長和筆者的名義發表於《道家文化研究》第三輯。一九九四年底，筆者又對原釋文作了一些修訂，並從張立文先生說，將原題《二三子問》改爲《二三子》，發表於《國際易學研究》第一輯。一九九五年春，進一步修改後，又收入《續修四庫全書》經部易類〈馬王堆帛書周易經傳釋文〉中。這次釋文，又對照帛書殘片之照片，作了一些加工。

《帛書〈繫辭〉釋文》最初由陳松長先生作出，載於《馬王

堆漢墓文物》（湖南出版社，一九九二年）一書。我隨即也作了
釋文，並將其部分成果寫成《帛書〈繫辭〉校補》一文，發表於
一九九二年八月在長沙召開的馬王堆漢墓國際學術討論會（後加
以修改刊於香港中文大學《中國文化研究所學報》新二期，一九
九三年）。後又見到黃沛榮先生的《馬王堆帛書〈繫辭傳〉校讀》
及所附釋文（《周易研究》一九九二年第四期），因作《帛書〈
繫辭〉釋文再補》（《周易研究》一九九三年第四期）。我又作
《帛書〈周易繫辭傳〉異文初考》一文，收入《中國海峽兩岸黃
侃學術研討會論文集》（華中師大出版社，一九九三年五月）。
後又讀到已故韓仲民先生的《帛易說略》（北京師範大學出版社，
一九九二年十月）一書，又在《道家文化研究》第三輯上讀到張
政烺先生的《馬王堆帛書〈周易·繫辭〉校讀》和黃沛榮先生的
《帛書〈繫辭傳〉校證》以及陳松長先生的新釋文，受益良多。
在這些工作的基礎上，我也作了一篇釋文，刊在《國際易學研究》
第一輯上，並收入《續修四庫全書》經部易類〈馬王堆帛書周易
經傳釋文〉中，這次又核對帛書殘片之照片，作了進一步的修改。
　　《帛書〈衷〉釋文》最初由筆者據照片拼接復原並作出釋文，
後交李學勤先生審校，再由陳松長先生核對帛書原件，加以校改。
在此基礎上，由筆者定稿，以陳松長和筆者的名義題爲《帛書〈
易之義〉釋文》，發表於《道家文化研究》第三輯。後來，筆者
又加以修訂，刊於《國際易學研究》第一輯。一九九三年春，改
題爲《帛書〈衷〉釋文》，收入《續修四庫全書》經部易類〈馬
王堆帛書周易經傳釋文〉中。這次又拼進了一些帛書殘片，對釋
文作了進一步的修改。
　　《帛書〈要〉釋文》最初由筆者和陳松長先生各自作出釋文，
筆者統一修改後，再交李學勤先生審校。筆者將李先生的審定稿

寄給陳松長先生核對原件，加以校改。在此基礎上，再由筆者定稿，以陳松長先生和筆者的名義刊於《道家文化研究》第三輯。後來我又發表了《帛書釋〈要〉》（《中國文化》第十期，一九九四年八月），對原釋文作了一些補正。以後陸續讀到池田知久先生的《馬王堆漢墓帛書周易要篇的研究》和《馬王堆漢墓帛書周易要篇的思想》（分別刊於東京大學《東洋文化研究所紀要》第一二三、一二六冊）。在此基礎上，我又重作釋文，刊於《國際易學研究》第一輯，並收入《續修四庫全書》經部易類〈馬王堆帛書周易經傳釋文〉中。這次又訂正了幾字。

《帛書〈繆和〉釋文》初稿於一九九三年夏，一九九四年底筆者又重加修訂，曾向裘錫圭先生請教過，並得到徐寶貴先生的多次幫助。始刊於《國際易學研究》第一輯，後又收入《續修四庫全書》經部易類〈馬王堆帛書周易經傳釋文〉中。後來又在《道家文化研究》第六輯上讀到陳松長的釋文。這次，筆者又重加修訂。

《帛書〈昭力〉釋文》初稿於一九九三年夏，一九九四年底筆者又重加修訂，得到了徐寶貴先生的幫助。始刊於《國際易學研究》第一輯，後又收入《續修四庫全書》經部易類〈馬王堆帛書周易經傳釋文〉中。後來又在《道家文化研究》第六輯上讀到陳松長的釋文。這次筆者又重加修訂。

我對帛書《易傳》的研究有一個逐漸深入的過程。比如對帛書《衷》的定名，原從眾說，稱爲《易之義》；後來又發現該篇帛書尾題的殘片，惜當時未識出「衷」字，仍以《易之義》稱之；直到一九九五年春，才確認此字爲「衷」，所以在《續修四庫全書》〈馬王堆帛書周易經傳釋文〉中才改正過來。又如《二厽子》，原來一直從眾，稱爲《二三子問》，直到一九九四年底，看到張

立文先生的文章，才改稱《二厽子》。再如原來一直服膺于豪亮
先生說，以爲帛書「天地定立」段反映了帛書《易經》的卦序，
一九九三年七月底，寫《帛書〈易傳〉引〈易〉考》時排比材料，
才知于說似是而非。這些認識的深化，在我的上述文章中都留下
了痕跡。本書爲了存眞，對已發表的論文中的錯誤，一般不加以
改動，只改正了印刷上的一些問題。對於引文，原擬不動，後擔
心引起讀者的誤會，又改正了一些必要之處。這種苦心，想必讀
者諸君能夠理解。

　　我對帛書《易傳》的研究，學術思想上對我影響最深的是我
的導師金景芳先生和李學勤先生。我研究問題的結果雖然有時與
這兩位先生不盡相同，但方法和路子都得益於他們。特別是李學
勤先生，他不僅爲帛書《易傳》的釋文作了大量的工作，而且淡
于名利，不肯署名。他的學問與爲人，都是值得我心儀的。

　　湖南省博物館的許多同志，爲我研究帛書《易傳》提供了極
大的幫助。除熊傳薪館長和陳松長先生外，其他的同志我不便提
出，但他們的支持將永遠銘刻在我的心中。我的研究生謝寶笙、
劉沙白、潘群、何滿宗爲我聯繫、疏通，出力不少。陳鼓應先生
先爲同道，後爲論敵，他對我的贊揚和批評，始終都是我研究的
動力，沒有他的所作所爲，本書的許多文章是寫不出的。

　　北京大學的朱伯崑先生、陳來先生，北京師範大學的鄭萬耕
先生，福建師範大學的張善文先生，臺灣大學的黃沛榮先生、林
義正先生、郭文夫先生，臺灣師範大學的賴貴三先生，新竹清華
大學的陳啓雲先生，香港中文大學的劉述先先生，香港城市大學
的鄧立光先生，四平師範學院的徐寶貴先生，還有國際青年易經
學會的同道林忠軍、任俊華先生，在帛書《易傳》的研究與本書
的出版上給了我很多幫助和啓發，在此一併表示由衷的謝意。

嚴靈峰先生為學界泰斗，我遇有疑難，常向他請教，他總是不顧年老體衰，親筆賜教，使我受益匪淺。本書的出版，也是他熱心推薦的結果。我只有加倍努力，多出一些有價值的成果，才能不辜負先生對我的厚望。

本課題的研究得到了國家社科基金的資助，特此致謝。

一九九五年十二月十日於清華園

第一編　帛書《易傳》簡說

帛書《二三子問》簡説

馬王堆三號漢墓所出土的帛書《周易》經文之後，緊接著的是帛書《易傳》①。帛書《易傳》的第一篇頂端塗有墨丁標志，以「二三子問曰」開頭，無篇題，未記字數。按照先秦古書定名的慣例，我們稱之為《二三子問》。

《二三子問》共三十六行，按每行約七十二字計算，共二千六百餘字。

于豪亮先生曾將這篇帛書分為兩篇，認為自「二三子問曰」至「夕沂若厲，无咎」止為一篇，其後至「小人之貞也」又另為一篇②。這是有問題的。事實上，儘管「夕沂若厲，无咎」這一句後還剩三字的空位，書寫者就另起一行了，但這並不能說明這是兩篇帛書。從內容上來看，它們前後的關係是不可分割的。前者論述的是乾卦九二、九三爻辭之義，後者緊接著闡發乾卦九五爻辭之旨。再遠一點看，前者講了乾卦的初九、上九，坤卦的上六、六四，後者講了坤卦的初六、六二、六三、六五。它們是交叉論述乾、坤兩卦，怎能在「夕沂若厲，无咎」處把它們分成兩篇呢？帛書每行字數的多少是較為隨便的。像一段話書寫完了，尚剩一兩字空，再寫下一段話時，往往就另起一行。不過這裏的空稍留多了一點。所以，「夕沂若厲，无咎」並不是篇與篇的分界，而只是兩小節之間的分界，將《二三子問》分成兩篇，其理

由是不能成立的。

《二三子問》文中以圓點分爲三十二節。第一節文字較長，論述「龍之德」；第二至第四節、第九至第十七節論述乾、坤兩卦的爻辭；第五至第八節依次論述蹇、鼎、晉三卦的卦爻辭；第十八至第三十二節末尾依次論述了屯、同人、大有、謙、豫、中孚、小過、恒、蹇、解、艮、豐、渙、未濟十四卦的卦爻辭。從總體上看，其論述是以今本卦序爲準的，與帛書本《六十四卦》的卦序並不相同。

《二三子問》解《易》有一明顯的特色，就是只談德義，罕言卦象、爻位和筮數。這一點，不但迥異於《左傳》、《國語》的易說，同今本《易傳》諸篇也頗有不同。總的說來，其說同《象傳》、《大象》、《文言》、《繫辭》較爲接近，尤近於《文言》、《繫辭》中的「子曰」。

《二三子問》有一半的篇幅是論乾坤兩卦，另一半則論及蹇、鼎、晉等十六卦。這種重視乾坤兩卦的思想同今本《易傳》的《繫辭》、《文言》是一致的。

《二三子問》首節重點論述「龍之德何如」；《文言》解釋乾卦初九、九二兩爻，劈頭就引《子曰》：「龍德而隱者也」，「龍德而正中者也」。這說明，《二三子問》的「龍德」說，與《文言》的關係是很密切的。

對乾卦的初九爻辭，《二三子問》認爲其寓意是「大人安失（佚）矣而不朝」，「其行滅而不可用也」，這與《文言》「潛之爲言也，隱而未見，行而未成，是以君子弗用也」說同。釋乾卦上九爻辭，說「此言爲上而驕下，驕下而不殆者，未之有也。聖人之立正也，若遁木，愈高愈畏下」。而《文言》則說：「貴而无位，高而无民，賢人在下位而无輔，是以動而有悔也。」「

亢之為言也，知進而不知退，知存而不知亡，知得而不知喪。其唯聖人乎！知進退存亡而不失其正者，其唯聖人乎！」「為上而驕下」就是「高而无民」，「聖人之立正也，若遁木，俞高俞畏下」就是「知進退存亡而不失其正者，其唯聖人乎」。兩者思想如出一脈，是顯然的。

釋坤卦上六爻辭與諸說皆不同。《二三子問》訓「戰」為「接」，同於《說文》「戰者接也」之訓。以「龍」為「聖人」之喻，以「野」為「民」之喻，認為「此言大人之廣德而施教於民」，「言大人之廣德而下綏（接）民也」。可見所謂「戰」，既非指爭戰之戰，亦非指龍在原野上交合之「接」，而是指聖人、大人與民的接交。所謂「其血玄黃」，是「見文也」，指「聖人出法教以道（導）民」，這就是所謂文明。《二三子問》這一說解，較之諸家之說更具有德治主義與民本思想，合乎儒門說《易》的傳統。

釋蹇卦六二爻辭論述了難與不難的辯證關係，說：「王臣蹇蹇者，言其難也。夫唯智（知）其難也，故重言之，以戒今也。君子智（知）難而備〔之，則〕不難矣；見幾而務之，〔則〕有功矣，故備難〔者〕易。」這與《象傳》的「蹇，難也，險在前也；見險而能止，知矣哉！……蹇之時用大矣哉」有著內在的聯繫。

釋鼎卦九四爻辭說：「此言下不勝任也。非其任而任之，能毋折乎？」與《繫辭》「言不勝其任也」說同中有異。《繫辭》主要是就德與知、力與位、謀與任的關係而言，是講用人得當的問題。而《二三子問》則是講君民關係問題，認為百姓的負擔過重，就會「下不用則城不守，師不戰，內亂□上」，就會危及君主的統治，使君主得不到好下場。為此它舉了「晉厲王（實為楚

靈王）路其國，蕪其地，出田七月不歸，民反諸雲夢，無車而獨行……飢不得食其月（肉）」的歷史事實加以證明。這種解釋，貼合爻辭之義，具有鮮明的民本主義思想。

釋晉卦卦辭說：「此言聖王之安世者也。聖人之正（政），牛參弗服，馬恒弗駕，不憂（擾）乘牝馬……粟時至，芻橐不重，故曰『錫馬』。聖人之立正（政）也，必尊天而敬衆，理順五行，天地無困，民□不傷，甘露時雨聚降，剝（飄）風苦雨不至，民也相醼以壽，故曰『番（蕃）庶』……」這是以「聖王」釋「康侯」，將「錫馬」理解成聖王安世的仁政，將「蕃庶」說成是惠民、仁民。這種訓釋不但異於《象傳》和《大象》，與後人的公侯蒙天子賜以衆多車馬說③、康侯用成王賜給他的良種馬來繁殖說④，也皆不同。

其釋坤卦六四爻辭說：「此言箴小人之口也。小人多言多過，多事多患……」這與《小象》的「愼不害也」、《文言》的「蓋言謹也」說同，而《荀子·非相》以此爻辭形容「腐儒」，其意正相反。這一段話，據《說苑·敬愼》、《孔子家語·觀周》、《太公·金匱》記載，係孔子觀周所見到的太廟前金人之銘，定縣八角廊四十號漢墓所出竹簡《儒家者言》中也有「之爲人也多言多過多事多患也」之句⑤。孔子觀周爲孔子中年時事，其晚年治《易》，取金人之銘入於《易》說，是很自然的。由此看，《二三子問》的「子曰」，是有來源的，是不能輕易否定的。

其釋謙卦卦辭說：「上川（坤）而下根（艮），川（疑有脫文）也，根，精質也，君子之行也……吉，嗛也；凶，橋（驕）也。天亂驕而成嗛，地徹驕而實嗛，鬼神禍福嗛，人惡驕而好〔嗛〕……好善不伐也。夫不伐德者，君子也。其盈如……舉而再說，其有終也亦宜矣。」這與《彖傳》、《大象》之說同，尤近

於《象傳》。《象傳》的「盈」，《二三子問》皆作「驕」，這是否係避漢惠帝劉盈諱所致？從後文的「其盈」來看，可知不是避諱，是原文本來就作「驕」。出於同一抄手的帛書《繆和》篇中，也有相同的一段話，「子曰：天道毀盈而益嗛，地道……好嗛」。也不避盈諱，其說更近於《象傳》。從表達來看，似乎《二三子問》說更原始。亂，治也。「亂驕」同「虧盈」、「毀盈」義同；「成嗛」即「益嗛」；「實嗛」即「流謙」；「禍福嗛」即「禍驕福嗛」，義同「害盈」。這種義同而表達有異的現象，應是孔子易說有不同傳本造成的。

　　其釋未濟卦辭說：「此言始易而終難也，小人之貞也。」與《象傳》「不續終也」同。《戰國策‧秦策》、《史記‧春申君列傳》、《新序‧善謀》記黃歇說秦昭王，皆云未濟卦卦辭「此言始之易終之難也」⑥。其說與《二三子問》全同。黃歇非易家，其說必有所本。《二三子問》說稱「子曰」，黃歇稱引孔子的《易》說，就孔子及其學說在戰國中後期的地位和影響而言，這是非常可能的。

　　值得注意的是，《二三子問》解《易》是以「二三子」發問、孔子答疑的形式進行的。「二三子」之稱習見於《論語》等書，通常是指孔子的弟子。像《二三子問》這樣的問答體文章形式，一般認為早於有篇題的專題論文。從帛書《易傳》諸篇來看，有篇題記字數的帛書，如《要》、《繆和》、《昭力》皆置於後，無篇題、不記字數的帛書，如《二三子問》、《繫辭》皆置於前。尤其《二三子問》，緊接《六十四卦》經文，居諸篇之首。這說明，在帛書《易傳》諸篇中，《二三子問》地位最為突出，時間也當較早。從思想內容而言，它充滿了敬天保民、舉賢任能、進德修身的思想，這與孔子的基本思想是很接近的，與荀子「明於

天人之分」、「性惡」諸說倒有一定距離。因此,它不可能是荀子一系學者的作品,當是孔子弟子保留下來的孔子說《易》的遺教。對於孔子《易》說和一般傳《易》經師的《易》說,帛書《易傳》是很注意區分的。這一點,我們只要看看《二三子問》,再看看《繆和》、《昭力》,就會明白。

《二三子問》所稱引的《周易》經文,與今本《周易》和帛書本《六十四卦》都有一些不同。如其引同人卦六二爻辭說:「同人於宗,貞藺。」較今本和帛書本《易經》都多出一「貞」字。其稱引大有卦六五爻辭說:「絞如,委如,吉。」較今本《易經》少「厥孚」二字,帛書本《易經》則有「闕復」。其稱引謙卦卦辭說:「嗛,亨,君子有冬,吉。」今本、帛本皆無「吉」字,但《韓詩外傳》卷三、卷八稱引,皆同於《二三子問》。從文義來看,「亨」而「有終」,加一「吉」字,更爲恰當。其稱引未濟卦卦辭說:「未濟,亨,〔小狐〕涉川,幾濟,濡其尾,无攸利。」較今本、帛本多出「涉川」二字。這種異文,看來也不是無心之誤,因爲《史記·春申君列傳》和《新序·善謀》記黃歇說秦昭王所引,也皆有「涉水」二字。「涉水」即「涉川」,黃歇所引與《二三子問》同。由此看來,《二三子問》所據之《周易》經文,既非全同於今本《周易》,更非帛書本《六十四卦》,而是一卦序同於今本,但卦爻辭稍有區別的另一古本。帛書《周易》的經、傳,它們雖同寫於一張黃帛上,但它們並非爲一統一整體,各自都有不同的來源。

最後應當指出,《二三子問》雖然是孔子《易》說的遺教,但它寫成時,也受了戰國黃老思想的影響。如其論豐卦卦辭就提到了「黃帝四輔,堯立三卿」之語。先秦儒家尊崇堯、舜,《論語》、《孟子》、《荀子》諸書對堯的推崇盈篇累牘,但從不提

黃帝，更不會將黃帝置於堯前。此外，《二三子問》多次提到「精白」這一概念，如「精白柔和而不諱賢」，「尊威精白堅強，行之不可撓也」，「其占曰：能精能白，必爲上客；能白能精，必爲□□故以精白長衆……」。「占」當爲解《易》的一種文辭，類似歌謠，句式整齊，講究押韻（白、客同爲鐸部），如後世之《易林》。孔子引「占」語以解艮卦卦辭，恐不足信。因爲占辭的內容頗合黃老之言。帛書《經法‧道法》云：「故能至素至精，浩彌無刑，然後可以爲天下正。」《道原》云：「服此道者，是胃能精。」《淮南子‧精神》云：「抱素守精。」精白，可能意同精素，素本義爲白色的生絹。能精能白，與《道原》能精說用語同。所以，精白這一概念，很可能源於道家，而被孔子後學摻入孔子《易》說中⑦。

【附　註】

① 從李學勤說，見《從帛書〈易傳〉看孔子與〈易〉》，《中原文物》1989年第2期。

② 《帛書〈周易〉》，《文物》1984年第3期。

③ 孔穎達《周易正義》。

④ 李鏡池《周易通義》第69頁，中華書局，1981。

⑤ 《〈儒家者言〉釋文》，《文物》1981年第8期第15頁。

⑥ 楊樹達《周易古義》（上海古籍出版社，1991）頁81云此係「黃歇說頃襄王」，誤。應係頃襄王時黃歇說秦昭王。

⑦ 「精白」這一概念同「精素」的聯繫，承蒙陳鼓應先生提示並從《黃帝四經》中找出例證，特此致謝。

帛書《易之義》簡説

在帛書《繫辭》的同一幅帛上，有一篇緊接《繫辭》，另起一行，頂端塗有墨丁標志，以「子曰易之義」開始的佚書。這篇佚書儘管斷爲兩截，但開頭四、五行尚清楚，爾後便有幾行殘缺，到十四、五行以後便趨於完整，至最後一行又有殘缺。但仍可清楚看出下一行有墨丁標志，說明緊接它的是帛書《要》篇。

我們在釋文時，將這篇佚書定爲四十五行。這是最低估計，因爲中間幾行已缺，其行數也有可能會多出二至三行，但決不會低於四十五行。因此，釋文的第九至第十四行的行數和拼接可能是有問題的。該佚書和其它帛書一樣，每行字數不定，平均起來，每行約七十餘字，共三千一百字左右。

這篇佚書的定名較爲複雜。先前人們都將它歸入帛書《繫辭》中，認爲它是帛書《繫辭》的下篇①。後來韓仲民提出了不同意見，從墨丁作爲分篇的標志出發，認爲它顯係另一篇佚書②。張立文則據其首句「子曰易之義」將其定爲《易之義》③。也有人稱之爲《子曰》④。筆者釋文時採用了張先生的定名，因爲它合乎先秦古書定名的慣例。不過，筆者懷疑該佚書也可能和《要》、《繆和》、《昭力》一樣，也有它的原名。只是因爲最後一行殘缺而失落了。如果能將最後一行的殘片找到，我們也許會有新的發現。

《易之義》文中以圓點隔開爲若干章節。由於文時有殘缺，加之書寫者有很大的任意性，其確實數目尚不清楚。從其內容看，

其第一至第二行說陰陽和諧相濟，是《易》之精義。其第三行至第十行歷陳各卦之義，其解釋多從卦名入手。從第十三行至第十五行左右，爲今本《說卦》的前三章，內容較爲完整，但「天地定立（位）」四句，卻根據帛書卦序對《說卦》文進行了改造。自第十六行至第二十一行左右，闡述鍵川之「參說」。自第二十二行至第三十四行，分別闡述鍵川之「羊（詳）說」。從第三十四行至第四十五行，爲今本《繫辭下》的第六章、第七章、第八章、第九章⑤。

應該指出的是，釋文第四十四行、第四十五行的內容可能會有問題。從照片上看，第四十四行的「德□之事；不仁者毆，不近也。近也者，嗛之胃也」與第四十五行的「剛，故鍵；故命之鍵也。卦」，似乎是《要》篇的文字誤拼入《易之義》中，如果將這些文字清除出去，結尾的兩行就應該是：

當。疑（擬）德占之，則《易》可用矣。子曰：知考（者）觀亓（其）緣（象）辭而說過半矣。《易》曰：二與四同〔功異位，其善不同，二〕多譽，四多瞿，近也。近也者，嗛之胃（謂）也。《易》曰：柔之爲道也，不利遠〔者；其〕要无〔咎，其用〕柔若〔中〕也。《易》曰：三與五同功異立（位），亓（其）過〔不同，三〕多凶，五多功，〔貴賤〕之等。

這樣，《易之義》的結尾就很可能與今本《繫辭下》的第九章的結束差不多了。這種處理與釋文的處理到底哪一種正確？只有俟諸來日的再次目驗原件了。

《易之義》的後面部分同於今本《繫辭下》的第六、七、八、九章，以致人們把它誤認爲《繫辭傳》的下篇。其實，它是稱引《繫辭》、改編《繫辭》以敷衍成文的。除了它引《繫辭》之文

多次稱爲「「易」曰」之外，從其行文風格上，我們也可以得到
印證。今本《繫辭下》第六章的開頭幾句是：

> 子曰：乾、坤，其《易》之門邪？乾，陽物也；坤，陰
> 物也。陰陽合德而剛柔有體，以體天地之撰，以通神明之德。

而《易之義》卻作：

> 子曰：《易》之要可得而知矣。鍵川也者，《易》之門
> 戶也。鍵，陽物也；川，陰物也。陰陽合德而剛柔有膛，以
> 膛天地之化。又口能斂之，无舌罪，言不當其時，則閉愼而
> 觀。……龍七十變而不能去其文，則文其信於而達神明之德
> 也。

《繫辭》的「以體天地之化，以通神明之德」是相對成文，「體
天地之化」承「剛柔有體」而言，「通神明之德」承「陰陽合德」
而言，上下文有密切的聯繫。而《易之義》卻將這兩句話割裂開，
在中間塞入一大段文字，以「則文其信於而」接「達神明之德也」，
顯然不通。這種改動《繫辭》而成文的痕迹是非常清楚的。

《繫辭》這章的後一段論證卦爻辭辭理遠大，其文曰：

> 其稱名也，雜而不越，於稽其類，其衰世之意邪？夫《
> 易》，彰往而察來，而微顯闡幽。開而當名辨物，正言斷辭
> 則備矣。其稱名也小，其取類也大，其旨遠，其辭文，其言
> 曲而中，其事肆而隱。

而《易之義》卻作：

> 亓辯名也襍而不戉，於指易□，衰世之動與？《易》〔
> 彰往而察〕來考也。微顯贊絕，巽而恒當，當名辯物，正言
> 巽辭而備，本生（性）仁義，所以義剛柔之制也。亓稱名也
> 少，亓取類也多，亓指閒，亓㫊文，亓言曲而中，其事隱而
> 單。

這裏的「本生仁義，所以義剛柔之制也」一語，顯然是《易之義》
作者插入文中的。

　　在今本《繫辭下》的第七章與第八章之間，《易之義》較《
繫辭》多出一句：

　　　　子曰：渙而不救則比矣。

《繫辭》三陳九卦的最後一句是「巽以行權」，《易之義》則作
「渙以行權」，所以它以「子曰：渙而不救則比矣」緊接。這句
話應是《易之義》作者所增入的，決非《繫辭》原文所有。因爲
它既不合「三陳九卦」的體例，又與第八章接不上，純係對引文
「渙以行權」作注釋。

　　在今本《繫辭下》第八章與第九章之間，《易之義》又多出
「□□无德而占，則《易》亦不當」一語，這一句也是突如其來，
與上下文意不連貫，也當屬《易之義》作者增改《繫辭》文之例。
所以，從上述事實看，《易之義》與《繫辭》決非同一時代的產
物，我們只能說《易之義》摘引《繫辭》而成文。

　　《易之義》同於《說卦》前三章的文字也屬援引。這從它改
動了「天地定位」等句的順序以迎合帛書《六十四卦》的卦序可
以看得很清楚。《易之義》在列舉易卦時，一般是以通行本卦序
爲準的。如其第三至四行，它歷數各卦是從乾到需，再到訟、師、
比、小畜、履、益（實爲泰）、否；第三十九至四十一行三陳九
卦時，它雖將最後一卦巽改爲渙，但其順序也還是遵從通行卦序
的。唯獨「天地定位」一段，它卻按帛書卦序編排。我們知道，
《說卦》這一段的原文與六十四卦的卦序是無關的，因此不可能
是《說卦》改動了《易之義》「天地定位」段的次序，而只能是
《易之義》改動了《說卦》的原文。

　　在《易之義》關於卦義的闡述中，我們可以獲得很多啓示。

其一是《易之義》的作者似乎讀過《彖傳》。其第四行說：

> 益者，上下交矣。

由上下文可知，《易之義》在這裏歷陳各卦之義是以通行本卦序
爲序的，所以它上文從乾數到需、訟、師、比、小畜、履，下面
緊接以否。很明顯，這一益字乃是泰字之誤。《彖傳》云：

> 泰，小往大來，吉，亨。則是天地交而萬物通也，上下
> 交而其志同也。……

《易之義》以「上下交」釋泰卦，顯然同於《彖傳》「上下交而
其志同也」之說。

在數「剛之失」時，《易之義》又談到了「鄷（豐）之虛盈」。
而《彖傳》說：

> 日中則昃，月盈則食；天地虛盈，與時消息，而況於人
> 乎？況於鬼神乎？

由此看，《易之義》的作者是受了《彖傳》的影響的。

其二，《易之義》似乎存有井田制的痕迹。中國是否存在過
井田制度？近代以來一直存在著爭論。孟子「周人百畝而徹」（
《孟子・滕文公上》）之說，一直有人存疑。而《易之義》論述
井卦的得名，卻說：

> 井者，得之徹也。

《繫辭下傳》也說：

> 井，德之地也。

> 井，居其所而遷。

《易之義》所記略同。從這些記載來看，井田制作爲土地制度存
在過，是無疑的。不然，《繫辭》就不會以「德之地」作比，《
易之義》更不會將井卦與徹法聯繫在一起，說井卦的得名是由於
「徹」。當然，人們也許會以爲《易之義》此說同於《雜卦》「

井通」之說。「徹」乃「通」之同義詞，但有沒有可能《雜卦》
之「通」源於《易之義》之「徹」呢？這是很有可能的。因為一
者《易之義》明言「井者，得之徹也」，如果說「井者，得之通
也」，就很費解了。二來《繫辭》和《易之義》都將井和地連在
一起，有助於支持井田說，因此，《易之義》的這一記載應該說
與孟子說是一致的，是先秦存在過井田制度，井田制度曾經以徹
法的形式存在過的一個證據。

　　關於《周易》的歷史，《易之義》也有一些有價值的記載。
它說：

　　　　《易》之用也，段〈殷〉之无道，周之盛德也。恐以守
　　功，敬以承事，知以辟患……文王之危，知史記之數書，孰
　　能辯焉？

這告訴我們，《周易》的興起，與周文王是有密切關係的。《周
易》原是一種筮書，但為周文王所借助，就溶入了「恐以守功，
敬以承事，知以辟患」的哲學思想，具有了「能辯」的功能。將
這些記載與《繫辭》、特別是與帛書《要》結合在一起，我們對
《周易》的性質及其歷史就會有嶄新的認識。

　　《易之義》雖然綜合了各家之說，但也有它的鮮明的主體思
想，就是強調陰陽和諧相濟。它認為陰陽各有其長，各有其失。
君子處世不宜動而不靜，亦不可靜而不動，應該柔而反於方，剛
而能讓。這種重視陰陽和諧，剛柔相濟的思想雖然也是出於以義
理說《易》一途，但與「天尊地卑」說是有明顯距離的，所以，
《易之義》的《易》說並非純粹的儒家思想，與戰國後期黃老思
想倒很相近。說它編成於一個受到黃老思想影響的儒生之手，應
是可信的。

後記

本文交稿後，筆者又從帛書照片中找出一殘片。此殘片有兩行文字，一行有「四多瞿」三字，可接在第四十四行「〔二〕多譽」之後；一行有三字，可接在第四十五行最後，其第一字尚未識出，第二、三字似數字。據其位置，疑第一字爲篇題之殘，第二、三字爲所記字數之殘。

【附　註】

① 如于豪亮《帛書〈周易〉》，《文物》1984年第3期。

② 《帛書〈繫辭〉淺說》，《孔子研究》1988年第4期。

③ 《〈周易〉帛書淺說》，《中國文化與中國哲學》1988年號。

④ 《馬王堆漢墓文物綜述》，見《馬王堆漢墓文物》，湖南出版社，1992。

⑤ 依朱熹《周易本義》所分。下同。

帛書《要》簡說

　　帛書《要》篇同帛書《繫辭》、《易之義》、《繆和》同寫
在一幅帛上。它緊接《易之義》，另起一行，頂端有墨丁標志。
文末有標題《要》，並記字數「千六百冊（四十）八」。後接《
繆和》篇。

　　同《易之義》一樣，《要》每行字數不等，平均行約七十來
字。從其自計字數推算，《要》篇應大致有二十四行。《要》篇
的前幾行，大多已殘缺。特別是前三行，釋文無一字。其實除篇
首的墨丁外，第一、二行可能仍有文字殘存，而被收入《易之義》
釋文的最後兩行中去了，詳見《帛書〈易之義〉簡說》。

　　《要》篇文中以圓點隔開分為若干章節。由於第一至第八行
殘缺過多，分章情況尚不清楚，但自第九行起，分章情況就鮮明
了。第九行（包括第八行的一部分）至第十二行「此之胃也」可
能屬一章，其內容主要是今本《繫辭》下篇第五章的後半部分①。從
第十二行「夫子老而好《易》」至第十八行「祝巫卜筮其後乎」
為一章，記載孔子晚年與子貢論《易》之事。從第十八行的最後
兩字至第二十四行末為一章，記孔子給其門弟子講述《周易》損
益二卦中的哲理。

　　《要》篇的篇名與其體裁形式及作者的易學思想密切相關。
作者認為，學《易》不在於占筮求福，而在於觀其要。《易》之
要，不在於筮數，而在於其德義，在於著、卦之德，六爻之義，
這就是神、智和變易的哲學思辨。在這幾篇帛書裏，作者對「要」

這一概念格外重視。帛書《繫辭》說：

> 初，大要。存亡吉凶，則將可知矣。

《易之義》說：

> 子「曰」：《易》之要可得而知矣。

《要》說：

> 子曰：吾好學而僟（纔）聞要，安得益吾年乎？

由此可見，學《易》要得其「要」，這是孔子的遺教，這可能就是該篇以「要」名篇並通篇記敘孔子論《易》的重要言論的原因。

《要》篇的內容，以後兩章最具學術價值。孔子與《周易》及其《易傳》的關係問題，過去一直存在著爭議。《要》篇的記載，應該是很具有說服力的。「夫子老而好《易》，居則在席，行則在囊」之說與《史記・孔子世家》、《田敬仲完世家》、《論語・述而》的記載可以印證；「孔子繇（籀）《易》至於損、益一卦，未尙（嘗）不廢書而莫（嘆）……」之說與《淮南子・人間訓》、《說苑・敬慎》、《孔子家語・六本》的記載也可相互支持；其「夫子」、「子贛」、「二三子」以及《詩》、《書》、《禮》、《樂》之稱說明其所記載孔子事蹟的眞實性是難以懷疑的。李學勤先生曾指出：《要》篇所記孔子、子貢之間發生的對話，恰合於孔子晚年與子貢的情事②。從《要》篇「不可以水火金土木盡稱也」一語來看，其材料來源肯定早於戰國末年。因爲先秦秦漢時，五行的排列主要有兩種方式：一種是水火木金土，一種是以土居五行之中。前者見於《尙書・洪範》；五者之間並沒有相生相勝的關係，是一種較早的觀念。後者見於《管子・四時》，用的是木火土金水的五行相生說，重點是要論證五行中土居中央的重要性。認爲春爲木，夏爲火，秋爲金，冬爲水，而又在夏秋之間加上季夏爲土，而且說：

　　　中央曰土，土德實輔四時入出。

又說：

　　　其德和平用均，中正無私。

這是齊國的陰陽家爲齊國的當政者作爲黃帝後裔應當位居中央成
爲天子制造輿論而編造出來的③。《墨子・經說》也論及五行，
以「金水土火木」爲序，認爲五行並無常勝的關係。鄒衍在齊主
張木火土金水五行相生說，在燕主張五行相勝說，變木火土金水
爲土木金火水，其實五行相勝說實從五行相生說化出，只不過是
向相反的方向推衍而已。由此可知，以土居五行之中的排列是戰
國末期人們的創造。《要》篇水火金土木五行的排列既沒有五行
相生的觀念，也沒有五行相勝的觀念，無疑是屬於早期的五行概
念。《左傳》文公七年「六府」其排列是水火金木土谷，其排列
也近於《尚書・洪範》和《要》。由此看來，《要》篇的材料來
源是較早的，其關於孔子論《易》的事蹟是可信的。

　　從《要》篇所載史實我們可知孔子對待《周易》的態度曾經
有過相當大的變化。從「夫子老而好《易》」而遭到其得意門生
子貢的激烈反對的情況看，孔子晚年以前對《周易》肯定是不重
視的，他以前恐怕也是視《周易》爲卜筮之書的，孔子對《周易》
的這種批評態度在以子貢爲代表的弟子中肯定是根深蒂固了。所
以當孔子一反常態，「老而好《易》，居則在席，行則在囊」時，
子貢就反詰他：

　　　夫子它日教此弟子曰：德行亡者，神靈之趨；智謀遠者，
　　卜筮之繁。賜以此爲然矣。以此言取之，賜緡（啓）行之爲
　　也，何以老而好之乎？

「何以老而好之乎」和「老而好《易》」含義相同，強調的是孔
子「老」之前並不好《易》，是至「老」後才有此行爲的。這與

《史記‧孔子世家》、《田敬仲完世家》「孔子晚而喜《易》」的記載相同。孔子自己也承認，《要》篇說：

> 子曰：《易》，我後其祝卜矣。

這一「後」字，其意思與「老而好《易》」、「晚而喜《易》」完全是一致的。但是，孔子認為他學《易》較祝巫也有領先的地方，這就是他「求其德」，探求《周易》的哲理。認為《周易》有「古之遺言」，有古代聖人的遺教，《易》具有「剛者使知瞿（懼），柔者使知剛，愚人為而不忘（妄），漸（漸）人為而去詐（詐）」的功能。在這方面，他非常自信，認為「祝巫卜筮其後乎」。

孔子對《周易》態度的變化對於認識孔子思想的發展和解決某些經學史上的懸案是有啓發的。熊十力先生曾說孔子四十歲以前是「述」，以君君臣臣……五倫為主，四十歲後是「作」，以廢除帝制、選賢與能為主。而這一思想上的大轉變則是他「卒以學《易》」的結果④。這種說法近於戲言，但說孔子學《易》而致思想有了變化，似乎也有幾分道理。比如《論語‧公冶長》曾載：

> 子貢曰：夫子之文章可得而聞也，夫子之言性與天道不可得而聞也。

因此，人們留下了「子罕言天道」的印象。但戰國秦漢時人們又習稱孔子作《易傳》。《易傳》是講天道的，豈不與子貢說相近？但從《要》篇的記載來看，這種矛盾就好理解了。孔子晚年以前不重視《周易》，不言天道也在理中；「老而好《易》」，開始研究天道，甚至說「後世之士疑丘者，或以《易》乎」，這時作《易傳》也並非沒有可能。這樣，《論語‧公冶長》和《要》篇子貢的話就聯繫起來了。

　　孔子以「六經」傳世。但「六經」的次序古文家和今文家各有一套。今文家的次序是，《詩》、《書》、《禮》、《樂》、《易》、《春秋》；古文家的是《易》、《書》、《詩》、《禮》、《樂》、《春秋》⑤。過去人們多信今文家之說，認為古文家說是起於劉歆的改動。甚至有人懷疑先秦是否有《周易》存在。因為先秦諸子除《莊子》將《詩》、《書》、《禮》、《樂》、《易》、《春秋》並稱外，《荀子·儒效》、《商君書·農戰》皆只稱《詩》、《書》、《禮》、《樂》、《春秋》，不及《易》。從《要》篇的記載來看，「六經」的這兩種排列和《荀子》、《商君書》言「五經」而不及《易》甚至《孟子》不提及《易》都是有原因的。孔子「老而好《易》」而子貢又持激烈的批評態度，這說明孔子晚年以前教授學生的，可能沒有《周易》；到其晚年「好《易》」以後，將《周易》列入了「六經」，可能還有很多像子貢那樣的弟子不理解，認為孔子是「用倚（奇）於人」，違背了其「它日」之教。所以，《易》在「六經」中地位不顯，荀子列數五經而不及《易》，孟子根本未提，都在情理之中。《要》篇說：

　　　　（《易》）有君道焉，五官六府，不足盡稱之；五正之
　　　　事，不足以至之；而《詩》、《書》、《禮》、《樂》，不
　　　　□百扁（篇），難以致之。

這說明，《易》是在《詩》、《書》、《禮》、《樂》等難以致「天道」、「地道」、「人道」等的情況下，才為孔子列入學習對象的，因此，《易》在孔子眾多弟子中，其影響自然難與《詩》、《書》、《禮》、《樂》相比。但是，由於孔子「老而好《易》」竟到了「居則在席，行則在囊」的地步，給其晚年弟子留下了大量的「易」教，其晚年的追隨者雖有子貢那樣的批評者，但可能

也不乏與夫子同樣嗜「易」者（如商瞿之類）。這一幫弟子在傳授「六經」時，以《易》置諸經之首，也是完全有可能的。因此，與其懷疑古文家說，還不如以《要》篇提供的線索爲據，將「六經」的兩種不同次序視爲孔子弟子間的不同傳承爲是。

1993年3月於清華園

【附　註】

① 依朱熹《周易本義》所分，下同。

② 《從帛書〈易傳〉看孔子與〈易〉》，《中原文物》1989年第2期。

③ 說參孫開泰《鄒衍的思想與齊文化的特點》，載《管子與齊文化》頁379，北京經濟學院出版社，1990。

④ 《乾坤衍》第一分《辨僞》，《十家論易》頁682、691、698，岳麓書社，1993年3月。

⑤ 周予同《經今古文學》，見《周予同經學史論著選集》頁4，上海人民出版社，1983年11月。

帛書《繆和》、《昭力》簡説

　　帛書《繆和》、《昭力》與帛書《繫辭》、《易之義》、《要》同寫在一幅寬約四十八厘米的黃帛上。

　　《繆和》緊接《要》，另起一行，頂端塗有墨丁標志，以「繆和問於先生曰」開頭，以「觀國之光，明達矣」作結，最後空一字格，有篇題「繆和」二字。未記字數。

　　《昭力》緊接《繆和》，也另起一行，但頂端沒有墨丁標志，以「昭力問曰」開頭，以「良月幾望，處女之義也」作結，後空一字格，有篇題「昭力」二字，最後又空一字格，記字數「六千」。于豪亮先生説，此篇甚短，所記字數應是兩篇字數的總和，甚是①。

　　具體説來，《昭力》共十四行，其中末尾一行只二十二字，其餘十三行平均字數爲七十左右，共九百三十字左右。《繆和》共五千零七十字左右，其行數約七十，每行平均字數也是七十左右。兩篇相加，其行數應在八十四行左右②。

　　《繆和》、《昭力》雖然各自名篇，但從內容來説，它們實即一體，猶如一篇文章的上下兩篇。《昭力》篇首沒有墨丁標志，而最後所記字數「六千」，實又包括了《繆和》在內，就是這一道理。

　　與帛書《二三子問》、《易之義》、《要》一樣，《繆和》、《昭力》大體上也是以問答的形式解《易》。兩篇共約二十七段，段與段之間用黑色的小圓點斷開。其中《繆和》約二十四段，第

一至第五段是繆和向先生問《易》，討論了渙卦九二爻辭、困卦卦辭、□卦、謙卦九三爻辭、豐卦九四爻辭之義。第六至第八段是呂昌向先生問《易》，討論了屯卦九五爻辭、渙卦六四爻辭、蒙卦卦辭之義。第九段是吳孟向先生問《易》，討論了中孚卦九二爻辭之義。第十段是莊但向先生問易，討論了謙卦卦辭之義。第十一段是張射向先生問《易》，也是討論謙卦的卦辭之義。第十二段是李羊向先生問《易》，討論了歸妹卦上六爻辭之義。第十二段至第二十四段解《易》的形式爲之一變，它們不再是問答禮，而是直接以「子曰」解《易》和以歷史故事證《易》。其中第十二至第十八段每段皆以「子曰」開頭，依次闡發了復卦六二爻辭、訟卦六三爻辭、恒卦初六爻辭、恒卦九三爻辭、恒卦九五爻辭、坤卦六二爻辭之義。第十九段至第二十四段則先敘述一個歷史故事，再引《易》爲證，這種形式，與《韓詩外傳》解《詩》如出一轍。具體說來，第十九段是以湯田獵德及禽獸的故事來闡明比卦九五爻辭之義；第二十段是以魏文侯禮遇段干木事來闡發益卦九五爻辭之義；第二十一段是以吳太子辰歸（餽）冰八管，置之江中，與士人共飲，因而士人大悅，大敗荊人的故事來闡明謙卦上六爻辭之義；第二十二段是以倚相說荊王從越分吳事闡明睽卦上九爻辭之義；第二十三段通過沈尹樹（戍）陳說伐陳之利闡明明夷卦六四爻辭之義；第二十四段通過史黑（默）向趙間（簡）子分析衛不可伐之事闡明觀卦六四爻辭之義。這種大量地用歷史故事來解說《周易》卦爻辭之旨的方法，可以說開了以史證《易》派的先河。

《昭力》共三段，都是以昭力問《易》，先生作答的形式出現的。第一段是闡發師卦六四爻辭、大畜卦九三爻辭及六五爻辭的「君卿大夫之義」，第二段是闡發師卦九二爻辭、比卦九五爻

辭、泰卦上六爻辭的「國君之義」，第三段是闡述「四勿之卦」
之義。與《繆和》等比較，《昭力》解《易》綜合性強，《繆和》
與《二三子問》等，一般是就具體的一卦一爻之義進行討論，而
《昭力》則揉合數卦數爻之辭，闡發它們的共同意義。

　　《繆和》解《易》，不言數，只有一處分析了明夷卦的上下
卦之象，其餘都是直接闡發卦爻辭的德義。《昭力》則全是談卦
爻辭的政治思想。這種傾向，與帛書《二三子問》、《繫辭》、
《易之義》、《要》是完全一致的。不同的是，《二三子問》、
《要》是直接記載孔子師徒論《易》的言行，而《繆和》、《昭
力》則很少提到孔子，其思想具有較強的綜合性，具有戰國末期
學術的特點。

　　如第二段：

　　　繆和問於先生曰：凡生於天下者，無愚知（智）、賢不
　　肖，莫不願利達顯榮，今《周易》曰：「困，亨；貞，大人
　　吉，无咎；又（有）言不信。」敢問大人何吉於此乎？子曰：
　　此耶（聖）人之所重言也，曰又（有）言不信。凡天之道壹
　　陰壹陽、壹短壹長、壹晦壹明，夫人道九（讎）之。是故湯
　　〔囚於桀〕王，文王絢（拘）於條（羑）里，〔秦繆（穆）
　　公困〕於殽，齊桓（桓）公辱於長釣（勺），戉（越）王句
　　踐困於〔會稽〕，晉文君困〔於〕驪氏。古古至今，柏（伯）
　　王之君，未嘗憂困而能□□〔者，未之有〕也。夫困之為達
　　也，亦猷……故《易》曰：困，亨；貞，大人吉，无〔咎；
　　又（有）言不信。此〕之胃（謂）也。③

「壹陰壹陽」即《繫辭》的「一陰一陽」。「壹晦壹明」又見於
帛書《經法・論》：「天明三以定二，則壹晦壹明。」後一段又
見於《說苑・雜言》：

　　孔子遭難陳、蔡之境……孔子曰：「……吾聞人君不困不成王，列士不困不成行。昔者湯困於呂，文王困於羑里，秦穆公困於殽，齊桓困於長勺，勾踐困於會稽，晉文困於驪氏。夫困之爲道，從寒之及煖，煖之及寒也，唯賢者獨知而難言也。《易》曰：「困，亨；貞，大人吉，无咎；有言不信。」聖人所與人難言信也。

《說苑》所載的這一段話屬於《繆和》所謂「人道」的內容，但比較之下，《繆和》的理論性更強，它的「人道」內容是從「天之道壹陰壹陽、壹短壹長、壹晦壹明」中推衍出來的。所以，這種《易》說，顯然交雜著儒家思想和黃老思想。

　　《繆和》篇以很大的篇幅，突出論述了爲上者要「以又（有）知爲无知也，以又（有）能爲无能也，以又（有）見爲无見也」，「聰明叡（睿）知（智）守以愚，博聞強識守以踐，尊〔祿〕貴官守以卑」（第十段）的謙德。如第十一段：

　　張射問先生曰：自古至今，天下皆貴盛盈，今《周易》曰：「嗛（謙），亨，君子又（有）冬（終）。」敢問君子何亨於此乎？子曰：所問是也。……夫耵（聖）君卑體（體）屈貌以邠孫（遜），以下其人，能至（致）天下之人而又（有）之，〔非聖君，其〕孰能以此冬？子曰：天之道崇高神明而好下，故萬勿（物）歸命焉；地之道精博（專）以尚而安卑，故萬勿（物）得生焉；耵（聖）君之道尊嚴叡（睿）知（智）而弗以驕人，嗛（謙）然比德而好後，故〔天下歸心焉〕。《易》曰：嗛（謙），亨，君子又（有）冬（終）。子曰：嗛（謙）者，溓然不足也；亨者，嘉好之會也。夫君人者以德下其人，人以死力報之，其亨也，不亦宜乎？子曰：天道毀盈而益嗛（謙），地道銷〔盈而〕流嗛（謙），〔鬼

神害盈而福嗛（謙）〕，人道亞（惡）盈而好嗛（謙）。嗛（謙）者，一物而四益者也；盈者，一物而四損者也。故聖君以爲豐芷，是以盛盈使祭服忽，屋成加菩，宮成朷隅。嗛之爲道也，君子貴之。故曰：嗛，亨，君〔子又冬〕。

這段話，與《韓詩外傳》卷三所記最爲接近：

> 成王封伯禽於魯，周公誡之曰：往矣！子其無以魯國驕士。……吾聞德行寬裕，守之以恭者，榮；土地廣大，守之以儉者，安；祿位尊盛，守之以卑者，貴；人眾兵強，守之以畏者，勝。聰明睿智，守之以愚者，善。博聞強記，守之以淺者，智。夫此六者，皆謙德也。夫貴爲天子，富有四海，由此德也。不謙而失天下、亡其身者，桀、紂是也。可不愼歟！故《易》有一道，大足以守天下，中足以守其國家，小足以守其身，謙之謂也。夫天道虧盈而益謙，地道變盈而流謙，鬼神害盈而福謙，人道惡盈而好謙。是以衣成則必缺袿，宮成則必缺隅，屋成則必加措，示不成者，天道然也。《易》曰：「謙，亨，君子有終，吉。」《詩》曰：「湯降不遲，聖敬日躋。」誡之哉！其無以魯國驕士也。

《說苑・敬愼》有兩條類似的記載，一條同於《韓詩外傳》的上說，另一條則稍有變化：

> 韓平子問於叔向曰：「剛與柔孰堅？」對曰：「臣年八十矣，齒再墮而舌尚存。老聃有言曰：『天下之至柔，馳騁乎天下之至堅。』又曰：『人之生也柔弱，其死也剛強。萬物草木之生也柔脆，其死也枯槁。』因此觀之，柔弱者，生之徒也；剛強者，死之徒也。夫生者毀而必復，死者破而愈亡，吾是以知柔之堅於剛也。」平子曰：「善哉！然則子之行何從？」叔向曰：「臣亦柔耳，何以剛爲。」平子曰：「

柔無乃脆乎？」叔向曰：「柔者，紐而不折，廉而不缺，何
為脆也。天之道，微者勝。是以兩軍相加，而柔者克之；兩
仇爭利，而弱者得焉。《易》曰：『天道虧滿而益謙，地道
變滿而流謙，鬼神害滿而福謙，人道惡滿而好謙。』夫懷謙
不足之柔弱而四道者助之，則安往而不得其志乎？」平子曰：
「善。」

這種貴謙思想，文獻一說是周公之語，一說是叔向之語，但周公
和叔向時怎會引《象傳》語為《易》呢？所以，應當以帛書所載
為是，是傳《易》於繆和、吳孟、張射等人的先生之語。這裏的
「子曰」，應即「先生曰」，是歐陽修所謂的「講師之言」。這
位先生講謙德，可以說揉合了儒家思想和道家思想。所以文獻有
的將其歸結為周公、孔子之說（如《韓詩外傳》卷三、卷八），
有的以老子貴柔思想解之（如上引《說苑·敬慎》語）。

從上述文獻記載的比較看，《象傳》在《繆和》寫成時早已
流傳於世了。「天道毀盈而益嗛」這四句話，《韓詩外傳》和《
說苑》各有兩處引用，都稱之為《易》。而「聰明叡（睿）知（
智）守以愚」等類似之語，也見於《韓詩外傳》和《說苑》，它
們卻不以《易》稱之。這說明《繆和》「天道毀盈而益嗛」四句
話與其它解《易》之語有著很不相同的地位。從帛書《二三子問》
也有這幾句話來看，《繆和》顯係暗引《象傳》。在帛書《繆和》、
《二三子問》寫作時，《象傳》的內容雖然還沒有像西漢初的《
韓詩外傳》和西漢末的《說苑》那樣被尊以為經，但它的影響卻
已經是相當大的了，否則，帛書解《易》就不會一再地引用它。

《文言》的「元、亨、利、貞」四德說，歐陽修《易童子問》
以為係《左傳·襄公九年》所載魯穆姜之語。《繆和》第七段先
生解渙卦六四爻辭說：

　　　　元者，善之始也。

上引第十一段「子曰」解謙卦卦辭說：

　　　　亨者，嘉好之會也。

前者，《左傳》作「元者，體之長也」，《文言》作「元者，善之長也」；後者，《左傳》、《文言》均作「亨者，嘉之會也」。《繆和》解「元」字，用「善」而不用「體」，用「始」而不用「長」；解「亨」字，用「嘉好」而不用「嘉」。應該說，它不是取於《左傳》，而是取於《文言》。很可能，它也看到了《象傳》「大哉乾元！萬物資始，乃統天」之語，乃將「長」改爲「始」。

　　《繆和》、《昭力》所載《周易》經文，與通行本也有一些不同。蒙卦卦辭通行本作：

　　　　蒙：亨。匪我求童蒙，童蒙求我；初筮告，再三瀆，瀆
　　　　則不告。利貞。

《繆和》第八段稱引和解釋此條卦辭，告字皆作吉，與帛書《六十四卦》、漢石經本同。看來，今本之「告」當屬「吉」形近而訛。

　　大畜卦九三爻辭通行本作：

　　　　九三，良馬逐，利艱貞；曰閑輿衛，利用攸往。

《昭力》第一段引後一句作：

　　　　《易》曰：闌輿之衛，利又（有）攸往。

「闌」，與今本「閑」通。今本的「曰」字，用在此處，殊爲不通。《釋文》引鄭玄曰「人實反」，則鄭玄以「曰」爲「日」。《集解》引虞翻注亦作「日」。《程傳》亦依「日」解。《本義》也以爲「當爲日月之日」。《昭力》引無「曰」字，多一「之」字，文從字順，足證今本之「曰」字有誤。

　　此外，今本比卦九五爻辭的「王用三驅，失前禽，邑人不誡，吉」，《昭力》第二段引用無「用」字。今本泰卦上六爻辭「勿用師，自邑告命，貞吝」，《昭力》引「貞吝」爲「吉」。今本歸妹卦六五爻辭「帝乙歸妹，其君之袂，不如其娣之袂良；月幾望，吉」，《昭力》引從「良」前斷句，變成「良月幾望，吉」。前二種異文，是與帛書《六十四卦》也不合，值得探討。

　　《繆和》第十九至二十四段載有六個歷史故事。這些歷史故事雖大多見於《呂氏春秋》、《賈誼新書》、《說苑》、《新序》、《韓詩外傳》、《大戴禮記》等書，但仍提供了許多新的信息。如第十九段記湯網開三面，德及禽獸，感化的諸侯有「四十餘國」。而《呂氏春秋・孟冬紀・異實》和《新序・雜事》都說是「四十國」，《賈誼新書・諭誠》則只說「士民聞之」、「於是下親其上」。比較而言，《繆和》所載最詳。第二十段記魏文侯過段干木之閭而式（軾）事，《新序・雜事》、《史記・魏世家》、《藝文類聚》所引《莊子》都有類似記載。但《繆和》點出了「其僕李義」之名，而其它文獻都只云「其僕」。可見《繆和》的作者更清楚、更接近於此事。不然，它就不會保留下這些細節的真實。第二十一段記吳舟師大敗楚人，「襲其郢，居其君室，徙其祭器」與《左傳》、《史記》同，但「太子辰歸（餽）冰八管」，吳王夫差置之江中與士同飲，因而使士氣大振之事，卻爲史籍所無。不管其所載是否有誤④，但它確實爲這一段歷史提供了新的材料，是很值得珍視的。

　　第二十二段所記與《韓非子・說林下》、《說苑・權謀》所載更有較大不同。第一，《韓非子》和《說苑》都說是越破吳後，「又索卒於荊而攻晉」；而《繆和》卻說是越「環周（舟）而欲均荊方城之外」。顯而易見，「索卒」或「請師」攻晉只是藉口，

越藉勝吳之餘威脅迫楚國，要將其方城之外的勢力範圍據為己有才是目的。《繆和》所記更近於歷史的真相。第二，《韓非子》只說「起師」，不言數目；《說苑》說「請為長轂千乘，卒三萬」；而《繆和》則說「請為長轂五百乘以往分於吳地。君曰：若（諾）。遂為長轂五〔百乘〕……」，所載更為詳實。第三，從「而不服者，請為君服之。曰且越王曰：天下吳為強，吾既已戔（踐）吳，其餘不足以辱大國之人，請辭。又曰：人力所不至，周（舟）車所不達，請為君取之」等語來看，楚、越兩國又就分吳事進行了外交交鋒，而《繆和》的這種記載也不見其它史籍。第四，《說苑》說楚「遂取東國」，《韓非子》說越「乃割露出之險五百里又賂之（楚）」；而《繆和》則記為「（越）遂為之封於南巢至北蘄南北七百里命之曰倚〔相之〕封」。《史記·楚世家》云：

> 是時越已滅吳而不能正江淮北；楚東侵，廣地至泗上。

《越世家》也說：

> 句踐已去，渡淮南，以淮上地與楚。

由此可見，楚分吳所得的東國，其具體範圍就是從「南巢至北蘄南北七百里」，這與《史記》所說的「江淮北」、「泗上」或「淮上地」，是一致的。

第二十三段記楚取陳，同於《呂氏春秋·似順》、《說苑·權謀》、《楚史檮杌》，但更為詳實。主張伐陳之人，《繆和》說是沈尹樹（戍），《說苑》、《楚史檮杌》說是楚莊王，《呂氏春秋》說是「寧國」。「寧國」係涉上文「國寧」而誤，《呂氏春秋》說不可信。從《繆和》所說的「遂舉兵伐陳，有之」來看，不似楚莊王十六年時楚「破陳，即縣之」事，因不久「莊王乃復陳後」。據《繆和》所載沈尹樹（戍）事蹟，可知此係指楚靈王七年楚滅陳為縣事。諸書所載之的「莊王」很可能係「靈王」

之誤。

第二十四段記趙簡子將襲衛事，《呂氏春秋‧召類》、《說苑‧奉使》也有類似的記載。但《繆和》所記與其不同點有二：一是《繆‧和》說「使史黑（默）往〔睹之，期以〕卅日，六十日後反（返）。間（簡）子大怒，以爲又（有）外志也」，而它書皆說「期以一月，六月而後反」，又無簡子大怒等情節。「六十日後反」較之「六月而後反」應更合乎實際。二是它書都說蘧伯玉、史鰌、孔子、子貢在衛，而《繆和》在這四人之外又多出「子路爲浦（蒲）」。據《史記‧孔子世家》，孔子在衛時，「孔子弟子多仕於衛」。《仲尼弟子列傳》又說：「子路爲蒲大夫」。由此看來，《繆和》的記載是有根據的。

《繆和》的史事記載也有錯誤，于豪亮先生已指出了一些。但從時間上看，它所記的史事最晚也爲戰國初期之事。而且，它往往比《呂氏春秋》、《韓非子》所載更爲詳實。如果它不是在《呂氏春秋》、《韓非子》之前寫成的話，是很難做到的。由此可知，無論從史學的角度，還是從易學的角度，我們都應該重視《繆和》《昭力》這兩篇帛書的價值。

1993年4月於清華園

【附　註】

① 《帛書〈周易〉》，《文物》1984年第3期。

② 《繆和》的拼接尚未最後確定，故這裏所說的只是一種大體估計，最後結果應以釋文爲準。

③ 方括符之內的文字，係筆者據上下文及文獻所補。所引《繆和》、《昭力》文字，尚未最後定稿，應以釋文爲準。下同。

④ 于豪亮先生認爲《繆和》所載「太子辰」與《史記》、《左傳》不合，夫差這時並非爲吳王。見《帛書〈周易〉》，《文物》1984年第三期。

第二編　帛書《繫辭》論辯

論帛書《繫辭》與今本《繫辭》的關係

　　馬王堆帛書《繫辭》內容陸續披露後，學者們對帛書《繫辭》同今本《繫辭》的關係問題，發表了截然相反的意見：李學勤、韓仲民先生認爲：「帛書《繫辭》和今本《繫辭》只是編排有異，思想實相一致，這應該認爲是不同傳本，不好說是前後演變的關係」，「今本《繫辭》的個別篇章，散見於其他佚書，並不能因而斷定今本《繫辭》編定的時間要比帛書更晚」②。而王葆玹先生則認爲：「《繫辭》帛書本是現存最早的，最可靠的《繫辭》傳本，最能反映《繫辭》最初寫定時的原貌」，今本《繫辭》不見於帛書《繫辭》的部分，「乃是戰國以後的學者加以改編的結果」③。

　　我爲參加1992年8月在長沙舉行的馬王堆漢墓國際學術討論會，針對新發表的帛書《繫辭》釋文④，撰寫了《帛書〈繫辭〉釋文校補》一文。該文除補正了帛書《繫辭》釋文的一些錯誤外，也附帶論述了我對帛書《繫辭》與今本《繫辭》關係的看法。承蒙陳鼓應先生的推薦，朱伯崑、余敦康、劉長林先生邀請我參加1992年10月28日在炎黃藝術館召開的北京《周易》研究會會議。會上，我從文獻比較出發，從三個方面論證了帛書《繫辭》的祖

本更接近於今本《繫辭》；帛書《繫辭》是對接近於今本《繫辭》之祖本的節錄、改編的結果。現論述如下：

一、從語意的不同論帛書《繫辭》 是對今本《繫辭》的改造

帛書《繫辭》與今本《繫辭》有很多的異文。這些異文，除了假借字、古今字等書寫上的問題外，還有著思想意義不同的問題。對這些思想意義不同的異文細加分析，很能看出今本《繫辭》與帛書《繫辭》之間的演變軌迹。

今本《繫辭》的「顯諸仁，藏諸用，鼓萬物而不與聖人同憂」，一般的帛書《繫辭》釋文都作：「耴者仁勇，鼓萬物而不與衆人同憂」⑤。其實細看照片，帛書原文「仁」下有兩個小字，左邊的是「壯」，右邊的是「耂」。「壯」爲今本「藏」字之假，兩字上古音聲近韵同。《周易》剝卦中的三個「牀」字，帛書《六十四卦》皆寫作「臧」。而「牀」、「壯」都从爿得聲。「耂」即「者」，爲「諸」字之借。由此可知，帛書《繫辭》的原文應是：「耴（聖）耂（者）仁，壯（藏）耂（諸）用，鼓萬物而不與衆人同憂。」從這種特殊的寫法分析，帛書的作者認爲原文的觀點不對，似乎貶低了聖人，因此將聖人提前，突出其「仁勇」而不同於「衆人」之特點。但寫完後，又發現沒有完全利用好原文的材料，故在「仁」字下補上這兩個小字，以加以彌補。所以，帛書作者如果不是照今本這句話改寫的話，決不會出現這種奇怪的寫法。從前後文看，道理也是如此。這一段是泛論道，「仁者見之謂之仁，知者見之謂之知，百姓日用而不知」的，都是道。所以「顯」的、「藏」的、「鼓」的、「同憂」的也應指道。帛

書前文同於今本，也講「仁」，也講「用」，所以這裏的「仁勇」當然應是指道。改成了「聖者」，不但「壯諸勇」不通，「鼓萬物」更成問題。孔穎達《正義》云：「言道之功用能鼓動萬物，使之化育，故云『鼓萬物』；聖人化物不能全『無』以為體，猶有經營之憂。道則虛無為用，無事無為；不與聖人同用有經營之憂也。」因此，從易理看，從寫法言，我們只能說帛書本的這一段話是對今本語意的篡改。

今本《繫辭》的「化而裁之謂之變，推而行之謂之通，舉而錯之天下之民謂之事業」，帛書《繫辭》作：「爲而施之胃（謂）之變，誰（推）而舉諸天下之民胃（謂）之事業。」《馬王堆漢墓出土文物》一書的釋文曾將「誰」寫爲「雜」，「舉」字則未釋出。我在《帛書〈繫辭〉釋文校補》一文中曾指出：「『雜而□諸天下之民』句，『雜』應爲『誰』，『誰』爲『推』之同音借字。『□』應爲『舉』字。帛書抄寫者抄掉了『推而行之謂之通』一句，故塗改了一下，想補上，結果只補上『誰』字就寫不下去了。因此原文的『推而行之謂之通，舉而錯之天下之民』被寫成了『誰而舉諸天下之民』。這一則說明帛書的抄寫者對原文並不是很尊重；二則說明帛書的底本的確與今本基本相似，不然就不會抄出這樣的句子來。」⑥對帛書這一異文，黃沛榮先生曾有所懷疑，他說：「第二十八行上半有一個略歪的『誰』字，從字體來說，不像是原文，可能是整理拼合時補上的，不過從圖片上看就難以確定了。」⑦其實，對此以前我也有所疑慮。承蒙湖南省博物館朋友的好意，我見到了帛書《繫辭》的原物，發現「變誰」處是一補丁，其質地與帛書所用之黃帛同，不可能是後人整理拼合時所補。應是抄手當時發現抄寫有誤而補。從這一修改的事實看，原本是有「推而行之謂之通」一句的。而將「推」寫

作「誰」，也符合此抄手的書寫習慣。如《老子》六十六章：「天下樂推而不厭。」帛書乙本「推」就作「誰」。《繫辭》下文的「推而行之存乎迵」，帛書「推」也作「誰」。因此，這一「誰」字不可能是後人所補。據此可知，帛書本的這一異文也是在與今本《繫辭》相同句子的基礎上作出的。

又如今本的「天下之動，貞夫一者也」，帛書作：「天下之動，上觀天者也」。從文字的誤寫上，似乎難以解釋這種異文。這當是帛書編寫者不滿意原文而作出的改動。所謂「上觀天者也」有一種尊天的傾向，盡管這是一種流行的觀點，但上下文意卻費解。帛書上文說：「天地之道，上觀者；日月之行，上明者」。「天地之道，上觀者」與「天下之動，上觀天者也」語意重復，還可說得過去；但與「日月之行，上明者」聯繫，後者則無法解釋。而今本「貞」為守正，是用自然現象來說明人事，所謂「貞觀」、「貞明」、「貞夫一」有著內在的聯繫，都是強調守正的重要性。從重「貞」到重「天」，這一改變實在生硬。這是帛書作者的草率造成的。

今本《繫辭》的「生生之謂易」，帛書本作「生之胃馬（象）」。按，今本以「生生」即陰陽轉化相生為「易」，這是很得《易》理的，上文的「盛德大業」正是贊此。而帛書本以「馬（象）」代「易」，以「馬（象）」有「生」之「盛德大業」，豈不謬哉？

又如今本的「小人而乘君子之器，盜思奪之矣；上慢下暴，盜思伐之矣。慢藏誨盜，冶容誨淫。《易》曰『負且乘，致寇至』，盜之招也」。帛書上、下兩句同，中間一句則作「曼暴謀，盜思奪之」。「曼暴謀」，句式不協，「盜思奪之」，又與上文重復。比較之下，我們只能說是帛書擅改原文所致。

今本的「夫《易》開物成務，冒天下之道，如斯而已者也」，

帛本作：「夫《易》古物定命，樂天下之道，如此而已者也。」
今本是說《易》的功用，「開物」、「成務」，「冒天下之道」
的，都是指《易》；而帛書本說《易》「古物定命」，不但盡去
人謀，而且語氣欠順；至於《易》能「樂天下之道」更是匪夷所
思。此外，今本的「成務」，前文「能成天下之務」已有鋪墊，
而「定命」之說，於《傳》無據；「如斯」帛書本作「如此」，
顯是後出的痕迹。

　　又如今本的「上古結繩而治，後世聖人易之以書契，百官以
治，萬民以察，蓋取諸《夬》」，最後一句帛書作：「蓋取者
（諸）大有也。」從卦義來看，夬卦卦辭有「揚于王庭，孚號有厲」
之語，與「百官以治，萬民以察」較為貼切；而大有卦很難與此
扯上關係。因此，當以今本為是。

　　此外，今本的「乾坤，其易之縕邪？乾坤成列，而易立乎其
中矣；乾坤毀，則无以見易。易不可見，則乾坤或幾乎息矣」，
帛書本「縕」作「經」，最後一句作「易不可見則鍵川不可見，
鍵川不可見則鍵川或幾乎息矣」。初看似乎以帛書「經」為是，
其意同於下文的「門戶」。但細加分析，今本的乾坤，實即陰爻
和陽爻。陰陽爻「成列」，才產生易卦，故云「易立乎其中矣」；
沒有陰陽爻，就形不成易卦，故云「乾坤毀，則无以見易」；沒
有易卦，陰陽爻的作用就幾乎發揮不了，故云「易不可見，則乾
坤或幾乎息矣」。所以，「乾坤，其易之縕邪」之「縕」，就是
帛書《要》中所謂「天地品（縕）」之「品」，指陰陽是易卦所
縕積的根源。上文所謂「立象」、「設卦」、「繫辭」云云，下
文所謂「道」、「器」、「變」、「通」、「象」、「爻」、「卦」
云云，都不是具體解釋哪一卦名及作用，而是泛論最一般意
義上的易學概念。對「乾坤」也應作如是解。如果將乾坤解釋為

兩卦，以其爲《易》之綱要的話，那「《易》立乎其中矣」，就
顛倒了整體與局部的關係。所以，帛書本改「緼」爲「經」是不
可取的。至於帛書本的「易不可見，則鍵川不可見」一段，語意
重復拖沓，顯然是從今本「易不可見，則乾坤或幾乎息矣」一句
敷衍而出。

　　上述帛書本《繫辭》與今本《繫辭》語意的差異，都是帛書
本編寫者對其祖本的觀點加以改動造成的。從意義的比較上，我
們只能得出一個結論：帛書本的祖本更接近於今本《繫辭》。

二、從內容的詳略論帛書《繫辭》
是對今本《繫辭》的節錄

　　帛書本《繫辭》與今本比較，一個突出的特徵是字數較今本
少，今本的一些章節、段落、字句都不見於帛書本。這些略於今
本的文字，到底是帛書本的祖本本身所固有的，還是本來就不見
於其祖本？這對於確定帛書本《繫辭》與今本《繫辭》的關係是
非常重要的。筆者認爲，今本《繫辭》不見於帛書本的文字，大
都見於帛書本的祖本；帛書本祖本與今本《繫辭》是非常接近的，
而帛書《繫辭》之所以文字少於今本，主要是由於帛書《繫辭》
是對其接近於今本《繫辭》的祖本進行節錄造成的。

　　今本《繫辭》的「大衍之數」章爲帛書本所無，許多人便以
爲「大衍之數」章是後人竄入《繫辭》的，這種觀點是不能成立
的。因爲帛書本《繫辭》雖然沒有「大衍之數」章，卻保留著「
天一、地二、天三、地四、天五、地六、天七、地八、天九、地
十」之說。我們知道，「大衍之數」章的「天數五，地數五，五
位相得而各有合。天數二十有五，地數三十，凡天地之數五十有

五」與此有著內在的邏輯聯繫。後者是對前者的概括，在「天一
……地十」之數中，天數一、三、五、七、九，剛好是「五」位，
其和爲「二十五」；地數二、四、六、八、十，也剛好是「五」
位，其和爲「三十」；「天數」和「地數」相加得出「天地之數」，
剛好是「五十有五」。而「大衍之數」即「天地之數」，「五十」
後脫掉「有五」二字。筮法用四十九，餘六不用以象六爻之數⑨。所
以，有「天一……地十」之說，就必然有「天地之數」；有「天
地之數」，就勢必有「大衍之數」。不然，單獨說「天一……地
十」云云，就顯得莫名其妙了。其實，「天一……地十」說與「
大衍之數」章的這種關係，前人早就窺破了。程頤《易說》以爲
《繫辭傳》「簡編失次」，當作更移，就是因爲今本《繫辭》將
這兩說分爲兩章，破壞了它們緊密的邏輯關係。朱熹《周易本義》
據程說，將「天一……地十」說與「天數五……凡天地之數五十
有五」說連爲一體，皆移置「大衍之數」前，就是從其意義聯繫
出發的。帛書《繫辭》雖然沒有「大衍之數」章，但卻保留了「
天一……地十」之說，可見其祖本原是有「大衍之數」章的，只
不過是爲後來的傳者所刪去罷了。

　　今本《繫辭》下篇的第五章⑩的後半部分，大多不見於帛書
《繫辭》，而收在另一帛書《要》中。這些不見於帛書《繫辭》
的文字，是否其祖本也無？這是值得研究的。比如今本的「子曰：
知幾其神乎？君子上交不瀆，其知幾乎！幾者，動之微，吉之先
見者也」一段，帛書本雖無，但卻存有「君子見幾而作，不位冬
（終）日……」一段。由此我們可知，帛書本的祖本是定有今本
「子曰」這段話的。因爲這段話是論「知幾」的重要性，正因爲
「幾者，動之微，吉之先見者也」、「知幾其神乎」，所以「君
子」才要「見幾而作，不俟終日」。如果沒有「子曰」的這幾句，

在「《易》曰：『何校滅耳，凶』」下直接說「君子見幾」云云，
其上下語意就無法貫通了。帛書本正是如此。所以，從它存有「
君子見幾而作」段推論，它的祖本至少是有「子曰」一段的。從
文獻的記載看，今本《繫辭》「子曰」這段話，至少在漢初就存
在了。《漢書·楚元王傳》記穆生在楚王戊時曾將「子曰」這段
話和「君子見幾而作」這段話連在一起，合稱爲《易》。因此，
我們推論帛書本《繫辭》的祖本應該有「子曰」這一段，完全是
可信的。

今本的「顏氏之子」段也不見於帛書《繫辭》，而收在另一
篇帛書《要》中。帛書《繫辭》的祖本是否有「顏氏之子」段呢？
我們認爲這是很可能的。因爲這一段前的「君子知微知彰，知柔
知剛，萬夫之望」帛書本基本還保存著。孔子對「顏氏之子」的
稱贊，正是「萬夫之望」的具體化；而「有不善，未嘗不知；知
之，未嘗復行也」，與「知微知彰，知柔知剛」是有意義聯繫的。
「有不善，未嘗不知」正是「知微」、「知幾」的表現，「知之，
未嘗復行也」，正是「知彰」的行爲。所以帛書本《繫辭》存有
「君子知微知彰」段，其祖本應當也有「顏氏之子」段。

今本《繫辭》下的第九章，帛書本只存有「是與非，則下中
教（爻）不備。初，大要存亡吉凶，則將可知矣」幾句。帛書本
似乎是將今本《繫辭》的重中爻的思想進行了改造，認爲初爻爲
《易》之「大要」。但是，應該指出，帛書本的「下」字應爲「
非」字之誤。「初」即「抑」字，通「噫」。「大要」應與「存
亡吉凶」連續，即「存亡吉凶」之「大要」。因此，這裏談不上
有什麼重初爻的思想，祇是對今本的誤抄而已。

此外，帛書本《繫辭》還有一些辭句，一看就知道是對祖本
的省略。如今本的「陰陽不測之謂神」，帛書作「陰陽之謂神」。

按，「不測」才稱之爲「神」，帛書「陰陽之謂神」不通，其既
稱「神」，其祖本必有「不測」二字。今本「《易》曰：自天祐
之，吉无不利。子曰：祐者，助也」，帛書本無「子曰」二字。
按，「《易》曰：自天佑之，吉无不利」，是大有卦上九爻辭。
「祐者，助也」是對經文的解釋。從上下文體例看，帛書的祖本
當有「子曰」二字。今本「陽卦多陰，陰卦多陽。其故何也？陽
卦奇，陰卦耦。其德行何也？陽一君而二民，君子之道也；陰二
君而一民，小人之道也」，帛書本後僅「陽一君二民，君子之馬
（象）也」一句，省略了「陰二君一民，小人之道也」一句。帛
書既有「陰卦多陽」，「陰卦耦」，「其德行何也」等語，其祖
本也當有「陰二君一民，小人之道也」。今本「夫乾，天下之至
鍵也，德行恒易以知險；夫坤，天下之至順也，德行恒簡以知阻」，
帛書本大體同於今本，只少「天下之至鍵也」一句。按，帛書本
有「夫川（坤），魋然天下之至順也」一句，其祖本也當有「天
下之至健也」，因爲這是相對成文的。

　　從以上這些比較中，我們可以清楚地看到帛書本《繫辭》少
於今本《繫辭》的許多內容，其祖本是存在的。帛書本的祖本在
很多方面，是非常接近今本《繫辭》的。

三、從《易之義》、《要》的記載論今本
《繫辭》早於帛書《繫辭》

　　與帛書《繫辭》寫在同一幅帛上的還有《易之義》、《要》
等。今本《繫辭》的一些段落章節，也散見於這兩篇帛書中。對
這兩篇帛書的記載進行研究，有助於我們了解帛書《繫辭》祖本
的眞正面目。

　　《要》載有今本《繫辭下》第五章後半部分的內容，將《要》的記載同帛書《繫辭》的記載合在一起，今本《繫辭下》的第五章就大致復原了。《要》篇至少由四段文字組成，它們雖然記載的是孔子關於《周易》的一些言行，但每段文章各有其中心。這說明所謂篇名《要》，是摘要之意，是作者摘錄的一些孔子關於易學的重要觀點和論述。由《要》篇的這種性質我們可知，《要》篇所記載的內容並非最早出於《要》，而另有其文獻來源。這一點，在《易之義》中表現得更加清楚。

　　《易之義》既載有《說卦》前三章的內容，又載有今本《繫辭下》第六、七、八、九章的內容，因此過去人們曾將它誤為帛書《繫辭》的下篇。《易之義》載有《說卦》的前三章，但今本《說卦》的「天地定位，山澤通氣，雷風相薄，水火不相射」，卻被它改寫為「天地定立（位），[山澤通氣]，水火相射，雷風相榑（薄）」。據張政烺、于豪亮先生的研究，這種改造是從帛書《六十四卦》卦序的排列出發的。就像帛書《六十四卦》的卦序是對通行本卦序的改編一樣，《易之義》的這一段話也是對《說卦》的改造。由此可知，《易之義》所載的《說卦》三章，應是另有來源的。

　　《易之義》所載《繫辭》部分也是另有來源的，這裡暫不詳加考證。最能說明問題的是《易之義》的最後一部分：

　　　子曰：知者觀其緣（象）辭，而說過半矣。《易》曰：
　　二與四同〔功而異位，其善不同：二〕多譽，四多瞿（懼），
　　近也。近也者，嗛之胃（謂）也。《易》曰：柔之為道也，
　　不利遠〔者；其〕要无〔咎，其用〕柔若〔中〕也。《易》
　　曰：三與五同功異立（位），其過〔不同，三〕多凶，五多
　　功，〔貴賤〕之等……

　　這裏的「子曰」、「《易》曰」都是今本《繫辭》所無的。
《易之義》將《繫辭》文稱之爲「子曰」或「《易》曰」，說明
《易之義》是引用他文。衆所周知，《新語》也是如此稱引《繫
辭》語的。如《辨惑》篇說：

　　　　《易》曰：二人同心，其義斷金。
《明誠》篇說：

　　　　《易》曰：天垂象，見吉凶，聖人則之。
　　《說苑》的《敬慎》篇、《辨物》篇稱引《繫辭》的這兩段
話，也都稱爲「《易》曰」。《鹽鐵論·險固》篇稱引《繫辭》
「重門擊柝，以待暴客」句，也以「《易》曰」稱之。西漢初年
的穆生說：「《易》稱知幾其神乎！幾者，動之微，吉凶之先見
者也。君子見幾而作，不俟終日。」也是將《繫辭》稱爲《易》。
司馬談《論六家要指》引《繫辭》「天下一致而百慮，同歸而殊
塗」，則稱其爲「《易大傳》」。可見《繫辭》在西漢初年以前，
地位和一般的易說是很不相同的。這和它爲孔子所作的傳說是分
不開的。正因爲如此，人們才直接以「子曰」或「《易》曰」稱
引它。由此可見，《易之義》同於今本《繫辭》的文字，它直接
稱之爲「子曰」或「《易》曰」，取之於《繫辭》的可能性最大。
這一《繫辭》，與今本《繫辭》相當接近，它無疑就是帛書《繫
辭》的祖本。

　　今本《繫辭》的大部分內容都散見於帛書《繫辭》、《易之
義》和《要》之中，往往帛書《繫辭》所無的，就保存在《易之
義》和《要》中；《易之義》和《要》所有的，帛書《繫辭》就
無。因而，人們就認爲《易之義》、《要》中所有的《繫辭》部
分，是西漢初年以後人們增入《繫辭》的。也就是說，今本《繫
辭》是在帛書《繫辭》、《易之義》、《要》之基礎上綜合而成

的。而事實並非如此。今本《繫辭下》第九章尚有一些殘存於帛書《繫辭》中，它們是「是與非，則下中教（爻）不備。初，大要存亡吉凶，則將可知矣。」「是與非」前盡管文字已殘，但其內容肯定是「若夫雜物撰德，辨」無疑。而《易之義》有今本《繫辭》第九章內容的，也存有「鄉物異德，大明在上，正其是非，則」等語⑪。「鄉物異德」，無疑即「雜物撰德」；「正其是非，則」及後面的缺文無疑即「辨是與非」等。這說明帛書《繫辭》的內容，《易之義》也有。這是由它們的材料都有一個共同的來源而決定的。正由於它們取材於同一個來源，又是一人一時一地抄寫，所以在運用同一材料時，三篇大致就能避免重複。當然，偶爾也有照顧不周的地方，這樣就出現了上述互見。

從帛書《繫辭》與今本《繫辭》語意不同的異文可證，帛書《繫辭》的祖本非常接近於今本《繫辭》；從帛書《繫辭》與今本《繫辭》詳略的比較可知，帛書本少於今本的許多章節、段落、文字，在帛書本的祖本中原是存在的；而《易之義》、《要》的記載則說明，在帛書寫作時，《繫辭》已被稱之為《易》而作為它們的材料來源。這一切證明，在帛書《繫辭》、《易之義》、《要》寫作時，今本《繫辭》的內容都已基本形成。因此，以帛書《繫辭》為據證明今本《繫辭》的許多內容晚出的論點，是不能成立的。

【附 註】

① 《帛書〈繫辭〉略論》，《齊魯學刊》1989年第4期。

② 《帛書〈繫辭〉淺說——兼論〈易傳〉的編纂》，《孔子研究》1988年第4期。

③ 《從馬王堆帛書本看〈繫辭〉與老子學派的關係》，《道家文化研

究》第一輯，上海古籍出版社，1992年6月。

④　載《馬王堆漢墓文物》第118至126頁，湖南出版社，1992。

⑤　如《馬王堆漢墓文物》；黃沛榮《馬王堆帛書〈繫辭傳〉校讀》，《周易研究》 1992年第4期。

⑥　馬王堆漢墓國際學術討論會論文，1992年8月。

⑦　《馬王堆帛書〈繫辭傳〉校讀》。

⑧　按：今本稱「乾坤，其《易》之門邪」，帛書本則稱「門」為「門戶」，從單音詞在先，複音詞在後的詞匯發展規律看，帛書本也應晚於今本。

⑨　說見金景芳《易通》，商務印書館，1945年；高亨《周易大傳今注》第524、525頁，齊魯書社，1979。

⑩　從朱熹《周易本義》所分。下同。

⑪　「非，則」兩字，筆者剛從帛書碎片的照片中找出，該殘片共兩行字，第一行有「始」和另一字，剛好補上《易之義》的「贊□□多以為質」中的兩個殘缺之字，第二行「非，則」剛好可接在「正其是」後。

論帛書《繫辭》的學派性質

在道家主干論的支配下，王葆玹和陳鼓應先生先後就長沙馬王堆三號漢墓出土的帛書《繫辭》，發表了新穎的意見。他們認為帛書《繫辭》同今本《繫辭》有巨大差異，帛書《繫辭》早於今本《繫辭》，較今本更近於《繫辭》的原貌，今本《繫辭》不見於帛本的部分係漢儒編纂時續貂而成，帛書《繫辭》是戰國時期道家學派的傳本。①這些見解頗具有挑戰性和啓發性，但是，驗之帛書《繫辭》和帛書《易傳》諸篇的內容，筆者認為上說誇大了帛書《繫辭》同今本《繫辭》的差異，顛倒了兩者之間的關係，定錯了帛書《繫辭》的學派性質。帛書《繫辭》是儒家而決非道家的傳本。下面，試從帛書《繫辭》的祖本、帛書《易傳》諸篇的內容、帛書《繫辭》的思想構架、周秦至漢初易學的源流四個方面進行論證。

一、從帛書《繫辭》的祖本看

斷定帛書《繫辭》為道家傳本的根據就在於帛書《繫辭》與今本《繫辭》有巨大的差異。從已公布的帛書《繫辭》的照片來看②，今本《繫辭上》只有「大衍之數」章不見於帛書。而《繫辭下》第五章自「子曰：危者安其位者也」至第十一章③，除幾句外，基本不見於帛書《繫辭》，它們有的見於帛書《易之義》，有的見於帛書《要》。這種差異是由於帛書《繫辭》的抄寫引起

的？還是其祖本原來就如此？這是很值得考證的。

　　帛書《繫辭》沒有「大衍之數」章，很多人就以為「這一章是後加的」，「是西漢中期的作品」④。這種說法是不能成立的。宋人有疑經之風，對於《繫辭》，歐陽修、葉適、程頤、張載、朱熹都有批評。這些議論，其中好些就是針對「大衍之數」章和其上下文來的。張載認為今本《繫辭上》第十一章首句「天一、地二，天三、地四，天五、地六，天七、地八，天九、地十」「恐在」今本《繫辭上》第九章的「天數五、地數五之處」。程頤《易說》認為今本《繫辭》將此兩段話分載兩處，屬「簡編失次」，當作更移。朱熹《周易本義》據程說，將「天一……地十」句與「大衍」章的「天數五，地數五，五位相得而各有合。天數二十有五，地數三十，凡天地之數五十有五，此所以成變化而行鬼神也」連在一起，皆移置「大衍之數五十」前。張載、程頤、朱熹為什麼都認為今本《繫辭》的這些章次有問題呢？他們運用的都是理校法，都是從這幾章的文義聯繫出發的。

　　「大衍之數」章的「天數五，地數五，五位相得而各有合。天數二十有五，地數三十，凡天地之數五十有五」並非信口之言，而是根據「天一……地十」說概括而成的。在「天一……地十」之數中，天數即奇數，為一、三、五、七、九，剛好是「五」位，其和為「二十有五」；地數即偶數，為二、四、六、八、十，也剛好是「五」位，其和為「三十」。「天數」和「地數」相加得出「天地之數」，剛好是「五十有五」。所以，這兩段話是密不可分的。如今本《繫辭》，將「天一……地十」說置於「子曰《易》有聖人之道四焉者，此之謂也」和「子曰：夫《易》何為者也」之間，上不巴天，下不著地，人們根本就不理解其含義。而不交待「天一……地十」，劈頭就說「天數五，地數五……凡天

地之數五十有五」，人們也搞不清「天數五，地數五」等從何而來。因此，只有將兩說連爲一體，其文義才能上下貫通。由此可見，張、程、朱諸儒的理校，都是有道理的。無怪其後的治《易》者，往往都樂從此說。

「大衍之數五十」一段，與「天一……地十」說也是渾然一體的。所謂「大衍之數」實即「天地之數」，「五十」後脫「有五」二字。金景芳先生說：

> 「衍」者，推演。「大衍」者，言其含蓋一切，示與基數之十個數字有別，蓋數之奇偶，分天分地，猶卦之兩儀，有一有--。衍成基數，猶《乾》、《坤》等之八卦，只屬小成，而不足以應用者也。迨「參天兩地」而成「五十有五」，則可應用之以「求數」，「定爻」，「成卦」乃「成變化而行鬼神」，因以大衍名之。不然，則此處「五十」爲無據，而下文「五十有五」爲剩語。⑤

高亨先生以金說爲是，並進一步論證道：

> 《正義》引姚信、董遇云：「天地之數五十有五，者其六以象六爻之數（者當作省），故減之而用四十九。」足證姚、董本作「大衍之數五十有五」。此言用《易經》演算，備著五十五策，但只用四十九策。所以備五十五策者，下文曰：「凡天地之數五十有五。」此以天地之數定大衍之數也。所以餘六策而不用者，以此六策標明六爻之數也。⑥

所以，無論從文義，還是從文獻出發，「大衍之數」即「天地之數」都可謂有理有據，應爲定論。

「大衍之數」即「天地之數」，係從「天一……地十」說化出。這就告訴我們：有「天一……地十」說，就必然有「天地之數」說，有「天地之數」說，就勢必有「大衍之數」說。不然，

不單「天一……地十」說爲贅文，失去了上下聯繫；「大衍之數」說也將成爲無源之水、無本之木。而帛書《繫辭》雖無「大衍之數」章，但卻保存了完整的「天一……地十」說。由此可推知，帛書《繫辭》的祖本定是有「大衍之數」章的。

李學勤先生曾經指出「大衍之數」章的後部，內容和形式都與《繫辭》其他各章融合無間。⑦這是很有見地的。具體來說，「大衍之數」章的「成變化而行鬼神也」，「知變化之道者，其知神之所爲乎」，與下文的「《易》有聖人之道四焉」章的內容是密切相關的。這一章迭用四個「變」字，兩個「神」字，都是從「大衍之數」章化出。所謂「參伍以變，錯綜其數：通其變，遂成天地之文；極其數，遂定天下之象」，正是對「大衍」筮法及其易理功能的概括。「參伍以變，錯綜其數」指的就是「四營」、「十八變」；「通其變，遂成天下之文；極其數，遂定天下之象」云云，說的就是「引而伸之，觸類而長之，天下之能事畢矣」。今本《繫辭上》第十章的這些話，帛書《繫辭》大致都還保留著。因此，從上下文的這些聯繫看，帛書《繫辭》的祖本應是有較完整的「大衍之數」章的。

帛書《繫辭》以「易曰：何校滅耳，凶」直接「君子見幾而作，不位冬日」，這樣，今本《繫辭下》第五章「子曰危者安其位者也」至「吉之先見者也」一段就不見了。從帛書《繫辭》的上下文義看，這一段話當存在於其祖本中。因爲上文「善不責（積）不足以成名，惡不責（積）不足以滅身。小人以小善爲無益也，而弗爲也；以小惡〔爲〕無傷也，〔而弗去也。故惡積而不可〕蓋也，罪大而不可解也。《易》曰：『何校滅耳，凶』」這一段是「明惡人」不積小善而積小惡，以致「爲惡之極以致凶也」。大罪是積小惡所致，所以下文自然就得從正面立論，提出「知幾」

的主張來。在沒有提出「知幾」的主張之前，就突然說「君子見幾而作，不位冬（終）日」，這不是太冒失了嗎？所以帛書《繫辭》既然有「君子見幾而作，不位冬（終）日」之說，其祖本必定就得有「子曰：知幾其神乎？君子上交不諂，下交不瀆，其知幾乎！幾者，動之微，吉之先見者也」一段。從文獻的記載看，今本《繫辭》「子曰」這一段話，至少在漢初就存在了。《漢書·楚元王傳》記穆生在楚王戊時曾將「子曰」這段話和「君子見幾而作」這段話連在一起，合稱爲「《易》」，這說明我們的推論完全可信。

今本的「顏氏之子」段也不見於帛書「繫辭」，帛本的祖本是否有「顏氏之子」段呢？筆者認爲很有可能有。因爲這一段前的「君子知微知彰，知柔知剛，萬夫之望」帛書本基本還保存著。孔子對「顏氏之子」的稱贊，正是「萬夫之望」的具體化；而「有不善，未嘗不知；知之，未嘗復行也」，與「君子見幾而作，不位（俟）冬（終）日……介于石，毋用冬（終）日，斷可識矣。君子知物（微）知章（彰）」有著意義的聯繫。「有不善，未嘗不知」正是「知微」、「知幾」的表現；「知之，未嘗復行也」正是「知彰」所致，正是「見幾而作，不位（俟）冬（終）日」的典型行爲。所以，帛書《繫辭》有「君子見幾而作」一段話，其祖本也當有「顏氏之子」段。

今本《繫辭下》第九章帛書本只存有「是與非，則下中教（爻）不備。初，大要存亡吉凶則將可知矣」幾句。按「下」字疑誤。如果「下」是指初爻的話，稱其「不備」，則與「初大要存亡吉凶則將可知矣」矛盾；如說其是指上爻，似乎聞所未聞，殊不可通。帛書既然提到了「中爻」如何如何，自然也得提初和上。由此可知，帛書的祖本至少也得存有今本的「其初難知，其上易

知：本末也，初辭擬之，卒成之終」一段。

今本《繫辭下》第九章「知者觀其象辭，則思過半矣」以下不見於帛書《繫辭》，而見於帛書《易之義》⑧，論者多以此爲非出於《繫辭》之證。其實，我們分析一下《易之義》所載，就會得出截然相反的結論：

……修道，鄉物巽德，大明在上，正其是非，則〔非其中爻〕不〔備〕，□□□□占⑨，危哉！□□不當，疑德占之，則易可用矣。子曰：知者觀其緣（象）辭而説過半矣。易曰：二與四同〔功而異位，其善不同，二〕多譽，四多瞿（懼），近也。近也者，嗛（謙）之謂也。易曰：柔之爲道也，不利遠〔者，其〕要无〔咎，其用〕柔若〔中〕也。易曰：三與五同功異立（位），其過〔不同，三〕多凶，五多功，〔貴賤〕之等……

這一段告訴我們兩個問題：第一，《易之義》所載今本《繫辭》語，並非出於《易之義》作者自己的論述，而是《易之義》作者引用他書之説。《易之義》將今本的「知者觀其象辭而説過半矣」稱爲「子曰」，將「二與四同功而異位」云云三次稱爲「易曰」，這只能説明它係從《繫辭》引用而來。因爲《繫辭》一直被人們認定爲孔子所作，其地位相當於「經」。如果説《易之義》引用的不是《繫辭》，而是其它書，此書既能稱引爲「子曰」，又能被稱「易曰」，恐怕是非常困難的。如此説來，早在帛書《繫辭》抄寫之前，這些內容就存在於《繫辭》之中了。

第二，從上下文看，「鄉物巽德，大明在上，正其是非，則……」顯然就是《繫辭下》第九章的「若夫雜物撰德，辯是與非，則非其中爻不備」一段。這段話帛書《繫辭》盡管殘缺了「若夫雜物撰德，辯」幾字，但「是與非，則下中教不備」幾字尚存。

這就說明今本《繫辭》不見於帛本《繫辭》而見於帛書《易之義》、《要》的部分，並非像人們所想象的那樣，是原本《繫辭》所無，為漢儒編纂時「從《易之義》和《要》中抽離出來而添補進去的」。這樣，據《易之義》和《要》的稱引而否定其係原始《繫辭》所有的理由就不能成立了。

由上可知，帛書《繫辭》同今本《繫辭》的差異，大多在其祖本時是不存在的。為什麼會造成這種局面呢？筆者認為主要是由抄寫疏漏和任意改動原文而致。如今本《繫辭下》第十二章的「夫乾，天下之至鍵也，德行恒易以知險；夫坤，天下之至順也，德行恒簡以知阻」，帛本掉了「天下之至健也」，卻保留了「天下〔之至〕順也」。顯然，這不能說原本無「天下之至健也」。

今本《繫辭上》第十二章的「化而裁之謂之變，推而行之謂之通，舉而錯之天下之民謂之事業」，帛書《繫辭》作「為而施之胃之變，誰而舉諸天下之民胃之事業」。有人懷疑此「誰」字「可能是整理拼合時補上的」⑩。筆者目驗過原件，誰字處有一黃帛補丁，帛的質地、顏色全同於所補之帛，不可能為後人所補。當係抄者抄漏了「推而行之謂之通」一句，後來發現想補上，但空位太少，塗改了一下，也只勉強補上了「誰而」二字，只好作罷。

今本《繫辭上》第五章「顯諸仁，藏諸用，鼓萬物而不與聖人同憂」，帛本作「耺者仁勇，鼓萬物而不與眾人同憂」。細看照片，帛書「仁」下尚有兩個小字，左為「壯」，右為「者」。「壯」為今本「藏」字之借，「者」為「諸」字之借。看來帛書的抄者認為原文的觀點不對，似乎貶低了聖人，因此將聖人提前，突出其「仁勇」而不同於眾人之特點。但寫完後，又發現沒有完全利用好原文的材料，故在「仁」字下補上這兩個小字。所以，

帛書的抄者如果不是看到了與今本相同的文字的話，就決不會有
如此奇怪的行文。從前後文看，道理也是如此。這一段是泛論道，
「仁者見之謂之仁，知者見之謂之知，百姓日用而不知」的，都
是道。所以「顯」的，「藏」的，「鼓」的，「同憂」的也應指
道。帛書前文同於今本，也講「仁」，也講「用」，所以這裡的
「仁勇」自然應指道。改成了「聖者」，不但「壯（藏）諸勇」
不通，「鼓萬物」更成問題。孔穎達《正義》云：「言道之功用
能鼓動萬物，使之化育，故云『鼓萬物』；聖人化物不能全『无』
以爲體，猶有經營之憂。道則虛无爲用，无事无爲；不與聖人同
用有經營之憂也。」因此，從易理看，從行文言，我們只能說帛
本的這一段話是對今本語意的纂改。

　　了解帛書抄者的這種疏漏和任意處理原文的習慣，我們對帛
書《繫辭》與今本《繫辭》的差異就不會感到奇怪了。從這種表
面上的差異出發，認爲帛書本就是原始的《繫辭》，將今本《繫
辭》不見於帛本的視爲漢儒所添補，這都是不合符事實的。

二、從帛書《易傳》其它篇的內容看

　　將帛書《繫辭》說成是道家學派的傳本，從帛書《易傳》諸
篇的內容及其編成方式來看，顯然是不能成立的。

　　帛書《易傳》共六篇。第一篇爲《二三子問》，無篇題，共
36行，約2,600餘字。《二三子問》記載的是孔子與「二三子」
之間對於《周易》卦爻辭意義的討論。其形式是「二三子」發問，
孔子答難。有一半篇幅是討論乾坤兩卦卦爻辭之義，另一半則論
及蹇、鼎、晉等十六卦。這種重視乾坤兩卦的思想同今本《易傳》
的《繫辭》、《文言》是一致的。《二三子問》解《易》有一鮮

明特色，就是只談德義，不言占筮。這一特點，與《論語・子路》所載孔子「不占而已」說是完全一致的。《二三子問》所記載的孔子易說充滿了敬天保民、舉賢任能、進德修身的思想。如其解坤卦上六爻辭說：

> 易曰：「龍戰于野，其血玄黃。」孔子曰：此言大人之廣德而施教于民也。夫文之孝，采物畢存者，其唯龍乎？德義廣大，法物備具者，見文也。聖人出法教以道（導）民，亦猶龍之文也，可謂「玄黃」矣，故曰「龍」。

「廣德」即推廣仁德，「法教」即德義之教。這種以德教民、以德導民說，與孔子「為政以德」、「道以之政」、「道之以德」（《論語・為政》）說是很吻合的，是一種明顯的儒家政治學說。

其解晉卦卦辭說：

> 孔子曰：此言聖王之安世者也。聖人之正（政），牛參弗服，馬恒弗駕，不憂（擾）乘牝馬……聖人之立正（政）也，必尊天而敬眾，理順五行，天地無困，民□不傷，甘露時雨聚降，剽（飄）風苦雨不至，民也相酓以壽。

「尊天而敬眾」說，帶有很強的「神道設教」和民本主義傾向，顯然，這也只能歸之於儒家思想之列。

其釋坤卦六四爻辭說：

> 易曰：「聒（括）囊，无咎无譽」。孔子曰：此言箴小人之口也。小人多言多過，多事多患，□□可以衍矣。而不可以言箴之。其猶「聒囊」也，莫出莫入，故曰「無咎無譽」。二厽（三）子問曰：獨無箴于聖〔人之口乎？孔子曰：〕聖人之言也，德之首也。聖人之有口也，猶地之有川浴（谿）也，財用所緣（由）出也；猶山林陵澤也，衣食家物〔所〕緣（由）生也。聖人壹言，萬世用之。惟恐其不言也，有何

箴之？

「此言箴小人之口也」一段，據《說苑‧敬愼》、《孔子家語‧觀周》、《太公、金匱》記載，係孔子觀周所見到的太廟前金人之銘。定縣八角廊四十號漢墓所出竹簡《儒家者言》中也有「之爲人也多言多過多事多患也」之句。⑪孔子觀周爲孔子中年時事，其晚年治《易》，取金人之銘入於其《易》說，是很自然的。而這種重聖人之言而箴小人之口的言論，與儒家的主張也是合拍的。所以，不論從事迹的記載還是從思想的內容來說，《二三子問》無疑是儒家的《易》說。

帛書《易傳》的第三篇爲《易之義》，該篇共45行，約3,100字。《易之義》以「子曰」的形式解《易》，其內容大致可分爲五部分：第一部分是闡述陰陽和諧相濟是《易》之精義；第二部分是歷陳各卦之義，其解釋多從卦名入手；第三部分是《說卦》的前三章，但「天地定位」四句，卻根據帛書卦序作了改動；第四部分闡述乾坤之德和乾坤之詳說；最後部分摘引了今本《繫辭下》的第六、七、八、九章。

《易之義》無疑屬於儒家《易》說。第一從形式上看，它全屬於「子曰」，至少當是孔門後學所傳孔子之語，不可能視爲道家之說。第二，它大量摘引了《繫辭》、《說卦》之語，這些言論，就連道家傳本說者也承認它們具有強烈的儒家色彩。第三，它稱「湯武之德」，追述了文王和《周易》的關係。如說：

> 子曰：鍵（乾）六剛能方，湯武之德也。
>
> 子曰：易之用也，段〈殷〉之无道，周之盛德也。恐以守功，敬以承事，知（智）以辟（避）患……文王之危，知史記（？）之數書（者），孰能辯焉？

「湯」指滅夏桀而建立殷商的成湯，「武」指滅商紂而建立周朝

的周武王，從乾「六剛能方」中引申出湯武革命之義，認為《周易》中蘊藏著周文王的政治智慧和憂患意識，這正是儒家的語言。第四，它的許多思想觀點與後來的儒家之說相合。如其解乾卦九二爻辭說：

> 易〔曰〕：「見龍在〔田，利〕見大人」。子曰：君子之德也。君子齊明好道，日自見以待用也。見用則動，不見用則靜。

這實際就是「達則兼濟天下，窮則獨善其身」說。又如其說：

> 天氣作……其寒不凍，其暑不曷（渴）。易曰：「履霜，堅冰至。」子曰：孫（遜）從之謂也。

這段話又見於董仲舒《春秋繁露‧基義》：

> 天之氣徐，〔不〕乍寒乍暑，故寒不凍，暑不暍；以其有餘徐來，不暴辛也。《易》曰：「履霜堅冰，蓋言遜也。」然則上堅不踰等，果是天之所為，弗作而成也；人之所為，亦當弗作而極也。

董仲舒所引《易》，即《坤‧文言》，其說曰：

> 臣弒其君，子弒其父，非一朝一夕之故，其所由來者漸矣！由辯之不早辯也。《易》曰：「履霜，堅冰至」，蓋言順也。

而《文言》這一段話又與《韓非子‧外儲說右上》所記子夏說同：

> 子夏曰：「《春秋》之記臣殺君，子殺父者，以十數矣。皆非一日之積也，有漸而以至矣。」

董仲舒說揉合了《易之義》和《文言》之言，而《文言》說又同於子夏說《春秋》語，孔子以包含《易》、《春秋》在內的六經教弟子，所以《易之義》說同董仲舒說、《文言》有聯繫，而《文言》說又同子夏語近同，是一點也不奇怪的。

　　帛書《易傳》的第四篇是《要》，該篇有篇題，並記字數「千六百卅（四十）八」，共 24行。《要》篇前面有 8 行殘缺，剩餘部分大致爲三段。第一段爲今本《繫辭下》第五章的後半部分，第二段記載孔子晚年好《易》並與子貢論《易》之事，第三段記孔子與「二三子」論《周易》損、益二卦之義。《要》篇爲儒家《易》說相信人們不會有異議，問題就是其記載的眞實性是否可靠。對此，我們可以進行一些簡單的考證。

　　《要》篇云：「夫子老而好易，居則在席，行則在囊」，對此，其弟子子貢頗爲不解，提出責難，孔子答道，《周易》「有古之遺言焉，予非安其用也」，「我觀其德義耳也」，「後世之士疑丘者，或以易乎？吾求其德而已，吾與史巫同涂而殊歸者也」。他認爲《周易》包含著周文王與周滅紂的政治智慧，說「文王仁，不得其志以成其慮，紂乃无道。文王作，諱而辟（避）咎，然後《易》始興也。予樂其知之……」孔子老而好《易》之事，見於《史記·孔子世家》和《田敬仲完世家》，司馬遷不過改「老」爲「晚」、改「好」爲「喜」罷了。而《論語·述而》又載「子曰：加我數年，五十以學《易》，可以無大過矣」。⑫所謂「加我數年」，可知孔子說此語時年當在五十以後，意思是說如果多有幾年時間，我從五十起學《易》，就可以不犯大的錯誤了。可知此爲孔子晚年追悔之言，與「老而好《易》」說正好互相證明。孔子「老而好《易》」，子貢進行責難，認爲夫子有違「它日」之教。這一事迹從時間上來說，是很相合的。《史記·孔子世家》將「晚而喜《易》」一段置於魯哀公十一年孔子歸魯之後，而據《左傳》，子貢此時正在魯國。至哀公十五年冬，子服景伯前往齊國，子貢爲介。第二年四月孔子逝世，子貢批評哀公的致誄，隨後爲孔子廬墓六年。⑬可見孔子「老而好《易》」時，子貢隨

侍在側，是完全可能的。子貢對孔子的責難，與文獻所載子貢的性格也是相符的。《史記・仲尼弟子列傳》云：「子貢利口巧辭，孔子常黜其辯。」又說子貢「喜揚人之美，不能匿人之過」。這些個性，光從《論語》的記載上看是不大清楚的，只有比照《要》篇，才會知道太史公爲何會作此評。至於「觀其德義」、以爲《周易》中蘊含著文王之德，對於主張「不占而已」的孔子來說，是其好《易》的唯一合理的解釋。

《要》篇所記「孔子繇《易》至於損益一〈二〉卦，未尙（嘗）不廢書而莫（嘆）……」之事，又見於《淮南子・人間》、《說苑、敬愼》、《孔子家語・六本》等。《要》篇載孔子說以爲「損益之道，足以觀天地之變，而君者之事已」，以爲「有君道焉」；《淮南子・人間》孔子語則說「益損者，其王者之事與」。《要》篇載孔子戒「門弟子」、「二三子」以損益之道，《說苑、敬愼》則說是孔子告子夏。孔子以「五經」教人，《要》篇孔子除稱《易》外，又道及《詩》、《書》、《禮》、《樂》。這些都說明《要》篇所記孔子事迹是可信的，必爲其後學、弟子之傳。

《繆和》、《昭力》爲帛書《易傳》的第五、第六篇。《繆和》70行，約5,000字；《昭力》尾題字數「六千」，實14行左右，約1,000字。所以其「六千」當爲《繆和》、《昭力》的總字數。《繆和》分兩部分，第一部分記繆和、呂昌、吳孟、莊但、張射、李羊向先生問《易》，先生作答之事。第二部分記載一些易說和歷史事件，其中提到了孔子和子貢、湯、比干、段干木與魏文侯、吳王夫差、越王勾踐、荊王與左史倚相、荊莊王與沈尹樹（戌）諸事，屬於引史證《易》之類。《昭力》體裁與《繆和》第一部分同，記昭力向先生問《易》，先生爲之解，論及「《易》有卿大夫之義」、「《易》有國君之義」、「君卿之事」等。從

總體上而言，《繆和》、《昭力》仍是儒家《易》說。

帛書《繫辭》是帛書《易傳》的第二篇。除《繫辭》和《易之義》外的上述諸篇《易傳》之文，于豪亮先生稱之爲「卷後佚書」，認爲「總的說來，佚書宣揚的是儒家思想」。⑭這一判斷跟我們以上對《二三子問》、《易之義》、《要》、《繆和》、《昭力》的分析完全是一致的。

李零先生說：「古書從思想醞釀，到口授筆錄，到整齊章句，到分篇定名，到結集成書，是一個長過程。它是在學派內部的傳習過程中經眾人之手陸續完成，往往因所聞所錄各異，加以整理方式不同，形成各種傳本，有時還附以各種參考資料和心得體會，老師的東西和學生的東西並不能分得那麼清楚。」⑮這一認識完全合符帛書《易傳》的實際。帛傳《易傳》各篇都稱引孔子之說，從《二三子問》孔子與二三子的對答，《繫辭》和《易之義》的「子曰」，《要》篇所記孔子與子贛（貢）、二三子之事，到《繆和》、《昭力》記先生和繆和、昭力等人論《易》屢稱孔子來看，它確實是儒家學派內部所流傳的一個易學論文集。它上承孔子，中經二三子，下至先生和繆和、昭力等後學，從思想醞釀到口授筆錄，經歷了一個漫長的過程。它雖然以孔子說《易》爲主，但最後兩篇又記載了「先生」的《易》說，這位傳《易》於繆和、昭力等人的「先生」，從其解《易》的思想、方法以及屢稱孔子和其弟子事迹來看，無疑是七十子的後學，其說雖不等於孔子，但其淵源無疑出於孔子。帛書《易傳》的編成，很可能就出自這位先生的門弟子之手，如繆和、昭力之類。帛書《易傳》以記敘孔子及其弟子易說的《二三子問》、《繫辭》、《易之義》、《要》居前，以記敘先生和繆和、昭力等人論《易》事的《繆和》、《昭力》居後，而且《繆和》的後一部分中又匯集了不少易說和

歷史故事，正是其宗孔附驥的表現。所以從帛書《易傳》的內容
和編成方式來看，不能不說它是儒家之說。如果視帛書《易傳》
的這種整體性不顧，單單認定其中的帛書《繫辭》為道家的傳本，
這就太不合情理了。因此，從帛書《易傳》諸篇總的思想傾向和
編成方式來看，帛書《繫辭》不可能不是儒家之說。

三、從帛書《繫辭》本身的思想構架看

即使不談帛書《繫辭》的祖本和其上、下諸篇的內容，僅從
帛書《繫辭》本身的思想構架而論，它也決非道家的傳本。

今本《繫辭》的第一至第七章，帛書《繫辭》基本上完整。
前六章的內容有一定的獨立性，比如首章說乾坤定位、陰陽變化、
易簡之理，以下二、三、四、五各章則分別「言聖人作《易》，
君子學《易》之事」，「釋卦爻辭之通例」，「言《易》道廣大，
聖人用之如此」，闡述「一陰一陽之謂道」。至第六章，則回扣
前文，照應首章的乾坤、陰陽、易簡之說。第七章則引「子曰」。
很明顯，這一章的內容跟前六章是有聯繫的。

首章的「天尊地卑」說，又見於《莊子·天道》、《禮記·
樂記》。張岱年、李學勤先生對此作了精闢的考證，認為《天道》
和《樂記》兩篇說均本於《繫辭》。[16]而陳鼓應先生則以為《繫
辭》是受了《莊子·天道》的影響。[17]從第七章的「子曰」來看，陳
說也是難以成立的。所謂「知崇禮卑，崇效天，卑法地。天地設
位而《易》行乎其中矣」，與首章的「天尊地卑」說是一致的。
即使否認首章的「天尊地卑」說為孔子語，也得承認它出於「子
曰」。

第五章的「一陰一道之謂道。繼之者善也，成之者性也」，

與第七章「子曰」的「成性存存，道義之門」也是有關的。「成性存存」所存的「成性」，就本文來說，即「天地設位而《易》行乎其中矣」；就上文來說，即「一陰一陽之謂道」。正因爲這樣，它才是「道義之門」，實際這也就是說「繼之者善也」。⑱可見，「一陰一陽之謂道」說等，也是出於「子曰」。

　　第四章發端於「《易》與天地准」，歸結於「神無方而《易》無體」。第六章盛贊「夫《易》廣矣大矣」，這與第七章「子曰：《易》其至矣乎！夫《易》，聖人所以崇德而廣業也」也是契合的。無論從其語氣，還是從其思想性看，我們都不能排除兩者之間的聯繫。所以，《繫辭》前六章的思想，顯然是本於第七章的「子曰」的。

　　《繫辭上》的第八章首先提出「觀物取象」說，然後分舉七則「子曰」，闡發七條爻辭的「象喻」特徵。從這一結構，我們可以很清楚地看出，所謂「觀物取象」說，實際來源於對「子曰」的概括，是從「子曰」發展出來的。

　　第十章的內容更能說明問題。該章先說「《易》有聖人之道四焉」，下面分言「尚辭」、「尚變」、「尚象」、「尚占」四事。何楷《古周易訂詁》說：「此章與第二章『觀象玩辭』、『觀占玩變』相應。」可是此章在闡述完這四種聖人之道後又引「子曰」，說「子曰『《易》有聖人之道四焉』者，此之謂也。」這就是說，上文所說的「《易》有聖人之道四焉」，本來就是「子曰」，其對「尚辭」、「尚變」、「尚象」、「尚占」四事的闡析，對《周易》「至精」、「至變」、「至神」的模式結構的推崇和贊嘆，都是出於「子曰」，即使不全是「子曰」的原文，也是本於「子曰」的發揮。

　　第十一章論述蓍的性質、作用，提出了太極說。《繫辭》的

「太極」說與《老子》的道論屬於兩個思想體系，一是以「太極」為最高範疇，一是以「道」為最高範疇。「太極」一詞又見於《莊子‧大宗師》「在太極之先而不為高」。張岱年先生認為，《莊子‧大宗師》說認為道在太極之先，顯然是對於《易傳》以太極為最高本源的否定。一定是先有太極觀念，然後才會有道「在太極之先」的論點。此即表明，《繫辭》應先於《莊子‧大宗師》。從《繫辭》本身來看，太極概念也決不可能來源於《莊子》，因為「《易》有太極」說是據上文「子曰：夫《易》何為者也？夫《易》開物成務，冒天下之道，如斯而已者也」立論的。所謂「開物成務，冒天下之道」，是說「聖人」探研陰陽數理，創造筮法，用以開「智」成「事」，盡包「天下之道」。而「《易》有太極，是謂兩儀，兩儀生四象，四象生八卦」云云，正是以由筮生易的衍生過程來講宇宙形成和發展變化過程。可見，其無疑應源於「子曰」，將其歸之於《莊子》，並沒有任何文獻證據。

第十二章先以「子曰」闡述了《周易》「立象盡意，繫辭盡情偽」的觀點，再提出了「道」、「器」範疇，最後以學《易》當「存乎德行」作結。這一章的道器論人們認為本於老子，但從本章看，它確實是從「子曰」的「立象以盡意」說化出。所謂「立象」、「設卦」、「繫辭」皆為「器」，這些「器」所蘊含著的易理即為道。所以下文主張學《易》要透過「象」、「爻」、「卦」、「辭」，「默成其德行」。這種帶有濃厚儒家修身思想的道器論，顯然是不能把它直接劃歸於道家的。

《繫辭下》的第一章重申了《繫辭上》第一、第二章剛柔生吉凶及易簡之理，又進一步提出了「變通趨時」和矛盾的對立面轉化常「貞夫一」說。這種「貞夫一」的一元論思想和以仁守位的仁德說，不可能是道家之說。

　　《繫辭下》的第二章敘「觀象制器」的故事，有人懷疑它係後人羼入的，不是《易傳》的原文。⑳其說有一定的道理。因為既然八卦、六十四卦是由九、六、七、八這些筮數按照奇偶原則畫出的（即「《易》有太極，是生兩儀，兩儀生四象，四象生八卦……」），又怎能是由伏羲仰觀俯察，近取諸身，遠取諸物而創作的呢？伏羲作卦說和筮數說應該是有矛盾的。但這種矛盾並沒有構成儒、道思想的衝突。《繫辭上》第十章將「制器者尚其象」列為「《易》有聖人之道四焉」之一，而《繫辭下》第二章的「觀象制器」說，就是從「制器者尚其象」演繹出來的。我們只要承認「制器者尚其象」說為《繫辭》原文，也得承認「觀象制器」一章的原始性。既然「制器者尚其象」是「子曰」《易》有聖人之道四焉的內容，我們又怎能把「觀象制器」一章排除出儒家思想的範圍呢？王葆玹、陳鼓應先生認為此章的「伏羲作卦」說乃屬道家古史傳說系統，這只是一種假說。因為伏羲傳說固然出現於《莊子》、《文子》等道家書中，也同樣出現於儒家著作中。如《荀子‧成相》就云：「文武之道同伏羲。」荀子將伏羲之道視為周文王、周武王所代表的周道之源，這種對伏羲的推崇，其實質與對堯、舜、禹的推崇是一致的。荀子與莊子時代相距不遠，我們怎能對荀子說視而不見，將伏羲獨歸道家呢？從荀子的「文武之道同伏羲」說來看《繫辭下》此章的伏羲作卦說，我們是難以懷疑此章思想不出自儒家。所以，此章雖然沒有「子曰」，但實質也是涵蓋在「子曰」思想之內的。

　　《繫辭下》的第三章、第四章僅寥寥幾句話。第三章以「是故《易》者，象也；象也者，像也」開頭，李光地《周易折中》認為，「『是故』者，承上結上之辭也。諸儒以此句為上章結語者，似是」㉑。第四章以君子之道解釋陽卦多陰、以小人之道解

釋陰卦多陰的德行，屬於典型的儒家思想。

今本《繫辭》的第五章在帛書《繫辭》存有前半部分，後半部分只幾句。這一部分都是引「子曰」解《易》。《周易折中》認爲，這一章與第三章（指「象者，材也」以下），第四章內容互有關聯。「第三章統論象爻也，第四章舉象所以取材之例，第五章舉爻所以效動之例也。」⑳這就是說，第三章是總領四、五章的。其「象者，材也」概括了第四章的內容，其「爻也者，效天下之動者也」概括了第五章的內容。既然第五章「舉爻所以效動之例」是以「子曰」爲說，那麼第四章「舉象所以取材之例」也必如此。所以，整個三、四、五章，無疑都是以「子曰」爲據的。

今本《繫辭下》的第九章的一部分和整個第十二章帛書《繫辭》猶存。第十二章遙應《繫辭上》，從乾坤易簡而論及變、占、象、辭，最後援舉人情印證《周易》的「物情」，揭示《周易》一書之用，其基本思想同於《繫辭上》的前幾章。因此，我們也可以說，它是以「子曰」爲構架的。

從以上的分析可以看出，盡管帛書《繫辭》較今本《繫辭》缺少了一些章節，但其內容結構仍同今本一樣，由兩部分，即「子曰」部分和非「子曰」部分組成。除個別章節外，帛書《繫辭》的非「子曰」部分與「子曰」部分都有著密切的聯繫：前者是後者的推闡和發揮，後者是前者立論之所從出。兩者思想雖然有淵與源的區別，但其實質是較爲一致的。從這種淵源性和一致性出發，我們完全可以以「子曰」代表帛書《繫辭》的思想傾向。因此，搞清了「子曰」的學派性質實質上也就可以確定帛書《繫辭》的學派性質。

《易傳》的「子曰」，在宋以前，人們都公認爲孔子語。但

歐陽修則認爲係「講師之言」㉓。歐陽修此說，近代以來，頗爲
一些疑古派學者奉爲圭臬。但驗之文獻，其論點是根本不能成立
的。高亨先生說：

　　孔丘弟子或再傳弟子等著書，引孔丘之言，始用「子曰」
　　二字。

　　　《繫辭》中有一條云：「子曰『顏氏之子……有不善未
　　嘗不知，知之未嘗復行也。』」《論語・雍也篇》記孔丘稱
　　顏回「不貳過」。然則《繫辭》所謂「顏氏之子」即顏回，
　　《文言》、《繫辭》所謂「子曰」云云皆引孔丘之言，無可
　　疑也。㉔

但具有「創新精神的學者」卻不承認，他們一是認爲「這裡的『
子』和『顏氏之子』都出自道家的假託，就像《莊子》的作者假
託孔子和顏回之論一樣」；一是認爲帛書《繫辭》沒有「子曰：
顏氏之子……」段，這是後來的「編纂定本者從《易之義》和《
要》中抽離出來而添補進去的」。從上文的論證可知，帛書《繫
辭》的祖本是有「顏氏之子」段的。因此，高亨先生對「子曰」
的判斷，完全適合於帛書《繫辭》。

　　從先秦文獻來看，像《繫辭》、《文言》一樣的「子曰」都
是指孔子語。《老子》、《韓非子》、《孫子》、《孫臏兵法》、
《尉繚子》、《晏子春秋》中無「子曰」，《莊子》、《墨子》、
《孟子》中的「子曰」都是指稱對方之語，無特定的含義。《管
子》、「呂氏春秋」似乎也無「子曰」。《論語》、《荀子》、
《禮記》中的「子曰」都是指孔子語。所以，認爲《繫辭》中的
「子曰」非孔子語是不合符先秦文獻的慣例的。

　　從帛書來看，《老子》甲本及卷後古佚書、乙本及卷前古佚
書、《戰國縱橫家書》、《春秋事語》、《刑德》、《五十二病

方》等皆無「子曰」，僅帛書《易傳》有。帛書《易傳》除《繫辭》有「子曰」外，《易之義》、《要》、《繆和》、《昭力》都有。《要》篇的「子曰」又稱「夫子曰」，其對話的對象是「子贛（貢）」、「二三子」，上文又明言是指孔子，所以係孔子語無疑。今本《繫辭》的內容帛書《繫辭》、《易之義》、《要》都存有，可見三者關係密切。以《要》篇的「子曰」來看《易之義》和《繫辭》，後者「子曰」也應指孔子語。《繫辭》「子曰」稱「顏氏之子」，《要》則稱「賜」、「二三子」，正好互證。《繆和》、《昭力》兩篇的「子曰」不是指孔子語，但作者在「子曰」前交代得很清楚，其「子」是繆和、呂昌、吳孟、莊但、張射、李羊、昭力等人向其問《易》的先生。所以，盡管帛書《易傳》有兩種「子曰」並存，但其區別是非常清楚的。退一步說，即使《繫辭》裡的「子曰」非孔子語，是「講師之言」或「經師之言」，這個講師或經師，也決不是講道家之經的人，也一定是講「五經」的儒者，這從《繆和》、《昭力》中的「先生」屢稱孔子及其弟子就可證明。

帛書《繫辭》的「子曰」既然是孔子語，或者至少可以說是傳《易》的儒者之言，而帛書《繫辭》的非「子曰」部分，又基本上是以「子曰」爲據、或者是從「子曰」推闡出來的。這一事實告訴我們：帛書《繫辭》不可能是道家的傳本，只能是儒家之說。

對於這一結論，人們也許會提出許多反證，說「《論語》上孔子之思想絕對和《易·繫》不同」㉕。比如孔子罕言天道，其所說之天是主宰之天；孔、孟是不講陰陽的，儒家典籍《論語》、《孟子》、《中庸》裡都不見陰陽說，《繫辭》的陰陽說本於道家和陰陽家等等。關於《論語》孔子思想與《易傳》思想的一致

性，蘇淵雷先生《易學會通》一書早就進行了詳盡的論證㉖，此不贅述。我們這裡只論證兩點：第一，《論語》中孔子也有自然之天的思想。即如陳鼓應先生也承認「天何言哉？四時行焉，百物生焉，天何言哉」的說法「透露出某種自然主義的氣息」。㉗張岱年先生說：

> 「大哉堯之爲君也，巍巍乎！唯天爲大，唯堯則之。」《論語‧泰伯》所謂「唯天爲大」，不能理解爲唯有上帝最偉大，而是說天是最廣大的，這所謂天乃指廣大的蒼蒼之天。㉘

金景芳先生也說：

> 我認爲《易大傳》所說的「乾爲天」的「天」，實際上就是《尚書‧堯典》裡所說的「欽若昊天」的「天」，也就是《論語‧泰伯》所說的「唯天爲大，唯堯則之」的「天」，也就是《論語‧堯曰》所說的「堯曰：『咨爾舜！天之曆數在爾躬』」的「天」。所有上述這些「天」毫無例外，都應理解爲曆法上所說的天。㉙

又說：

> 這段話（指「天何言哉」段）裡所說的天，應該理解爲唯物的。因爲這個天是沒有思想，不能說話，只有行動。它的行動表現爲「四時行焉，百物生焉」。這一觀點與……《繫辭傳上》說「法象莫大乎天地，變通莫大乎四時」等觀點是完全一致。這個「天」，肯定說是自然的天。㉚

從《論語》「子曰」的這種自然之天的思想看，我們對於《繫辭》談「天道」是不應感到奇怪的。從梁啓超以來，說孔子之天只是主宰之天的說法是有欠客觀的。

第二，《繫辭》的陰陽說不一定就本於道家和陰陽家。《周

易》本身雖無陰、陽這一對範疇，但《周易》六十四卦、三百八
十四爻無非由陰爻--和陽爻－組成。所以，陰陽觀念應是《周易》
最根本的觀念，談《周易》不可能不談陰陽。《莊子·天下篇》
所謂「《易》以道陰陽」，不可能是道家之說。對此，我們可以
分析一下《天下篇》的原文：

> 其明而在數度者，舊法世傳之史尚多有之。其在於《詩》、
> 《書》、《禮》、《樂》者，鄒魯之士、搢紳先生多能明之。
> 《詩》以道志，《書》以道事，《禮》以道行，《樂》以道
> 和，《易》以道陰陽，《春秋》以道名分。

所謂「鄒魯之士、搢紳先生」，指的就是以孔子為代表的早期儒
家。鄒是孔子父親的封邑，魯是孔子的故國。搢紳是儒士的裝飾。㉛
《天下篇》認為這些「鄒魯之士、搢紳先生多能明」《詩》、《
書》、《禮》、《樂》、《易》、《春秋》六經，所以「《詩》
以道志，《書》以道事，《禮》以道行，《樂》以道和，《易》
以道陰陽，《春秋》以道名分」諸說，都是《天下篇》轉述「鄒
魯之士、搢紳先生」的認識，而並非《天下篇》作者自己的評論。
道理很簡單，以六經授徒，以研治六經為業的是「鄒魯之士、搢
紳先生」，而道家學者自有自己的經。如果說「《易》以道陰陽」
是道家之說，那「《春秋》以道名分」等又何以解釋呢？

從帛書《要》篇來看，說孔子罕言天道，不以陰陽、剛柔說
《易》也是錯誤的。《要》篇記載孔子解損益二卦說：

> 故《易》又（有）天道焉，而不可以日月生（星）辰盡
> 稱也，故為之以陰陽。又（有）地道焉，不可以水火金土木
> 盡稱也，故律之以柔剛。又（有）人道焉，不可以父子君臣
> 夫婦先後盡稱也，故要之以上下。又（有）四時之變焉，不
> 可以萬勿（物）盡稱也，故為之以八卦。㉜

如上所述，《要》篇的「子曰」爲孔子語無疑。以《要》篇的記載來證《繫辭》，可知《繫辭》的自然之天說、陰陽說、剛柔說等，決不可能一定出自道家。

四、從先秦至漢初的《易》學源流看

爲了支持帛書《繫辭》是道家傳本說，陳鼓應先生對先秦至漢初的《易》學源流也作出了新解釋。他說：

老莊源於楚，黃老稷下則只興於齊，而齊楚文化圈又是《易》學最爲興盛的地方。周秦與漢代《易》學流傳與道家之間的關係，實非偶然。……以《易》學的傳承而言，《史記》所載馯臂子弘乃是一個重要的開創性人物，且馯臂子弘、矯子庸疵都是楚人。……自戰國至秦漢的《易》學傳承譜系而言，自田何至楊何，爲漢初《易》學傳承的關鍵人物群。……再則，正如王葆玹所指出的：自司馬季主至淮南九師，是另一條重要的西漢《易》學線索，王文又說：「淮南九師的活動時間是在西漢景、武之際，司馬季主的活動時間是在西漢高后、文帝之際，帛書《繫辭》抄寫於高帝時代，撰作於秦代以前，從中可以看出一條道家《易》學的發展線索。」因此，無論從田何至楊何還是從司馬季主到淮南九師，都可以看出道家《易》學在漢初的盛況。因而在道家獨盛的文帝時代，出現帛書《繫辭》的傳抄本，它之屬道家傳本，是有它的長期的學術淵源的。……我們還可以進一步說，先秦儒家對易並不感興趣，將易學歸入儒派，那是漢儒編造出來的。自孔子至荀子，儒家強調「善爲易者不占」，所以對《易》學不感興趣，這由孔、孟、荀著作中之大量引用《詩》、《

書》而罕言《易》者，可為明證。漢儒自司馬遷開始，編造
孔子序《彖》、《繫》、《象》、《說卦》、《文言》之說。
㉝

陳先生又說：

> 事實上，所謂文王演《易》，先秦典籍並無此，首次編
> 造者為司馬遷（見《史記·太史公自序》）。㉞

陳先生之說，是很值得商榷的。第一，說先秦儒家對易不感興趣，
將易學歸入儒派，是司馬遷的編造，這不合符事實。文王演《易》
之說，從文獻來看，並非始於司馬遷。《淮南子·要略》就說：

> 今《易》之乾、坤足以窮道通意也，八卦可以識吉凶、
> 知禍福矣，然而伏羲為之六十四變，周室增以六爻……

所謂「周室增以六爻」，即文王演《易》之說。從這段文字可以
看出，《淮南子》的作者們肯定讀過《繫辭》，這一《繫辭》本
子與今本是相同的，既有伏羲畫卦之說，又有文王演《易》之說。
《史記·日者列傳》記漢文帝初年司馬季主說：「自伏羲作八卦，
周文王演三百八十四爻，而天下治。」其說也同於今本《繫辭》。
帛書《要》、《易之義》言《易》之興，屢屢提及周文王，這說
明將周文王演《易》之事，歸之於司馬遷的編造，只能是一種偏
見。說儒家對《易》不感興趣，更有悖於事實。司馬談說「夫儒
者以六藝為法」（《論六家要旨》）。《易》為六藝之一，這是
連道家的著作如《莊子·天下》篇都承認的。《天運》篇還載孔
子之言說：「丘治《詩》《書》《禮》《樂》《易》《春秋》」。
先秦儒家《易》說的資料《論語》、《荀子》、《禮記》所載有
十二條，而道家的《易》說，不僅《老子》沒有，嚴格地算起來，
連《莊子》也沒有，所以，所謂道家《易》學，在先秦實際是查
無實據的。以孔子為代表的先秦儒家不是對《易》不感興趣，而

是對卜筮不感興趣，這一點，《論語》所載孔子說和《荀子》所
載荀子說態度是完全一致的。從帛書《要》看，孔子「好《易》」
竟到了「居則在席，行則在囊」的地步，而他「好《易》」並不
是爲了占筮，而是爲了「求其德義」，這種記載，和《論語》完
全可以印證，我們怎能因爲孔子「不占」而認爲他對《易》不感
興趣呢？

　　第二，所謂周、秦至漢初道家《易》學的傳承基本上屬於虛
構。先秦文獻裡，並無老子、莊子論《易》的記載，《莊子》論
及《周易》，也屬轉引儒家之言行。如果說孔、孟、荀罕言《易》
的話，那老、莊可以說和《易》毫無瓜葛。《史記》所載傳《易》
諸人大多出於齊、楚，但齊、楚之人並非個個都是道家。因此，
以傳《易》者的出生地來證明他們的學術派別，其邏輯是有漏洞
的。比如馯臂子弘、矯子庸疵他們雖是楚人或江東人，但和道家
並無半點聯繫，因爲《史記・仲尼弟子列傳》和《漢書・儒林傳》
記載他們是孔子弟子商瞿的弟子或再傳弟子，既受業於儒門，又
以傳六藝中的《周易》爲事，是儒者，還是道者，這不是很清楚
的嗎？田何、楊何與道家也扯不上什麼關係。從源而言，他們都
上承孔子之學，與老子、莊子之學並無牽扯，史籍的記載是很明
白的。從流而言，他們的後學施、孟、梁丘氏都被立爲五經博士
中的易博士。楊何雖然授《易》於司馬談，但並沒有史料可以證
明司馬談的黃老思想來源於楊何。相反，從司馬遷「先人有言：
自周公卒，五百歲而有孔子，孔子卒後至於今五百歲，有能紹明
世，正《易傳》，繼《春秋》，本《詩》、《書》、《禮》、《
樂》之際，意在斯乎，意在斯乎，小子何敢讓焉」（《史記・太
史公自序》）說來看，司馬談是將司馬氏作《史記》與孔子正《
易傳》相提並論的。這種孔子「正《易傳》」說與司馬遷「孔子

晚而喜《易》，序《彖》、《系》、《象》、《說卦》、《文言》。讀《易》書編三絕……」說是一致的。由此我們可以推知，司馬氏父子的《易》說，應該來自楊何。這種認定孔子作《易傳》的觀點，無論如何也不能說是道家之說。況且史載漢武帝建元五年（前136年）罷黜百家，專立五經。元光元年（前134年）楊何被征爲中大夫。劉汝霖先生認爲：「當時之《易》博士爲楊氏無疑。故《漢書・儒林傳》稱『初惟有《易》楊』，司馬遷正當楊氏講《易》之時，其記載宜其推尊楊氏。」㉟如此說來，楊何當爲五經博士中的第一個《易》博士。我們可以想象，在漢武帝廢黜百家、獨尊儒術之時，所立的五經博士中的第一個《易》博士，能由道家學者來擔任嗎？所以將楊何列入漢初道家《易》學的傳承者之中，是沒有什麼理由的。

《史記・日者列傳》所載的司馬季主，也很難說是一位道家易學家。他言及《易》者僅一語，即「自伏羲作八卦，周文王演三百八十四爻，而天下治」。此係從《繫辭》說化出，說《易》爲文王所演，豈不有歸宗儒家之嫌？此外，他還說：「今夫卜者必法天地，象四時，順於仁義，分策定卦，旋式正棊，然後言天地之利害、事之成敗。」這是《漢書・藝文志》所謂「蓍龜」類的《易》家說，從「歸於仁義」來看，說他是道家，也是勉強的。

淮南九師的易說，今已基本失傳。《淮南子》所載《易》說，可能和他們有關。《淮南子》引《易》約共十條，其中《繆稱》就占了六條。《繆稱》一是引同人卦辭來證上下一心，二是引六三爻辭證「君子非仁義無以生」，三是襲《小象》之義解屯上六爻辭，四是襲《文言》「子曰」義證乾卦上九爻辭，五是兼用《詩》、《易》，六是引《序卦》說損益之理。《齊論》引坤初六爻辭證「聖人之見終始微言」；《氾論》引小過卦辭證「人莫不

有過，而不欲其大也」；《泰族》引中孚九二爻辭和《論語》語以證陰陽之氣相動；又引豐上六爻辭證有智、仁的聖人統理天下的必要。此外，《人間》還記載了孔子讀《易》至損益之事，《泰族》還評論了包括《易》在內的六經，《要略》還言及《周易》的作用。這些《易》說，與其說是道家的，還不如說是儒家的。如果硬要咬定淮南九師或者《淮南子》的作者是道家的話，這只能說明此時道家還在襲用儒家的《易》說，道家的《易》說還沒有成形，又哪來的傳承系統呢？由此可見，所謂漢初從田何至楊何、或者從司馬季主至淮南九師的道家《易》學傳承譜系，基本上是一種虛構。以此來證明帛書《繫辭》是道家的傳本，只能是一種臆想。

總之，我們認爲帛書《繫辭》的祖本基本同於今本《繫辭》，無論從帛書《易傳》諸篇的內容看，還是從帛書《繫辭》的思想構架看，從先秦至漢初《易》學的源流看，帛書《繫辭》都不可能是道家的傳本，而只能是以孔子思想爲核心的儒家《易》說。

【附　註】

① 王葆玹《從馬王堆帛書看〈繫辭〉與老子學派的關係》，《道家文化研究》第一輯，上海古籍出版社，1992年；陳鼓應《馬王堆出土帛書〈繫辭〉爲現存最早的道家傳本》，《哲學研究》1993年第二期。

② 見《馬王堆漢墓文物》，湖南出版社，1992。

③ 依朱熹《周易本義》所分，下同。

④ 張政烺《試釋周初青銅器銘文中的易卦》，《考古學報》1980年第四期。

⑤ 《易通》，商務印書館，1945。

⑥ 《周易大傳今注》第524、525頁，齊魯書社，1979。

⑦ 《帛書〈繫辭〉略論》，《齊魯學刊》1989年第四期。

⑧ 見陳松長、廖名春《帛書〈易之義〉釋文》，《道家文化研究》第三輯，上海古籍出版社，1993。

⑨ 「非」、「則」這兩字，我剛從帛書碎片的照片中找出。該殘片共兩行字，第一行有始和另一字，剛好可補上《易之義》的「贊□□冬以為質」中的兩個殘缺之字；「非、則」則可接在「正其是」後。

⑩ 黃沛榮《馬王堆帛書〈繫辭傳〉校讀》，《周易研究》1992年第四期。

⑪ 《〈儒家者言〉釋文》，《文物》1981年第八期第15頁。

⑫ 「易」又異讀為「亦」，近人多以此否定孔子與《易》有關，其說不可信。具體論證可見李學勤《「五十以學《易》」問題考辨》，載《周易經傳溯源》，長春出版社，1992。

⑬ 本李學勤說，見《從帛書〈易傳〉看孔子與〈易〉》，《中原文物》1989年第二期。

⑭ 《帛書〈周易〉》，《文物》1984年第三期。

⑮ 《出土發現與古書年代的再認識》，《九州學刊》三卷一期，1988年12月。

⑯ 張岱年《〈周易〉經傳的歷史地位》，《人文雜志》1990年第六期；李學勤《由〈樂記〉看〈易傳〉年代》，《〈周易〉經傳溯源》第二章第二節。

⑰ 《〈易傳·繫辭〉所受老子思想的影響》，《哲學研究》1989年第一期。

⑱ 說本金景芳《孔子的天道觀與人性論》，《百科知識》1990年第12期。

⑲ 見註⑯張文。

⑳　顧頡剛《論易繫辭傳中觀象制器的故事》，《古史辨》第三冊上編。

㉑　上海古籍出版社《四庫易學叢刊》本頁410，1990年1月。

㉒　同註㉑頁415。

㉓　見《歐陽文忠集》，轉引自張心澂《偽書通考》頁77，商務印書館，1957年修訂版。

㉔　同註⑥第6、11頁。

㉕　傅斯年《與顧頡剛論古史書》，見《傅斯年選集》第三卷，臺北文星書店，1967。

㉖　上海世界書局1934年版，中州古籍出版社，1985年再版。

㉗　《〈易傳〉與楚學齊學》，《道家文化研究》第一輯頁151，上海古籍出版社，1992年。

㉘　《中國古典哲學概念範疇要論》頁20，中國社會科學出版社，1989。

㉙　《論孔子思想的兩個核心》，《歷史研究》1990年第5期。

㉚　同註⑱。

㉛　徐克謙《從〈莊子・天下篇〉看先秦學術史中的幾個問題》，《哲學研究》1990年增刊。

㉜　陳松長、廖名春《帛書〈要〉釋文》，《道家文化研究》第一輯。

㉝㉞　同註①。

㉟　《漢晉學術編年》卷之二，中華書局，1987。

讀《也談帛書繫辭的學派性質》

《哲學研究》1993年第九期刊載了陳鼓應先生的大作《也談帛書繫辭的學派性質》，對拙作《論帛書繫辭的學派性質》①提出了反批評。讀罷陳先生的大作，我既佩服陳先生的風範和學養，但也還有一些問題值得向陳先生說明和討教。

第一，陳先生關於先秦儒家解《易》基本特點的歸納有問題。陳先生認爲先秦時期義理解《易》有兩種傾向：一是注重發揮卦爻辭的人道教訓，而不相信筮法；二是以《周易》爲講天道變化之書。在陳先生看來，這兩種傾向簡直就是一種「非此即彼」的關係。儒家解《易》既然「不占」，既然重人道教訓，那麼就必然不會以《周易》爲講天道之書。這種論證我認爲既不符合事理，也不符合事實。

從事理上言，「不占」與講天道變化並不矛盾，這無須再多加證明。相反，發揮卦爻辭的人道教訓，主張「不占」，更容易以《周易》爲天道變化之書。事實上，以孔子爲代表的先秦儒家正是這樣解《易》的。

馬王堆三號漢墓所出土的帛書《要》篇，拙文已做過介紹，它的抄寫年代在漢初，無疑屬於先秦的作品。它記載了孔子晚年好《易》並與子贛（貢）論《易》之事，孔子反復強調：「《易》，我後其祝卜矣，我觀其德義耳也」，「吾求其德而已，吾與史巫同涂而殊歸者也。君子德行焉求福，故祭祀而寡也；仁義焉求吉，故卜筮而希也。祝巫卜筮其後乎」。在這之後，《要》篇又記孔

子與「二三子」論《周易》損、益二卦之義，其文曰：

> 孔子繇（籀）《易》，至于損、益一〈二〉卦，未尚（嘗）不廢書而嘆，戒門弟子曰：二三子！夫損、益之道，不可不審察也，吉凶之〔門〕也。益之爲卦也，春以授夏之時也，萬勿（物）之所出也，長日之所至也，產之室也，故曰益。授〈損〉者，秋以授冬之時也，萬勿（物）之所老衰也，長〔夕之〕所至也，故曰產。道窮焉而產，道□焉（此處疑有脫文）。益之始也吉，其冬（終）也凶。損之始凶，其冬（終）也吉。損益之道，足以觀天地之變而君者之事已。……故《易》又（有）天道焉，而不可以日月生（星）辰盡稱也，故爲之以陰陽。又（有）地道焉，不可以水火金土木盡稱也，故律之以柔剛。又（有）人道焉，不可以父子、君臣、夫婦、先後盡稱也，故要之以上下。又（有）四時之變焉，不可以萬勿（物）盡稱也，故爲之以八卦。故《易》之爲書也，一類不足以亟（極）之，變以備其請（情），故謂之《易》。……

《說文》云：「籀，讀書也。」孔子先是以一年四季的自然變化之道來說解《周易》損、益二卦之義，認爲它們反映了「天地之變」和「君者之事」。由此又進而闡明《周易》的本質特徵是「變而備其請（情）」。所謂「變」，就是說《周易》是講事物的運動變化的，是講變化之理的。所謂「備其請（情）」，就是說《周易》之理「一類不足以亟（極）之」，不只是講個別的、特殊的規律，而是高度抽象的，具有最一般的性質。《周易》中有天道，不只是講日、月、星辰之事，所以要用陰陽範疇來表達；有地道，不只是講水、火、金、土、木之事，所以要用柔剛範疇來概括；有人道，不只是講父子、君臣、夫婦、先後之事，所以

要用上下的範疇來代表；它又反映了自然的變化之道，而不只是
講萬物靜止的一面，所以要用八卦的形式來表示。《要》的這些
記載告訴我們，以孔子爲代表的先秦儒家不但以人道教訓解《易》，
反對占筮，而且確確實實視《易》爲講天道之書。視《易》有人
道和視《易》有天道完全是統一的、相互聯繫的，它們並不存在
什麼矛盾關係。

　　先秦儒家視《易》爲講天道之書，從傳統文獻裡也能得到證
明。除《易傳》外，《莊子·天下》篇也有反映：

　　　　其明而在數度者，舊法世傳之史尚多有之。其在于《詩》、
　　　《書》、《禮》、《樂》者，鄒魯之士、搢紳先生多能明之。
　　　《詩》以道志，《書》以道事，《禮》以道行，《樂》以道
　　　和，《易》以道陰陽，《春秋》以道名分。其數散于天下而
　　　設于中國者，百家之學時或稱而道之。

「《易》以道陰陽」顯然是視《易》爲講天道之書。此說到底是
《天下》篇作者的觀點，還是其作者援引他家之論？我們只要看
看上下文就清楚了。以「道志」說《詩》、以「道事」說《書》、
以「道行」說《禮》、以「道名分」說《春秋》，是典型的儒家
觀點。「《易》以道陰陽」與它們是並舉的，來源也應與它們相
同。而且上文說「鄒魯之士、搢紳先生多能明之」，顯然，這些
觀點應是「明」的內容。陳先生也肯定「鄒魯之士、搢紳先生」
指儒士②，那麼，「《易》以道陰陽」和其它五句一樣，應是《
天下》篇作者所援引的「鄒魯之士、搢紳先生」之語。所以，傳
統文獻和出土文獻的記載是一致的，否定先秦儒家視《易》爲講
天道之書的觀點是不能成立的。

　　第二，陳先生以蔡澤、顏斶爲戰國時期道家學者解《易》的
代表，以顏斶所引《易傳》爲道家學者解《易》的作品也是有問

題的。

蔡澤說范睢的故事，《戰國策·秦策》和《史記·范睢蔡澤列傳》都有類似的記載。不同的是，《史記》載蔡澤語有「聖人曰：飛龍在天，利見大人。不義而富且貴，于我如浮雲」和「《易》曰：亢龍有悔。此言上而不能下，信而不能詘，往而不能自返者也，愿君孰計之」云云，而《戰國策》所記則無。依《戰國策》，則蔡澤之與《易》無涉。依《史記》，則蔡澤確有解《易》之事。問題是，蔡澤將《周易·乾·九五》的「飛龍在天，利見大人」與《論語·述而》所載的孔子語「不義而富且貴，于我如浮雲」並提，並統稱為「聖人曰」。這種尊孔子為聖人，將孔子語與《周易》經文揉合在一起的作法，說是以道家觀點解《易》，我總是有點帶疑。

顏斶事見於《戰國策·齊策》。顏斶所引《易傳》語之義，顏斶自己講得很清楚：「是故無其實而喜其名者削，無德而望其福者約，無功而受其祿者辱，禍必握。」這種主張名實相符、德福相合、功祿相稱的思想，很難說就只能是道家的，別的什麼家就沒有。顏斶解說時稱引了老子語，但他在這之前贊頌了堯、舜、禹、湯、周文王，在這之後又稱道「夫堯傳舜，舜傳禹，周成王任周公旦」。像顏斶這樣的人，我們沒有其它更確鑿的材料，僅憑《戰國策》的這些記載，就將他發展為道家學者，並且說他所稱引過的《易傳》，「應該就是道家學者解易的一種作品」，是不是有點推論過頭了呢？

第三，關於帛書《繫辭》是否有祖本。帛書《繫辭》只是一個抄本，其抄者肯定不是它的作者。如果說帛書《繫辭》就是最原始的《繫辭》，那它的抄者也就是它的作者。然而，馬王堆三號漢墓所出土的帛書《老子》乙本、《老子乙本卷前古佚書》、

《周易》經文、《刑德》乙篇等與帛書《繫辭》很可能皆係同一書手抄寫。這一書手不可能寫出如此多的作品。就像《老子》、《周易》經文不會是這一抄者所作的一樣，帛書《繫辭》也不會為這一抄者所作。而抄者抄寫是需要一個底本的，這個底本就是拙文所謂祖本。這個祖本是否像陳先生所說的那樣，「可能比帛書《繫辭》更簡單」，「與通行本的差異會更大」呢？肯定不會。因為如陳先生所說，帛書《繫辭》就會有很多與今通行本相同的段落或內容係抄者所增衍，它的基本思想中有一些與通行本相同的也會是抄者之作。這種揣測是不合情理的。替人抄書，偷工減料者有之，而替人創作者罕見。創作比抄寫更難，抄寫者怎麼會舍易就難呢？從拙文所例舉的一系列現象看，許多異文都是抄者抄漏了原文所引起的，所改動的只有少量的詞句。因此，帛書本的底本決不會比帛書本更簡單，它同通行本的差異也決不會更大。當然，帛書本同今通行本的差異也不會是抄者一人一時造成的。有些應該是帛書《易傳》編者之為。如帛書《易傳》有強烈的「重德不占」的主張，反映在帛書《繫辭》上，像講衍筮的「大衍之數」章就很可能被刪掉了。如此說來，在帛書《繫辭》的底本之上，至少還應有一個本子。筆者的考證是：帛書《繫辭》的底本較帛書《繫辭》距今通行本更近，因為抄者在抄寫中抄漏和誤改了一些字句；而帛書《繫辭》的底本又是一個改編本，其原本較帛書的底本又更近於今通行本，帛本與今通行本有一些異文則是在這一階段造成的。帛書《繫辭》中有許多例證都能說明這一點。至於再往前推，由於缺乏過硬的證據，問題又異常複雜，這裡就不詳說了。

第四，關於拙文論「子曰」部分的說明。由於篇幅的原因，拙文《論帛書〈繫辭〉的學派性質》第三部分末尾「認為〈繫辭〉

中的『子曰』非孔子語是不符合先秦文獻的實際的」句後在發表
被刪去了一段文字，現補識如下：

　　從帛書來看，除帛書《易傳》外，其它的帛書皆無「子曰」。
帛書《易傳》除《繫辭》有「子曰」外，《易之義》、《要》、
《繆和》、《昭力》都有。《要》的「子曰」又稱爲「夫子曰」：
上文又明言是孔子，所以係孔子語無疑。今本《繫辭》的內容帛
書《繫辭》、《易之義》、《要》都有，可見三者關係密切。以
《要》的「子曰」來看《易之義》和《繫辭》，後者「子曰」也
應指孔子語。《繫辭》「子曰」稱「顏氏之子」，《要》則稱「
賜」、「二三子」，正好互證。《繆和》、《昭力》的「子曰」
不是孔子語，但作者在「子曰」前交代得很清楚，「子」是繆和、
昭力等人向其問《易》的先生。所以，盡管帛書《易傳》中有兩
種「子曰」並存，但區別是非常明顯的。退一步說，即使《繫辭》
裡的「子曰」非孔子語，是「講師之言」（歐陽修語），但這個
講師，也決不是講道家之經的道家學者，一定是講六經的儒者，
這從《繆和》、《昭力》中的「先生」屢稱商湯、周文、孔子及
其弟子，而無一語涉及老子、莊子就可得到證明。③

　　【附　註】

①　《哲學研究》1993年第七期。
②　《莊子今注今譯》頁859，中華書局，1983。
③　有興趣者可往《哲學研究》編輯部查閱拙文底稿。

1993年9月於清華園

帛書《繫辭》與今本《繫辭》的關係及學派性質問題續論

　　針對王葆玹、陳鼓應先生的帛書《繫辭》道家說，我在《道家文化研究》第三輯和《哲學研究》1993年第七期上發表了《論帛書〈繫辭〉與今本〈繫辭〉的關係》、《論帛書〈繫辭〉的學派性質》二文，認為今本《繫辭》早於帛書《繫辭》，帛書《繫辭》是儒家而非道家的傳本。爾後，陳鼓應先生在《哲學研究》1993年第九期發表了《也談帛書〈繫辭〉的學派性質》一文，對我提出了反批評。我隨之寫了《讀〈也談帛書繫辭的學派性質〉》一短文，寄給《哲學研究》，但未獲刊用。而《哲學研究》1994年第四期又發表了王葆玹先生《〈繫辭〉帛書本與通行本的關係及其學派問題——兼答廖名春先生》的大作。王文立論大膽，論證細密，分析犀利，顯得很有說服力，對我啓發也頗大。但證諸文獻，事實與王先生所論並不一致。因此，有必要繼續與王先生討論。由於對帛書《繫辭》與今本《繫辭》的關係及學派問題我已發表了多篇論文，因此本文不擬做系統性的全面論證，只是針對王文所提出問題做一回答。其正確與否，敬請各方家批評。

　　帛書《繫辭》與今本《繫辭》比較，缺少今本《繫辭》上的「大衍之數」章，下篇第五章、第九章的一部分以及第六、七、八、十、十一章。①據我們所作的釋文，②除「大衍之數」章不見於各篇帛書易傳外，其餘部分大體都存於帛書《易之義》與《要》中。這些不見於帛書《繫辭》的章節，王文認為非《繫辭》

所原有，是後來的編者根據《易之義》、《要》所補充的。而我
卻認爲，帛書《繫辭》所缺少的部分，在其祖本中大多存在。《
易之義》、《要》與今本《繫辭》相同的部分，大多是它們取之
於《繫辭》。

　　我們先來考察「大衍之數」章。帛書《繫辭》雖然沒有「大
衍之數」章，但卻保留了「天一、地二、天三、地四、天五、地
六、天七、地八、天九、地十」說。從程頤、張載、朱熹到今人
高亨、嚴靈峰、金景芳，他們都認爲兩者有邏輯聯繫，王文不承
認這一點，應該是有欠冷靜的。從版本的情況看，宋人此說也是
有根據的。《漢書・律曆志》云：

　　　　故《易》曰：天一、地二、天三、地四、天五、地六、
　　　天七、地八、天九、地十。天數五、地數五、五位相得而各
　　　有合。天數二十有五，地數三十，凡天地之數五十有五，此
　　　所以成變化而行鬼神也。

李學勤先生說：《律曆志》取於劉歆，所以至少西漢晚期「大衍
之數」章已在《繫辭》篇中，與「天一、地二」一段並列了。③
　　其實除了《漢書・律曆志》外，還有更直接的證明。據《後
漢書・靈帝紀》，漢靈帝熹平四年「詔諸儒正『五經』文字，刻
石於太學門外」。熹平石經所刻《周易》經、傳，現尚有部分殘
存。屈萬里先生集衆家之長，而成《漢石經周易殘字集證》一書。
據屈書，熹平石經《周易・繫辭》中，「大衍之數」章基本留存，
「天一、地二」一段上接「故再扐而後卦」，下接「天數五，地
數五，五位相得而各有合。天數廿有五，地數卅，凡天地之數五
十有五」一段，和《漢書・律曆志》所載相同。熹平石經《周易
・雜卦》殘石之陰，有《易經》「尾題」，其文有「《易經》梁」
三字。屈萬里先生和馬衡先生據此考定《周易》刻石係用梁丘氏

本，④其說可信。梁丘《易》立爲博士在西漢宣帝甘露三年（前
51年）。吳翊寅《漢置五經博士考》云：「至梁丘《易》立爲博
士，則以賀子臨爲之。」而梁丘賀與施讎、孟喜並爲武帝時《易》
博士田王孫之門人，後又以明京房（楊何弟子）《易》徵，拜爲
郎。「及梁丘賀爲少府，事多，乃遣子臨將門人張禹等從讎問。」⑤
由此可見，梁丘《易》可上溯至田王孫和楊何師徒。由梁丘《易》
來看，「天一、地二」節確實是和「大衍之數」章不可分的。拙
文說帛書《繫辭》既有「天一、地二」段，其祖本也當有「大衍
之數」章，其理由是很充分的。至於王文說「施、孟、梁丘經」
「一定只限於經文，不包括《繫辭》傳文」，證諸熹平石經，顯
然不合。這裡就不多費筆墨了。

今本《繫辭下》第五章「子曰：小人不恥不仁」以後，帛書
《繫辭》僅存：

> 子曰：小人〔不恥不仁，不畏不義，不見利不勸，不〕
> 畏不詠。小詠而大戒，小人之福也。易曰：構校滅止，无咎
> 也者，此之胃也。善不責不足以成名，亞不責不足以滅身。
> 小人以小善爲无益也而弗爲也，以小亞〔爲〕无傷〔而弗去
> 也，故惡積而不可〕蓋也，罪大而不可解也。易曰：何校滅
> 耳，凶。君子見幾而作，不位冬日。易曰：介于石，不冬〔
> 日，貞〕吉。介于石，毋用冬日，斷可識矣。君子知物知章，
> 知柔〔知剛，萬夫之望〕。

「君子見幾而作，不位冬日」前，今本《繫辭》有「子曰：知幾
其神乎？君子上交不瀆，其知幾乎！幾者，動之微，吉之先見者
也」。兩者孰是孰非？我以今本爲是。從邏輯上說，「君子見幾
而作」本於「知幾」說。只有在強調了「幾」和「知幾」的重要
性之後，方能要求「君子見幾而作，不位冬日」。王文不承認這

一點，將《莊子》的「知幾」，《荀子》的「知幾」與「樞機」、《墨子》的「時幾」硬拉過來，並不能說明問題。因為《漢書·楚元王傳》載穆生對申公等說：

> 易稱「知幾其神乎！幾者，動之微，吉凶之先見者也。君子見幾而作，不俟終日」。

穆生這是引《繫辭》文以申已意，所引並不嚴格，但「知幾其神乎」等與「君子見幾而作」連用，與今本《繫辭》是一致的，足證筆者的分析是正確的。穆生引這段話時在漢文帝前元六年（前174年），與帛書《繫辭》抄寫的時間極近。王文對此作了兩種解釋：一是認為其時《繫辭》可能已被改編；二是改變斷句，認為「幾者動之微，吉凶之先見者也」本為穆生個人的議論，而為《繫辭》改編者所利用。前一種解釋實際是承認西漢初年時《繫辭》的這一段話已同於今本，但為什麼是改編而不是《繫辭》所原有呢？加進去的一段話為什麼如此與上下文相吻合呢？王文避而不談，因為其論斷實在是太「勉強」了。改變斷句，可以說「幾者動之微，吉凶之先見者也」是穆生語，但「知幾其神乎」總不能也說是穆生語，特別是「知幾」之說，明明說是「《易》稱」，而帛書《繫辭》此段話又沒有，只見於今本《繫辭》。兩相比較，顯然帛書《繫辭》是遺漏了。王文連這樣客觀的事實都要加以曲解，其可信性也就可以推知了。

如果承認穆生時「知幾其神乎」一段已為《繫辭》所原有的話，那今本《繫辭》第五章其它不見於帛書《繫辭》的部分也同理可推知。這一邏輯的推論還可獲得事實的證明。

帛書《要》第9行至第12行，主要是今本《繫辭》下第五章的後半部分，其中有三段話值得我們注意：

> 危者安其位者也，亡者保〔其存者也。是故〕君子安不

忘危，存不忘亡，治不忘〔亂。是以身安而國〕家可保也。
今本《繫辭》在「亡者保其存者也」後有「亂者有其治者也」，
帛書《要》則無。但《要》下文既然有「治不忘亂」，原文定有
「亂者有其治者也」。又：

> 君子安其身而後動，易其心而後評，定位而後求：君子
> 修於此三者，故存也。危以動，則人弗與也；无立而求，則
> 人弗予也，莫之予，則傷之者必至矣。

今本《繫辭》在「危以動，則人弗與也」後多出「懼以語，則民
不應也」。我們知道，「安其身而後動」與「危以動，則人弗與
也」相應；「定位而後求」與「無位而求，則人弗予也」相應；
帛書《要》既然上文有「易其心而後評」，那下文一定當有今本
《繫辭》的「懼以語，則民不應也」一句。

最有說服力的是帛書《要》的這一段話：

> 夫子曰：德溥而立奠，〔知小而謀大，力小而任重〕，
> 鮮不及！易曰：「鼎折足，復公餗，其刑屋，凶。」言不朕
> （勝）任也。夫子曰：顏氏之子，其庶幾乎？見幾，又不善，
> 未嘗弗知；知之，未嘗復行之。易曰：「不遠復，无袛悔，
> 元吉。」

朱熹《周易本義》：「庶幾，近意，言近道也。」「顏氏之子，
其庶幾乎」，是對顏子的稱贊。在今本《繫辭》中，它在「知幾
其神乎」至「君子知微知彰，知柔知剛，萬夫之望」後，顯然是
就前一段話而舉例，由抽象到具體，具有邏輯聯繫。而帛書《要》
以「顏氏之子，其庶幾乎」接「德溥而立奠……言不朕任也」一
段，頗為不類。《爾雅·釋詁下》：「幾，近也。」難道夫子是
稱贊「顏氏之子」近於「鮮不及」禍，近於「不朕任」？顯然兩
者之間有脫文，當以今本《繫辭》為是。「又不善」前，今本無

「見幾」二字。「見幾」指發現事物變動的微小徵兆，幾指「動之微，吉之先見者也」。在「又不善，未嘗弗知」前加上「見幾」，意義顯然重復，因為「又不善，未嘗弗知」就是「見幾」。更重要的「又不善，未嘗弗知」與下文「知之，未嘗復行之」是就顏子知、行兩方面「近道」而發。這兩句從知到行，句式相嵌，意義相遞進。加上「見幾」二字，這種句式的協調和嚴密性就被破壞了，其屬衍文顯而易見。帛書《要》的這一衍文從何而來呢？顯然是來源於今本《繫辭》上文的「君子見幾而作」一語。⑦《要》篇的抄者肯定對今本《繫辭》非常熟悉，所以他抄到這一段出自《繫辭》的文字，連類而及，就把上文的「見幾」二字抄進《要》篇中去了。由此看，今本《繫辭》下第五章後半部分，盡管不見於帛書《繫辭》，但它們都應為帛書《繫辭》祖本所原有。

今本《繫辭》下第九章帛書《繫辭》只存：

〔若夫雜物撰德，辯〕是與非，則下中教不備。初，大要存亡吉凶則將可知矣。

「下中教不備」，今本作「非其中爻不備」。今本上文言「其初難知，其上易知：本末也，初辭擬之，卒成之終」，是說初爻的意義較難理解，因為初爻擬議事物的端始；而上爻的意義容易理解，因為到了上爻事物發展完結而卦義已最終形成。說了初爻、上爻，下面就說中爻：「若夫雜物撰德，辯是與非，則非中爻不備。」正因為「中爻」具有「雜物撰德，辯是與非」的作用，所以說「大要存亡吉凶則將可知矣」。帛書本既有「中教不備」一語，可推知其祖本前當有「其初難知」云云。而今本「原始要終以為質也，六爻相雜」與下文的「初」、「上」、「中爻」是密切相關的；今本論「二與四」、「三與五」等爻的意義與作用一段話又是從其論「非中爻不備」一段話生發出來的。帛書《繫辭》

既然有「若夫雜物撰德」一段話，前後這些文字其祖本中也當有。
這一簡單的道理，爲什麼王文就不加以考慮呢？

今本《繫辭》下的第六、七、八章不見於帛書《繫辭》，而
在《易之義》中。《易之義》的這些文字有沒有問題呢？我們可
以進行考析：

子曰：易又名川，雌道也。故曰：「牝馬之貞」，童獸
也，川之類也。是故良馬之類，廣前而景後，遂臧，尚受而
順，下安而靜，外又美刑，則中又□□□□□□□□乎，戾
以來群，文德也。是故文人之義，不侍人以不善，見亞墨然
弗反，是胃以前戒後，武夫昌慮，文人緣序。易曰「先迷後
得主」，學人胃也，何先主之又？天氣作□□□□□□□，
其寒不凍，其暑不曷。易曰：「履霜，堅冰至。」子曰：孫
從之胃也。歲之義，始於東北，成於西南。君子見始弗逆，
順而保毅。易曰：「東北喪崩，西南得崩，吉。」子曰：非
吉石也。其□□□□與賢之胃也。〔武夫〕又拂，文人有輔，
拂不撓，輔不絕，何不吉之又？易曰：「直方，大，不習，
吉。」子曰：生文武也，雖強學，是弗能及之矣。易曰：「
含章可貞，吉。」言美請之胃也。文人動，小事時說，大〔
事〕順成，知毋過數而務柔和。易曰：「或從事，无成又冬。」
子曰：言詩書之胃也。君子苟得其冬，可必可盡也。君子言
于无罪之外，不言于又罪之内，是胃重福。易曰：「利〔永〕
貞。」此川之羊說也。子〔曰〕：易之要，可得而知矣。鍵
川也者，易之門户也。鍵，陽物也；川，陰物也。陰陽合德
而剛柔又膛，以膛天地之化，又口能斂之，无舌罪，言不當
其時則閉慎而觀。易曰：「聒囊，无咎。」子曰：不言之胃
也。□□□□〔何〕咎之又？墨亦毋譽，君子美其慎而不自

箸也，淵深而内其華。易曰：「黃常，元吉。」子曰：尉文
而不發之胃也。文人内其光，外其龍，不以其白陽人之黑，
故其文茲章。易曰：□□既沒，又爵□□□□□□居其德不
忘。「龍覃于野，其血玄黃。」子曰：聖人信哉！隱文且靜，
必見之胃也。龍七十變而不能去其文，則文其信于而達神明
之德也。其辯名也，雜而不戉，于指易□，衰世之動與？易
〔彰往而察〕來者也。微顯贊絕，巽而恆當，當名辯物，正
言巽辭而備。本生仁義，所以義剛柔之制也。其稱名也少，
其取類也多，其指閒，其辭文，其言曲而中，其事隱而單。
因齎人行，明〔失得之報，易之〕興也，于中故乎？作易者，
其又患憂與？上卦九者，贊以德而占以義者也。履也者，德
之基也。嗛也者，德之柄也。復也者，德之本也。恆也者，
德之固也。損也者，德之脩也。益〔也者〕，德之譽也。困
也者，德之欲也。井者，德之地也。渙者，德制也。是故占
曰：履，和而至；嗛，奠而光；復，少而辨于物；恆，久而
弗厭；損，先難而後易；益，長裕而與；宋，窮而達；井，
居其所而遷；〔渙，稱〕而救。是故履以果行也，嗛以制禮
也，復以自知也，恆以一德也，損以遠害也，益以興禮也，
困以辟咎也，井以辯義也，渙以行權也。子曰：渙而不救，
則比矣。易之爲書也，難前，爲道就遷，〔變〕動而不居，
周流六虛，上下无常，剛柔相易也，不可爲典要，唯變所次。
出入又度，外内内皆瞿。又知患故，无又師保而親若父母。
印率其辭，梪度其方，无又典尚。后非其人，則道不〔虛行〕。
无德而占，則易亦不當。易之義，贊始〔反〕冬以爲質，六
肴相雜，唯侍物也。是故〔其初〕難知而上易知也，本難知
也而末易知也。□則初如疑之，敬以成之，冬而无咎。□□

□□□□□□脩道，鄉物巽德，大明在上，正其是非，則〔非其中爻〕不〔備〕。□□□□□占，危哉。□□不當，疑德占之，則易可用矣。子曰：知者觀其緣辭而說過半矣。易曰：二與四同〔功而異位，其善不同。二〕多譽，四多懼，近也。近也者，嗛之胃也。易曰：柔之為道，不利遠〔者，其〕要无〔咎，其用〕柔若〔中〕也。易曰：三與五同功異立，其過〔不同，三〕多凶，五多功，〔貴賤〕之等……⑧

以上引文，我們分二段分析。今本《繫辭下》的第六、七、八章，就在「易之義，贊始〔反〕冬以為質」以上。我曾經論證過：今本《繫辭》的「以體天地之化，以通神明之德」是相對成文，「體天地之化」承「剛柔有體」而言，「通神明之德」承「陰陽合德」而言，上下文有密切的聯繫。而《易之義》卻將這兩句話割裂開，在中間塞入一大段文字，以「則文其信于」接「而達神明之德也」，顯然不通。又說「本生仁義，所以義剛柔之制也」、「子曰：澳而不救則比矣」、「无德而占，則易亦不當」數語都與上下文不合，疑非原文所有。⑨王文迷信帛書不會出錯。其實帛書此處錯簡頗多。從「子曰」開始至「何先主之又」不應接「天氣作」至「孫從之胃也」，應接「歲之義」至「何不吉之又」，因為這是解坤卦卦辭之義。「天氣作」至「孫從之胃也」應接「易曰：直方大」至「不言于又罪之內」，這是解初六至六二、六三爻辭之義。「不言于又罪之內」應接「又口能斂之」至「則文其信于」，這是解六四、六五、上六爻辭之義。「是胃重福」至「此川之羊說也」應接在「則文其信于……」之後，這是解用六爻辭之義並收束論「川之羊說」一段。「子〔曰〕：易之要」至「以體天地之化」應接「而達神明之德也」以下，這是又一段。⑩從這些錯簡的情況看，《易之義》很難說是這些文字的最早來

源，筆者疑其出自今本《繫辭》，是有可能的。

今本《繫辭》下的第九章有部分見於帛書《繫辭》，上文已論證過其它部分也應存帛書《繫辭》的祖本中。但這一章又見於帛書《易之義》，其「易之義」以下即是。如果如王文所說，今本《繫辭》是漢人在帛書《繫辭》的基礎上補以《要》、《易之義》一部分而成的話，那麼今本《繫辭》的這一章既見於《易之義》，又見於帛書《繫辭》又如何解釋呢？答案無非三種：一是它們有不同的來源，不存在先後問題。依此說今本《繫辭》出於《易之義》後便不能成立。第二是說《繫辭》所載出於《易之義》，如此，不但今本《繫辭》，連帛書《繫辭》也包括在內，帛書《繫辭》的道家說就難以維持了。第三是說《易之義》所載出於《繫辭》，《易之義》既引《繫辭》，說今本《繫辭》取於《易之義》也同樣不能成立。從《易之義》上引文多次將《繫辭》文稱為「易曰」來看，應該說《易之義》引《繫辭》文的可能性最大。此「易曰」所引並非《周易》卦爻辭，全屬《繫辭》之文，王文否認它們出自《繫辭》，只能說是強辯。至於《繫辭》文《易之義》又稱「子曰」，這一點也不奇怪，其理由我已在前文中闡釋過了。此恕不贅述。

王文提出了四個疑點，料定我是不可能舉出證據來澄清的。我佩服王文的勇氣，但又認為這四個所謂的「疑點」是不難澄清的。王文說：「帛書的抄寫者，為何抄寫成書較早、權威較高的《繫辭》竟遺漏近千字，而抄寫成書較晚的《易之義》等佚書卻沒有類似的遺漏呢？」這一問題其實非常簡單，我們說帛書《繫辭》較今本少近千字，是因為帛書《繫辭》有今本作參考，而《易之義》等卻沒有今本作參考，它們到底有沒有遺漏我們不容易發現。就像我們作釋文，作六十四卦、爻辭和《繫辭》的釋文容

易，但作《易之義》等佚文的釋文卻難些一樣。王文又問：「假如這成問題的上千文字確爲《繫辭》祖本所包括，那麼帛書抄寫者爲何大量遺漏《繫辭》的『原文』，卻未遺漏《易之義》等佚書中的『引文』？」《易之義》等佚書的「引文」有沒有遺漏？我們看一看拙文對帛書《要》「危者安其位者也」和「君子安其身而後動」兩段的分析就可知道。奇怪的是，王文提這樣的問題，爲什麼不先去核證一下？王文又問：「帛書抄寫者所遺漏的『原文』與未遺漏『引文』爲何竟大致相同？這樣的巧合在浩如煙海的歷史文獻中極其罕見，從邏輯上說有可能發生嗎？」這一問題拙文在對今本《繫辭》下第九章既出現在帛書《繫辭》，又出現在《易之義》所作的分析中實際已作出了回答。作爲一種可能性我想提醒王文：正是因爲帛書《繫辭》、《易之義》、《要》諸篇爲同一抄手所抄，所以他就能大致做到避免重復，以省工省力，盡管有個別照顧不周之處，如《繫辭》下第九章。如果不是抄於一時一地一人，這種「大致相同」就難以發生。王文說這樣的做法罕見，我可以說是慣例。清人修《四庫全書》，同一作品，見於經部、子部，則不入集部、史部。我們今修《續修四庫全書》仍然如此。王文最後一問是：「帛書抄寫者爲何竟有膽量漏掉《繫辭》近五分之一，他爲何竟不害怕遭到墓主人和《繫辭》作者魂靈的譴責？」上文已說過，抄寫者如此處理是去重。既是去重，有何不敢？我們大可不必替古人擔心。其實，出土的隨葬文獻，不全文照錄的比比皆是。如帛書《春秋事語》、《戰國縱橫家書》，我們能說是全文照錄，沒有遺漏嗎？《睡虎地秦墓竹簡》的整理者認爲：「對照《效律》和《十八種》現有各種法律的條文數量，可知《十八種》的每一種大約都不是該律的全文。抄寫人只是按其需要摘錄了十八種秦律的一部分。」⑪秦人對待秦律尚且如此，帛

書的抄寫者爲什麼就不能呢？

爲了證明帛書《繫辭》的祖本同於今本《繫辭》，我曾在《帛書〈繫辭〉釋文校補》⑫、《論帛書〈繫辭〉與今本〈繫辭〉的關係》兩文舉了這麼一個典型事例：今本《繫辭》的「顯諸仁，藏諸用，鼓萬物而不與聖人同憂」，帛書作「聏耂仁勇鼓萬物而不與衆人同憂」。但細察照片，帛書「仁」字下有兩個小字，在左爲「壯」，右爲「者」。我認爲這兩個小字是帛書的抄者發現抄錯了原文而補上去的，應爲「聖者仁，壯（藏）者（諸）勇，鼓萬物而不與衆人同憂」。帛書並沒有別的什麼深意。王文不同意，硬要說今本有問題而帛書文義順暢。其實，細看照片，所謂「勇」字實寫作「男」，上部的「用」字非常明顯、突出，像是在「男」字上又寫「用」。⑬帛書《易之義》「見男則動，不見用則靜」，「男」明顯是「用」之異體。更何況「聖者」、「壯者」對舉，其文例顯然不合式。所以，我說其本於今本「繫辭」，更應合乎事實。

今本《繫辭》的「太極」，帛本作「大恒」。我以爲「極」字可寫作「亟」，與帛書「恒」字形體相似，因此，帛書「恒」字乃是「極」字之形誤。⑭李學勤先生、張政烺先生也都以形訛爲釋。⑮但饒宗頤先生不同意，認爲帛書不誤。⑯故此問題可再討論。王文認爲《繫辭》本作「大恒」，西漢人爲避漢文帝劉恒諱，改「恒」爲「極」。駁者說避諱有一定之規，避「恒」應用「常」，不應用「極」。王文說漢代避諱未必有一定之規，例如當時避漢武帝諱，多改「徹」字爲「通」字，而「徹侯」又常寫爲「列侯」。由此而論，「恒」字不一定非改爲「常」字不可，西漢人改稱「太恒」爲「太極」，完全是合乎情理的行爲。此說大謬。避天子諱是有一定之規的。王文所舉例，不但是孤證，而

且也是僞證。因爲徹侯又作列侯，與避漢武帝諱無涉。據《史記・秦始皇本紀》記載，公元前219年，秦始皇南登琅琊，作琅琊臺，刻石紀功，所列諸臣頭兩位就是「列侯武城侯王離，列侯通武侯王賁」。琅琊刻石的內容，尚有自「五大夫」起、至「制曰可」止八十六字存於《金石萃編》卷四。又《居延漢簡甲編》頁105所載255號簡載：「郡興謁列侯兵卅二。」陳直先生認爲：「此當爲文帝時興律之殘簡」，「郡興謁列侯兵，與文帝二年詔遣列侯歸國相合」。⑰陳夢家先生也說：「此在呂后元年詔以後，景帝後三年詔之前，當屬文帝之世。」⑱既然秦始皇時、漢文帝時已有「列侯」之稱，又怎能說是避漢武帝諱改「徹」爲「列」呢？其實，列侯即諸侯，其稱與避武帝諱無涉。《續漢書・百官志》劉昭注引劉劭爵制曰：「列侯者依古列國諸侯之義也。」⑲由此可見，王文以避諱來證明「太極」本爲「太恒」是不能成立的。⑳

拙文認爲《繫辭》中的「子曰」都是指孔子語，王文說陳鼓應先生已著文駁斥，指出帛書《繫辭》卷後《繆和》與《昭力》兩篇有二十餘處「子曰」，均非孔子或假托孔子之語，這已可推翻廖文的論斷。事實是，我作了帛書《繆和》、《昭力》兩篇釋文的初稿，由於欠成熟，尚未發表。陳鼓應先生急於知道釋文的內容，我就將自己尚未發表的初稿提供給了陳先生，並特意告訴他其中的「子曰」並非孔子語。拙文《論帛書〈繫辭〉的學派性質》第三部分末尾「認爲〈繫辭〉中的『子曰』非孔子語是不符合先秦文獻的實際的」句後原有一段話，後因篇幅原因發表時爲《哲學研究》所刪，現轉錄如下：

> 從帛書來看，除帛書《易傳》外，其它的帛書皆無「子曰」。帛書《易傳》除《繫辭》有「子曰」外，《易之義》、

《要》、《繆和》、《昭力》都有。《要》的「子曰」又稱
爲「夫子曰」，上文又明言是孔子，所以係孔子語無疑。今
本《繫辭》的內容帛書《繫辭》、《易之義》、《要》都有，
可見三者關係密切。以《要》的「子曰」來看《易之義》和
《繫辭》，後者「子曰」也應指孔子語。《繫辭》「子曰」
稱「顏氏之子」，《要》則稱「賜」、「二三子」，正好互
證。《繆和》、《昭力》的「子曰」不是孔子語，但作者在
「子曰」前交代得很清楚，「子」是繆和、昭力等人向其問
《易》的先生。所以，盡管帛書《易傳》中有兩種「子曰」
並存，但區別是非常明顯的。退一步說，即使《繫辭》裡的
「子曰」非孔子語，是「講師之言」（歐陽修語），但這個
講師，也決不是講道家之經的道家學者，一定是講六經的儒
者，這從《繆和》、《昭力》中的「先生」屢稱商湯、周文、
孔子及其弟子，而無一語涉及老子、莊子就可得到證明。㉑
今本《繫辭》見於《要》篇的部分，其「子曰」被稱爲「夫子曰」。
此「夫子」又是子贛的老師。特別是「子曰：德薄而位尊」一段，
《要》篇作：

　　夫子曰：德溥而立奠，〔知小而謀大，力小而任重〕，
　　鮮不及。易曰：「鼎折足，復公餗，其刑屋，凶。」言不朕
　　任也。

而帛書《二三子》作：

　　易曰：「鼎折足，復公餗，其刑屋，凶。」孔子曰：此
　　言下不朕任也。非其任而任之，能毋折虖？

它們皆以「不勝任」釋鼎卦九四爻辭。《繫辭》的「子曰」，到
了《要》，成爲「夫子曰」；到《二三子》，則成爲「孔子曰」。
由此可見，《繫辭》的「子曰」應係孔子語無疑。怎能說以《繆

和》、《昭力》篇的「子曰」就足可推翻拙文的論斷呢？

先秦、秦漢間道家易學傳承的源流，王先生以前曾列有一個長長的名單，包括軒臂子弘、矯子庸疵、田何、楊何、司馬季主、淮南九師，拙文曾指斥過其荒謬。王文現在舍卒保車，只抓住顏斶、司馬季主和淮南九師不放。顏斶事見於《戰國策·齊策》。顏斶所引《易傳》語之意，他自己講得很清楚：「是故無其實而喜其名者削，無德而望其福者約，無功而受其祿者辱，禍必握。」這種主張名實相符、德福相合、功祿相稱的思想，很難說就一定只能是道家思想。顏斶解說時固然稱引了《老子》語，但他在這之前贊頌了堯、舜、禹、湯、周文王，在這之後又稱道：「堯傳舜，舜傳禹，周成王任周公旦」。像顏斶這樣的人，在沒有其它更確鑿的材料之前，就將他封爲「較爲著名」的治《易》的道家學者，妥當嗎？司馬季主在《史記》入《日者列傳》，又說「周文王演三百八十四爻，而天下治」，「順于仁義」，稱卜筮「有禮」、「有德」。他雖然稱引老、莊之言，但目的是肯定卜筮之功，像這樣的人，我意與其將其歸於著名道家學者之列，還不如入於《漢書·藝文志》所謂「蓍龜」類易家中。《淮南子》所載易說如果能代表九師之說的話，我總覺得說他們是道家易學的代表有點過頭，那十八條材料，我們最好能耐心地看完，不要任意加冕，將「五帝貴德，三王用義，五霸用力」說成是道家理論。

拙文曾引《史記·太史公自序》所載司馬談語「自周公卒，五百歲而有孔子，孔子卒後至於今五百歲，有能紹明世，正《易傳》，繼《春秋》、本《詩》、《書》、《禮》、《樂》之際，意在斯乎，意在斯乎」，證明司馬談認爲孔子作《易傳》。行文疏忽，將「作」寫成了「正」，王文指出了這一點，是正確的。但我的本意並沒有錯。司馬談認爲，他們父子寫《史記》，是踵

武孔子，是孔子作《易傳》、《春秋》，整理詩、書、禮、樂事
業的繼續。司馬談以此來激勵司馬遷，其實質就是將《易傳》視
如《春秋》，歸諸孔子名下，隱含孔子作《易傳》之意，與《史
記・孔子世家》「孔子晚而喜易，序彖繫象說卦文言」的記載是
一致的。王文說這是身爲道家學者的司馬談對「當時儒家的『正
易傳』」可能「有所不滿，因而聲稱『正易傳』的工作尙未完成」。
這種理解能成立嗎？司馬談臨終寄希望於其子的是完成《史記》，
希望司馬遷幹出一番孔子那樣大的事業來。故從周公講到孔子，
由孔子而寄意於司馬遷。不然，要提孔子、《易傳》、《春秋》
等做什麼？所以，曲解的並非拙文，而是王文這些不顧歷史事實
的新見。

【附　註】

① 從朱熹《周易本義》所分。

② 《帛書〈二三子問〉〈易之義〉〈要〉釋文》，載陳鼓應主編《道
家文化研究》第三輯，上海古籍出版社，1993。應該說明，我們的
釋文基本上是使用照片作出的，由於時間倉促，一些碎片尙來不及
綴合，錯誤之處在所難免。凡援引者，最好注明出處，以免替我們
的失誤承擔責任。

③ 《帛書〈繫辭〉略論》，《齊魯學刊》1989年第四期。

④ 屈萬里《漢石經周易殘字集證》，馬衡《漢石經集存》。

⑤ 《漢書・儒林傳》。

⑥ 見陳松長《帛書〈繫辭〉釋文》，《道家文化研究》第三輯頁422。

⑦ 陳來先生最早提出這一點，見《馬王堆帛書易傳與孔門易學》，《
國學研究》第二卷，1994。

⑧ 見註②。釋文係筆者所作，經多次核對原件與照片，不會有大的錯

誤。

⑨ 見拙文《易之義簡說》，載《道家文化研究》第三輯。

⑩ 陳來先生、李學勤先生皆有此說。陳說見註⑦，李說見《帛書〈周易〉的幾點研究》，《文物》1994年第一期。

⑪ 見該書頁19，文物出版社，1990。

⑫ 長沙馬王堆漢墓國際學術討論會論文，1992年8月。

⑬ 見《馬王堆漢墓文物》圖版119第8行下，湖南出版社，1992。

⑭ 拙作《帛書〈繫辭〉釋文校補》。

⑮ 李學勤《帛書〈繫辭〉上篇析論》，《江漢考古》1993年第一期；張政烺《馬王堆帛書〈周易・繫辭〉校讀》，《道家文化研究》第三輯。

⑯ 《帛書〈繫辭〉「大恒」說》，《道家文化研究》第三輯。

⑰ 《居延漢簡研究》頁108，天津古籍出版社，1986。

⑱ 《漢簡綴述》頁277，中華書局，1980。

⑲ 轉引自註⑰頁61。

⑳ 王文說《莊子》「在太極之先而不爲高，在六極之下而不爲深」應爲「在六極之先而不爲高，在六極之下而不爲深」，實不可信。「太極」與「六極」在此語意相對，一指極高，一指極低。意爲在極高處不爲高，在極低處不爲深。如果極高、極低皆用「六極」一詞，那又何能表現「先」、「下」之對？

㉑ 可往《哲學研究》編輯部核查拙文原稿。

1994年11月於清華園

「大衍之數」章與帛書《繫辭》

　　長沙馬王堆三號漢墓所出土的帛書《繫辭》與今本《繫辭》的章節、字句有較大的差別。其中最引人注目的是今本《繫辭》上第九章，①即「大衍之數」章，爲帛書《繫辭》所無。帛書《繫辭》在「《易》曰：負且乘，致寇至。盜之撓也」後，緊接的是：「《易》有聖人之道四焉」章、即今本《繫辭》上的第十章。②帛書《繫辭》的祖本到底有沒有「大衍之數」章？或者說，「大衍之數」章到底是西漢前期的《繫辭》所原有還是後人所增入？學者們有著不同的意見。張政烺先生說，「馬王堆帛書《繫辭》還沒有這一章」，「可見這一章是後加的」，「大衍章是西漢中期的作品」。③李學勤先生則認爲，「『大衍之數五十』章的起源不可能晚，大概在《繫辭》形成的時期即已存在」。④筆者贊同李學勤先生的意見，並在《帛書〈繫辭〉釋文校補》⑤、《論帛書〈繫辭〉與今本〈繫辭〉的關係》⑥二文中闡述過自己的觀點。然而，由於篇幅和時間關係，還來不及進一步展開。本文擬通過分析帛書《繫辭》與今本《繫辭》的上下文，考察兩漢的文獻記載和易學流佈，證明「大衍之數」章爲《繫辭》所原有，並存在於帛書《繫辭》的祖本中；同時，還擬探討一下帛書《繫辭》無「大衍之數」章的原因。

一

　　《繫辭》作爲「《易大傳》」⑦，其主旨是通論《周易》大

義。因此，在《易傳》諸篇中，其思想最具哲理，許多章節都有著嚴密的邏輯聯繫，上下文之間往往環環相扣，密不可分。其「大衍之數」章和「《易》有聖人之道四焉」等章就是如此。

宋人有疑經之風。對於《繫辭》，歐陽修、葉適、程頤、張載、朱熹都有批評。這些批評，其中好些就是針對「大衍之數」章和其上下文來的。張載認為今本《繫辭》上第十一章首句「天一、地二，天三、地四，天五、地六，天七、地八，天九、地十」「恐在」今本《繫辭》上第九章的「天數五，地數五之處」。⑧程頤認為今本《繫辭》將此兩段話分載兩處，屬「簡編失次」，當作更移。⑨朱熹《周易本義》據程說，將「天一……地十」句與「大衍」章的「天數五，地數五，五位相得而各有合。天數二十有五，地數三十，凡天地之數五十有五，此所以成變化而行鬼神也」連在一起，皆移置「大衍之數五十」前。⑩張載、程頤、朱熹為什麼都認為今本《繫辭》的這些章次有問題呢？他們運用的都是「理校法」，都是從今本《繫辭》這幾章的文義聯繫出發的。

「大衍之數」章的「天數五，地數五，五位相得而各有合。天數二十有五，地數三十，凡天地之數五十有五」並非信口之言，而是據「天一……地十」之說概括而成。在「天一……地十」之數中，天數即奇數，為一、三、五、七、九，剛好是「五」位，其和為「二十五」；地數即偶數，為二、四、六、八、十，也剛好是「五」位，其和為「三十」。「天數」和「地數」相加得出「天地之數」，剛好是「五十有五」。所以，這兩段話是密不可分的。如今本《繫辭》，將「天一……地十」說置於「子曰『《易》有聖人之道四焉』者，此之謂也」和「子曰：『夫《易》何為者也？夫《易》開物成務，冒天下之道，如斯而已者也』」之

間，上不巴天，下不著地，人們根本不理解其含義。而不交待「天一……地十」，劈頭就說「天數五，地數五……凡天地之數五十有五」，人們也搞不清「天數五、地數五」等從何而來。因此，只有將兩說連爲一體，其文義才能上下貫通。由此可見，張載、程頤、朱熹的「理校」，都是很有道理的。無怪其後的治《易》者，往往樂從此說。

「大衍之數五十」一段，與「天一……地十」之說也是渾然一體的。所謂「大衍之數」實即「天地之數」，「五十」後脫「有五」二字。金景芳先生說：

> 「衍」者，推演。「大衍」者，言其含蓋一切，示與基數之十個數字有別，蓋數之奇偶，分天分地，猶卦之兩儀，有一有--。衍成基數，猶《乾》、《坤》等之八卦，只屬小成，而不足以應用者也。迨「參天兩地」而成「五十有五」，則可應用之以「求數」，「定爻」，「成卦」乃「成變化而行鬼神」，因以大衍名之。不然，則此處「五十」爲無據，而下文「五十有五」爲剩語，「絜靜精微」（《禮記·經解》）之教，斷無此種文例也。⑪

高亨先生以金說爲是，並進一步論證道：

> 《正義》引姚信、董遇云：「天地之數五十有五，者其六以象六爻之數（者當作省），故減之而用四十九。」足證姚、董本作「大衍之數五十有五」。此言用《易經》演算，備著草五十五策，但只用四十九策。所以備五十五策者，下文曰：「凡天地之數五十有五」。此以天地之數定大衍之數也。所以餘六策而不用者，以此六策標明六爻之數也。⑫

所以，無論從文義出發，還是從文獻記載出發，「大衍之數」即「天地之數」都可謂有理有據，應爲定論。

　　「大衍之數」即「天地之數」，係從「天一……地十」之說化出。這就告訴我們：有「天一……地十」之說，就必然有「天地之數」說，有「天地之數」說就勢必有「大衍之數」說。不然，不單「天一……地十」說爲贅文，失去了上下聯繫；「大衍之數」說也將成爲無源之水，無本之木，令人不得其解。

　　而帛書《繫辭》雖無「大衍之數」章，但在「子曰『《易》有聖人之道四焉』者，此之謂也」與「子曰：『夫《易》何爲者也』」之間，卻保留了完整的「天一、地二，天三、地四，天五、地六，天七、地八，天九、地十」句。由此可推知，帛書《繫辭》的祖本定是有「大衍之數」章的。

　　李學勤先生曾經指出「大衍之數」的後部，內容和形式都與《繫辭》其他各章融合無間。⑬這是很有見地的。所謂「引而伸之，觸類而長之，天下之能事畢矣。顯道神德行，是故可與酬酢，可與祐神矣。子曰：『知變化之道者，其知神之所爲乎』」，是說由筮數而得出的六十四卦，蘊含著深刻的《易》理，天地間的一切變化它都能概括無遺，可以應對萬物之求，又可以祐助神化之功。因此，通曉了變化的《易》理，就能把握住客觀世界的規律。這種對《易》道的推崇，應該說與《繫辭》各章的精神是一致的，其語氣也如同一口。如《繫辭》上第四章說「《易》與天地準，故能彌綸天地之道」，「範圍天地之化而不過，曲成萬物而不遺」；第六章說「夫《易》廣矣大矣！以言乎遠則不禦，以言乎邇則靜而正，以言乎天地之間則備矣」；第七章說「子曰：『《易》其至矣乎』」；第十章說「非天下之至精，其孰能與於此」，「非天下之至變，其孰能與於此」，「非天下之至神，其孰能與於此」，這些話，與「大衍之數」章「天下之能事畢矣」，不是如出一轍嗎？所以，我們是很難否認「大衍之數」爲《繫辭》

之文的。

值得注意的是，「大衍之數」章的「成變化而行鬼神也」，「知變化之道者，其知神之所爲乎」，與下文「《易》有聖人之道四焉」章的內容也是密切相關的。第十章迭用四個「變」字，兩個「神」字，都是從「大衍之數」章化出。所謂「參伍以變，錯綜其數：通其變，遂成天地之文；極其數，遂定天下之象」，正是對「大衍」筮法及其《易》理功能的概括。「參伍以變，錯綜其數」指的就是「四營」、「十八變」；「通其變，遂成天下之文；極其數，遂定天下之象」云云，說的難道不是「引而伸之，觸類而長之，天下之能事畢矣」嗎？今本《繫辭》下第十章的這些話，帛書《繫辭》大致都還保存著。因此，從上下文的這些聯繫看，帛書《繫辭》的祖本應該是有「大衍之數」章的。

二

從傳世文獻的記載看，《繫辭》有「大衍之數」章，決不會晚於西漢中期。這可以從另一個方面支持帛書《繫辭》的祖本應有「大衍之數」章這一論點。

李學勤先生曾經以王充《論衡・卜筮》篇的記載和《漢書・律曆志》的記載論證過「至少西漢晚期『大衍之數五十』已在《繫辭》篇中，與『天一，地二』一段並列了」。[⑭]這一論證證據充分，不容置疑。不過，考諸文獻，「大衍之數」載於《繫辭》的時間還可進一步提前。

據孔穎達《周易正義》和陸德明《經典釋文》的記載，京房易不但載有《繫辭》「大衍之數」章，而且還有對它的詳細解說。西漢有二京房，都以易學名家。一爲楊何弟子，梁丘賀的老師；一爲京君明，焦延壽的弟子，「以明災異得幸，爲石顯所潛誅」

（《漢書‧儒林傳》），死於漢元帝建昭二年（前37年）。《正
義》和《釋文》所稱引的京房，都指的是京君明。有人認爲，《
繫辭》有「大衍之數」章，始於京君明，這是錯誤的。因爲依經
學慣例，經、傳不可能起於同時。京君明以「十日十二辰二十八
宿」來解「大衍之數五十」，這說明早在京君明之前，「大衍之
數」章就是很有影響的《繫辭》之文了，不然，他怎麼會如此挖
空心思地作解呢？

　　據《後漢書‧靈帝紀》，漢靈帝熹平四年「詔諸儒正『五經』
文字，刻石於太學門外」。熹平石經所刻《周易》經、傳，現尚
有部分殘存。屈萬里先生集衆家之長，而成《漢石經周易殘字集
證》一書。據屈書，熹平石經《周易‧繫辭傳》中，「大衍之數」
章基本留存。馬衡先生、錢玄同先生曾認爲熹平石經《周易》用
京氏本，⑮現據屈書可知爲非。因爲在石經《周易‧雜卦》殘石
之陰，有《易經》「尾題」，其文有「《易經》梁」三字。屈萬
里先生和馬衡先生據此考定《周易》刻石係用梁丘氏本，⑯其說
可信。梁丘《易》立爲博士在西漢宣帝甘露三年（前51年）。吳
翊寅《漢置五經博士考》云：

　　　　至《梁丘易》立爲博士，則以（梁丘）賀子（梁丘）臨
　　爲之。

而梁丘賀與施讎、孟喜並爲武帝時《易》博士田王孫之門人，後
又以明京房（楊何弟子）《易》徵，拜爲郎。「及梁丘賀爲少府，
事多，乃遣子臨將門人張禹等從（施）讎問」（《漢書‧儒林傳》）。
由此可見，《梁丘易》可上溯至田王孫和楊何師徒。所以，據熹
平石經的《周易》殘字來看，《繫辭》裏有「大衍之數」章，肯
定不會始於京君明之《易》，至少當在西漢中期。

　　與此可以互證的還有《說文解字》的記載。《說文》在解釋

「扐」字說：

> 扐，《易》筮再扐而後卦。

按，這是明引「大衍之數」章的「再扐而後掛」一語，從其稱「《易》筮」可以看出，東漢時許慎所見到的《繫辭》是有「大衍」章的。《說文敘》又自稱「傳《易》孟氏」，段玉裁注云：

> 孟《易》者，許君易學之宗也。

孟氏即孟喜，從田王孫受《易》，宣帝時，立為《易》博士。由此可知，許慎雖為東漢人，但《說文》所引《繫辭》「大衍之數」章文字，實源於西漢宣帝時《易》博士孟氏本。

漢人馬國翰《玉函山房輯佚書》從僧一行的《大衍論》和王應麟《玉海》中輯出一條《子夏易傳》的佚文：

> 大衍之數五十，其用四十有九。一不用者，太極也。

《子夏易傳》的作者是誰呢？古人有種種說法。《經典釋文·序錄》云：

> 卜商，字子夏，衛人，孔子弟子，魏文侯師。《七略》
> 云：漢興，韓嬰傳。《中經簿錄》云：丁寬所作。張璠云：
> 或馯臂子弓所作，薛虞記。虞不詳何許人。

《文苑英華》載唐開元七年司馬貞議云：

> 王儉《七志》引劉向《七略》云：「《易傳》子夏，韓
> 氏嬰也。」今題不稱韓氏，而載薛虞記；又今秘閣有《子夏
> 傳》，薛虞記。

張惠言《易義別錄》說：

> 《藝文志》有《韓氏》二篇、《丁氏》八篇，而無馯臂
> 子弓，則張璠之言不足信。丁寬受《易》田何，上及馯臂子
> 弓受之商瞿，非出自子夏，則荀言丁寬亦非。劉向父子博學
> 近古，以為韓嬰，當必有據。《儒林傳》稱「韓生亦以《易》

授人，推《易》意而爲之傳」，不聞其所受。意者出於子夏，
與商瞿之傳異邪？

這是說韓嬰遠紹子夏之傳，故作《傳》而題以「子夏」。⑰此說
試圖以「遠紹」說解決《韓氏》二篇與《子夏易傳》之名的矛盾，
但仍難服人。

清人臧庸的考證最爲可信。他在《拜經日記》中首先據《文
苑英華》所收劉子玄議，糾正《漢志》《韓氏》二篇當爲十二篇，
然後說：

> 考校是非，大較以最初者爲主，雖千百世之下可定也。
> 《七略》劉子駿作，班孟堅據之以撰《藝文志》。《七略》
> 既云是漢興子夏韓氏嬰《傳》，便可知非孔子弟子卜子夏矣。
> ……「嬰」爲幼孩，故名「嬰」，字「子夏」。「夏」，大
> 也。

從古人名、字意義相關的習慣看，臧說以子夏爲韓嬰之字，當可
信從。正因如此，《漢志》才以《韓氏易傳》（自注：名嬰）代
替劉向《七略》的《子夏易傳》，而《子夏易傳》不見於《漢志》
的問題也隨之清楚了。⑱

韓嬰爲漢初文、景時人，其《易傳》既有「大衍之數」章，
又有其注解，這說明早在西漢初年，《繫辭》就有「大衍之數」
章了。這和上文所說帛書《繫辭》的祖本應有「大衍」章是完全
吻合的。因此，說「大衍」章西漢中期才加入《繫辭》，是一種
不符文獻記載的假說。

三

既然帛書《繫辭》的祖本是有「大衍之數」章的，那麼，爲
什麼帛書《繫辭》不載呢？對此，筆者有兩點猜想。

一是與帛書《繫辭》及其他幾篇《易》說編寫者的易學觀有關。與帛書《繫辭》同寫於一幅帛上的幾篇《易》說，如《易之義》、《要》等，有一種明顯的傾向，就是反對卜筮，強調觀其德義。如《易之義》說：

　　　无德而占，則《易》亦不當。

又說：

　　　故占危弌（哉）！□□□□不當。疑（擬）德占之，則《易》可用矣。

《要》更說：

　　　察其要者，不趭（詭）其德。

　　　《易》，我後其祝卜矣。我觀其德義耳也。幽贊而達乎數，明數而達乎德，又（？）仁〔守〕者而義行之耳。贊而不達於數，則其爲之巫；數而不達於德，則其爲之史。史巫之筮，鄉之而未也，好之而非也。後世之士疑丘者，或以《易》乎？吾求其德而已，吾與史巫同涂而殊歸者也。

這種重德義而輕筮占的易學觀表現在《易》之用上，就是反對背德而占；表現在對卦爻辭的解釋上，就是只談義理，不言象數；表現在對前人《易》說的繼承上，就是以德義爲要。這樣，像「大衍」筮法這樣的內容，就很可能被屛於帛書《繫辭》之外。

　　第二，「大衍」筮法只是先秦時的一種有代表性的易筮而已。就像帛書《六十四卦》的卦序與今本《周易》卦序不同一樣，帛書產生的楚地也許會有不同的筮法。熟悉這種不同筮法的人，對「大衍」筮法自然就會加以排棄。同時，本於重德不重筮這一信念，編寫者也不會以新的筮法去代替「大衍」筮法。這樣，就避免了像《易之義》一樣按照帛書《六十四卦》的卦序去改寫「天地定位」一段，只需刪去「大衍之數」章就行了。這些揣測，不

知是否近於情理，尚祈方家批評。

【附　註】

① 依朱熹《周易本義》所分。在孔穎達《周易正義》中則爲第八章。

② 詳見《馬王堆漢墓文物》第120頁照片，湖南出版社，1990。

③ 《試釋周初青銅器銘文中的易卦》，《考古學報》1980年第四期。友人王葆玹也認爲，「大衍之數」章起於京房易。

④ 《帛書〈繫辭〉略論》，《齊魯學刊》1989年第四期。

⑤ 1992年8月長沙馬王堆漢墓國際學術討論會論文。

⑥ 1992年10月28日在北京《周易》研究會學術討論會上的發言，後刊於《道家文化研究》第三輯。

⑦ 司馬談在《論六家之要指》中稱引《繫辭》之文就稱「《易大傳》」。

⑧ 見《橫渠易說》〈繫辭上〉，《張載集》頁201，中華書局，1978。

⑨ 見《河南程氏經說》。

⑩ 見廖名春點校本頁174至175，廣州出版社，1994。

⑪ 《易通》，商務印書館，1945。

⑫ 《周易大傳今注》第524、525頁，齊魯書社，1979。

⑬⑭ 同註④。

⑮ 馬衡《漢熹平石經周易殘字跋》，錢玄同《讀漢石經周易殘字而論及今文易的篇數問題》，皆收入《古史辨》第三冊。

⑯ 屈萬里《漢石經周易殘字集證》，馬衡《漢石經集存》。

⑰ 吳承仕《經典釋文序錄疏證》第36頁，中華書局，1984。

⑱ 說見李學勤《韓嬰易學探微》，《周易經傳溯源》第116、117頁，長春出版社，1992。

1993年5月於清華園

第三編　帛書《衷》《要》考析

帛書《衷》與先天卦位的起源

宋代易學家邵雍有著名的「先天卦位」說，即「乾南、坤北、離東、坎西、震東北、兌東南、巽西南、艮西北」。畫成圖便是：

```
            乾
           （南）

      兌              巽

   离（東）            （西）坎

      震              艮

           （北）
            坤
```

邵雍自己說：

> 「天地定位」一節，明伏羲八卦也。①

朱熹《周易本義・圖目》載有此圖，並注云：「《說卦傳》曰：『天地定位，山澤通氣，雷風相薄，水火不相射。八卦相錯，數往者順，知來者逆。』」承認了邵雍說，肯定此圖本於《說卦傳》。

此後，由於朱熹的影響，邵氏的「先天卦位」說幾成不刊之論。但清代漢學勃興，黃宗羲、毛奇齡、胡渭等，卻都對邵雍此

說批評頗多，如毛奇齡《仲氏易》就說：

> 先天之圖其誤有八：一，畫繁；二，四五無名；三，六
> 無住法；四，不因；五，父子、母女並生；六，子先母、女
> 先男、少先長；七，卦位不合；八，卦數杜撰無據。具此八
> 誤而以伏羲畫卦次第，如是不可通矣。②

胡渭《易圖明辨》也說：

> 按此章與八方之位無涉。「天地定位」言乾坤自爲匹也，
> 「山澤通氣」言艮兑自爲匹也，「雷風相薄」言震巽自爲匹
> 也，「水火不相射」言坎离自爲匹也。至於「八卦相錯」則
> 天或位乎下，地或位乎上，而目與六子之位同列矣。山澤之
> 氣不但二者自相通，而且與天地雷風水火之氣互相通矣。雷
> 風、水火亦然。

清人的這些批評不能說沒有一點道理。其實，《說卦傳》的「天
地定位」章就是隱含八方之位，與邵氏的「先天卦位」說也還是
有諸多不合。邵氏以「天地定位」爲「乾南、坤北」也還說得過
去，因爲楊雄《太玄·太玄告》爲擬《易》之作，其云「南北定
位，東西通氣」。尚秉和先生認爲這是以「南北」釋「天地定位」，
以「東西」釋「水火不相射」及「相逮」。③以「山澤通氣」爲
「兑東南」、「艮西北」嚴格說來則不可，應該是「艮東南」、
「兑西北」。因爲《說卦傳》是「山澤」而非「澤山」。「天地」、
「雷風」皆以居首之乾、震列左旋之位中，爲何「山澤」卻以居
次之兑列於左旋之位？同理，「水火不相射」也不應爲「离東坎
西」，應該是坎東离西。這樣，左旋的四卦，依次應是乾南、艮
東南、坎東、震東北，皆爲陽卦；右旋的四卦，依次應是巽西南、
离西、兑西北、坤北，皆爲陰卦。畫成圖應是：

```
                乾
               （南）

        艮              巽

   坎（東）                  离（西）

        震              兌

                坤
               （北）
```

即使如此，也還有與《說卦傳》不相合處。因為《說卦傳》的「天地定位」章從「天地」依次而下，是「山澤」、「雷風」、「水火」。「水火」居最後，怎麼又居於東、西位？如依《說卦傳》的順序，「天地」居南、北，就該「山澤」居東南、西北，「雷風」居東、西，「水火」居東北、西南。如此，畫成圖就是：

```
                乾
               （南）

        艮              离

   震（東）                  巽（西）

        坎              兌

                坤
               （北）
```

邵氏的「先天卦位」與《說卦傳》「天地定位」節有如此大的出入，怎能怪墨守經文的漢學家不認帳？

「先天卦位」說與《說卦傳》「天地定位」章有相合處，也有不合處，這一點，不能說邵雍不知道。但邵雍實在有其兩難的苦衷。第一，他不能不要《說卦傳》之說，也不能妄改《說卦傳》之說。不要《說卦傳》「天地定位」這一章，他的先天學就失去了理論根據，不可能具有與「後天學」說相抗衡、並進而取得超出「後天學」的地位。若改動《說卦傳》，又沒有任何版本依據，講不出令人信服的理由。第二，他也不能依《說卦傳》「天地定位」章改動「先天卦位」說。一來「先天卦位」有「法象自然之妙」，它與「伏羲八卦次序」、「伏羲六十四卦次序」等有邏輯聯繫，一改整個「先天四圖」的體系都得亂，而且也難與傳統的卦氣學說相符。二來他的「先天卦位」說也並非他一人的獨撰，也是有所本的。朱熹《周易本義·圖目》的解說云：

> 伏羲四圖，其說皆出邵氏。蓋邵氏得之李之才挺之，挺之得之穆修伯長，伯長得之華山希夷先生陳摶圖南者，所謂「先天之學」也。

又云：

> 先天圖直是精微，不起於邵子，希夷以前无有，只是秘而不傳，次第是方士輩所相傳授底。④

黃宗羲也說：

> 凡「先天」四圖，其說非盡出自邵子也。朱震《經筵表》云：陳摶以「先天圖」傳種放，種放傳穆修，修傳李之才，之才傳邵雍。⑤

朱震此說與朱熹說雖有小異，但皆將「先天圖」的傳授上溯至陳摶。「先天卦位」既然從陳摶一路傳下，中經幾位著名學者方至傳至邵雍。邵雍如果嚴格地按照《說卦傳》「天地定位」一節去改造它，自然也很難被這一系的學者及其徒眾接受。所以，邵雍

既不可能據《說卦傳》「天地定位」節去修改「先天卦位」，也不好放棄《說卦》而獨標「先天卦位」，只好將就二者，結果造成了兩者不盡相合的矛盾。

「先天卦位」說在漢以前是否存在？它與《說卦傳》的「天地定位」章究竟有無聯繫？這是中國學術史上漢、宋之爭的一大問題。近代以來，學術界一般都以黃宗羲、毛奇齡、胡渭等漢學家之說爲是，對此持否定態度。但也有一些學者在進行艱辛的探索，從傳統文獻和出土文獻兩個方面尋找「先天卦位」在漢以前的痕跡。

利用傳統文獻研究「先天卦位」的淵源，工作成績最爲顯著的是尚秉和先生，此外還有沈瓞民⑥，日人鈴木由太郎等。⑦尚氏著有《焦氏易詁》一書，其卷一有「乾南」、「坤北」、「离東」、「坎西」、「震東北」、「巽西南」、「艮西北」、「兌東南」諸條，卷九有「一、乾南坤北」、「二、离東坎西」、「三、艮西北兌東南震東北巽西南」諸條，卷十有「荀注言先天象」條，卷十一有「《左傳》所用象」條，都是從卦象方面證明「先天卦位」東漢以前古已有之。

《焦氏易林》之書，《隋書‧經籍志》等題漢焦贛著，近人多以爲東漢崔篆著。⑧尚氏堅持舊說，認爲《易林》一書爲西漢人焦贛所著，「以《焦氏易林》考之，其用先天卦象者，多於後天」。他標舉了許多證據，如：屯之否，否卦上乾下坤，其辭云「駕駟南遊」；復之大壯，大壯卦上震下乾，其辭云「遂到南陽」；升之遯，遯卦上乾下艮，其辭云「南行無遇」；大有之乾，大有上离下乾，其辭云「南山大行」。這都是焦氏以乾爲南之證。又如：師之泰，師卦上坤下坎，泰卦上坤下乾，其辭云「三人北行」；渙之臨，臨卦上坤下兌，其辭云「追亡逐北」；坤之觀，觀卦上

巽下坤，其辭云「北辰紫宮」；晉之否，晉卦上离下坤，否卦上乾下坤，其辭云「北風寒涼」。這都是以坤爲北之證。復之未濟云：「東鄰西國，福喜同樂。」未濟卦上离，故曰東鄰；下坎，故曰西國。噬嗑之巽云：「東鄰殺牛。」噬嗑卦上經卦爲离，故曰東鄰。晉之家人云：「心意西東。」晉上卦爲离，家人下卦爲离，离東坎西，故云西東。訟之未濟云：「避患西東。」，未濟上卦爲离，下卦爲坎，故亦云西東。隨之睽云：「東鄰少女。」睽上卦爲离，下卦爲兌，故曰東鄰。這是以离爲東之證。履之訟云：「受福西鄰。」訟上卦爲乾，下卦爲坎。姤之既濟云：「西家嫁女。」既濟上卦坎，坎西，故曰西家。遯之師云：「雨師駕西。」師卦下坎，故曰西。這是以坎爲西之證。屯之大壯云：「利走東北。」大壯上卦爲震，震爲東北，故云。這是以震爲東北之證。

　　尙氏又引漢魏易家之說駁胡渭「唐以前無言先天象者」說。《三國志・魏書・管輅傳》裴松之注引《輅別傳》云：

　　　　輅言：……輅不解古之聖人何以處乾位於西北，坤位於東南（宋本東作西）？夫乾坤者，天地之象。然天地至大，爲神明君父，覆載萬物，生長撫育。何以安處二位與六卦同列。乾之象象曰：「大哉乾元，萬物資始，乃統天。」夫統者，屬也。尊莫大焉，何由有別位也？

尙氏認爲，這是管輅心疑乾位應本在南之證。他又引《繫辭傳》「陰陽之義配日月」荀爽注曰：

　　　　乾舍於离，配日而居；坤舍於坎，配月而居。

認爲這是荀爽一再言及乾南坤北之證。

　　《左傳・閔公二年》有「大有之乾，曰：『同復於父，敬如君所』」的記載。大有上卦爲离，下卦爲乾。尙氏認爲「大有之

乾」即离變爲乾，而「敬如君所」之所指位，此是說敬离位如乾位也。又《成公十六年》有「其卦遇復，曰：『南國蹴，射其元王，中厥目』」的記載。復上卦坤，下卦震。尚氏認爲「元者，首也。乾爲首，爲王。乾若不居南，自北射南，祇中离目可矣，如何能射中王首哉」。因此他認定《左傳》就已以乾爲南。尚氏有些論證，不乏牽強附會之處，學術界注意的人不多。但他所揭示的上述事例，特別是《左傳·閔公二年》所載之例，對於追溯「先天卦位」的淵源，確應引起我們的重視。

　　1974年初，長沙馬王堆三號漢墓出土了大量帛書，其中有帛書《周易》經、傳。其內容陸續披露後，引起了人們從出土材料中尋找「先天卦位」根源的興趣。

　　帛書《六十四卦》與今本卦序頗爲不同。「它把八卦按照陰陽，排成」「乾、艮、坎、震、坤、兌、离、巽，以次把它們作爲上卦」，「每個卦下再按乾、坤、艮、兌、坎、离、震、巽的次序輪流配合，湊成下卦，便出現八八六十四卦」。⑨帛書《六十四卦》卦序的這種結構形式，引起了冒懷辛先生的注意。他認爲「邵雍先天圖係以八個經卦分別爲下卦，順序爲乾、兌、离、震、巽、坎、艮、坤，然後以同樣順序之八卦作爲上卦，配合成六十四卦」，「而馬王堆卦序與邵雍之先天卦序，縱有名目之不同，其排列之方式方法則極其相似」，「據此可知，邵雍先天圖之淵源」，「於馬王堆帛書遺蹟可以覘其所以來」。⑩

　　冒氏此說，學術界許多人並不同意。于豪亮先生認爲，帛書《六十四卦》的卦序本於帛書《繫辭》的「天地定立（位），〔山澤通氣〕，火水相射，雷風相榑（薄）」四句話，只要把「火水」改爲今本《說卦》的「水火」，再按照傳統的乾爲天、坤爲地、艮爲山、兌爲澤、坎爲水、离爲火、震爲雷、巽爲風的說法，

帛書的八卦就可作如下排列：⑪

（乾）
鍵

（艮）艮　　　　筭（巽）

（坎）贛　　　　　　羅（離）

（震）辰　　　　奪（兌）

川
（坤）

此圖與「先天卦位圖」比較，第一，艮、兌的位置不對；第二，坎、離的位置也不對，第三，「先天卦位」從巽至坤是右旋，而此圖爲左旋。因此，張政烺先生認爲，帛書《六十四卦》的卦序與「《伏羲八卦方位》並不相同，怎麼能算是先天之學呢」。⑫

　　筆者認爲，從帛書《易經》的卦序中尋找「先天卦位」的根據，這是困難的。于豪亮先生分析帛經卦序不談「先天卦位」、張政烺先生否定帛經卦序與「先天之學」的聯繫，這是有道理的。但是，從于豪亮先生所引的帛書材料中，我們還是有可能會發現「先天卦位」的痕跡。

　　自于豪亮、張政烺先生引帛書「天地定立（位）」一段話解釋帛書《六十四卦》的卦序開始，學者們多援以爲說，視爲定論。⑬其實，這一解釋是錯誤的，兩者有著各自不同的來源，並不存在有機的聯繫。

　　于豪亮先生所稱帛書《繫辭》「天地定立（位）」一段話，依我們所作的釋文，在帛書《衷》中，⑭詳見拙文《帛書〈易之義〉簡說》。⑮

　　據筆者目驗，帛書原件中這一段話原只殘存「天地定立（位）」
一句，「火水相射」和「雷風相榑（薄）」兩句分別散落在兩處，
而所謂「山澤通氣」一句的殘片至今尚未找到。「雷風相榑」四
字在帛書殘片上與「八卦相」三字連在一起，而這一殘片的「雷」
字前有一殘存的筆劃，應該是「火水相射」句「射」字的一部分。
由此可見，于豪亮等先生的釋文將「火水相射」句與「雷風相榑」
句相接，應該是正確的。但若認爲這幾句話反映了帛書《易經》
的卦序，則根據不足。

　　據筆者研究，包括帛書《衷》在內的幾篇帛書《易傳》，它
們引用卦爻辭，內容和帛書《易經》不盡相合。如大畜九三爻辭，
帛書《易經》作：

　　　　良馬遂，利根貞。曰闌車衛，利有攸往。

而帛書《昭力》兩引此爻辭，「曰闌車衛」皆作「闌輿之衛」。
又未濟卦卦辭帛書《易經》作：

　　　　未濟，亨。小狐气涉，濡其尾，无攸利。

帛書《二三子》卻引作：

　　　　未濟，亨。〔小狐〕涉川，幾濟，濡其尾，无迺利。

所引不同於帛書《易經》，卻同於《史記》、《新序》、《韓詩
外傳》的稱引。又如坤卦卦辭帛書《易經》作：

　　　　西南得朋，東北亡朋，安貞吉。

而帛書《衷》卻引作：

　　　　東北喪崩，西南得崩，吉。

並解釋道：

　　　　歲之義，始於東北，成於西南。君子見始弗逆，順而保
　　穀。

可見這種不同是有根據的，並非盡屬無心之失。

帛書《易傳》諸篇所反映出的卦序，顯然本於今通行本之序，與始鍵而終益的帛書《易經》卦序截然不同。如帛書《二三子》引《易》解《易》，始於乾、坤，中間許多節分別是屯、同人、大有、謙、豫，或爲恒、解、艮、豐，而終於未濟。這種排列，屬今通行本之序無疑。帛書《衷》論各卦之義，從鍵（乾）開始，依次數至容（訟）、師、比、小蓄（畜）、履、益〈泰〉、婦（否）……。今本《繫辭》「三陳九德」一段也見於帛書《衷》中，我們知道，「三陳九德」的排列是遵從今通行本卦序的。此外，帛書《繫辭》、《衷》、《要》篇等，往往乾坤並舉，損益連稱，這不可能是帛書《易經》卦序的反映，因爲在帛經中，乾爲首卦，坤卻在第三十二卦；損在第四十一卦，益卻在第六十四卦。只有今本卦序，乾坤、損益才各自連在一起。所以，從帛書《易傳》諸篇引《易》解《易》、稱舉卦名所反映出的卦序及其異文看，帛書《易傳》諸篇所解之經，並非帛書《易經》；帛書《易傳》與帛書《易經》並非同一來源。⑯

帛書《易傳》諸篇、特別是《衷》，它們其它部分並不反映帛書《易經》的卦序，單單說「天地定立」一節反映了帛書《易經》卦序的結構，這種說法是很可疑的。于豪亮先生等爲了使帛書「天地定立」段與帛經之序相合，又據今本《說卦》，將帛書的「火水」改爲「水火」，將帛書所缺一句補爲今本的「山澤通氣」。這種做法是值得商榷的。

將帛書的「火水相射」改爲「水火相射」，屬於改字爲訓，其不足取不言自明。將帛書所缺的一句補爲「山澤通氣」，這雖然有今本《說卦傳》爲據，但事實上卻還有另外一種可能，就是「澤山」什麼什麼的可能。因爲帛書與今本比較，既然有「火水」與「水火」之異，爲什麼不能有「澤山」與「山澤」之別呢？帛

書「火水相射」的存在和所缺句不一定是「山澤通氣」的可能，進一步證明，以帛書《衷》「天地定立」段去解釋帛經的卦序結構，是經不起推敲的，也是不必要的。

既然帛書《衷》「天地定立」段與帛經卦序無關，那我們就不必據解釋帛經卦序的需要改帛書《衷》的「火水」為「水火」，也不一定要說帛書此段所缺句為「山澤」什麼什麼的。這樣，儘管帛書《易經》的卦序不能反映出多少「先天卦位」的痕跡，但帛書《衷》「天地定立」段卻能給我們提供出新的信息。

如上所述，帛書《衷》「天地定立」段所缺句存在著是「澤山」什麼什麼的可能。據此，我們按二十八宿左旋之例，就可畫出帛書「天地定立（位），〔澤山通氣〕，火水相射，雷風相榑（薄）」段的圓圖：

乾

〔兌〕　　　巽

离　　　　　坎

震　　　〔艮〕

坤

此圖的方位除「兌」、「艮」尚不能最後確定外，其餘皆與邵雍所傳的「先天卦位」吻合。

帛書《衷》「天地定立」段與邵雍「先天卦位」的這種吻合是不是純屬偶然呢？我們可以進行比較。除上揭于豪亮先生所作帛書《易經》卦序圖外，學者們在談帛書卦序時，還畫出了多種文獻的卦位圖。如張政烺先生據北周時衛元嵩《元包》的卦次畫有《元包》八卦方位圓圖：⑰

```
                 坤
            兌         震

         離                坎

            巽         艮
                 乾
```

此圖乾坤的位置與「先天卦位」相反，震巽的位置也相反，其它皆同。饒宗頤先生據京房八宮卦之序畫有京房卦宮圓圖：⑱

```
                 乾
            震         兌

         坎                离

            艮         巽
                 坤
```

此圖除乾坤的位置，其餘皆與「先天卦位」異。饒先生又據干寶《周禮注》所載《歸藏初經》卦序，畫有《歸藏初經》卦位圓圖：⑲

```
                 乾
         （艮）狼        巽

         （坎）犖            離

         （震）釐        兌
                 奭
                （坤）
```

此圖全同於帛書《易經》卦序圓圖，坎离兩卦、艮兌兩卦皆於「

先天卦位」相背。

　　從上述帛書《衷》「天地定立」段卦位圖、帛書《易經》卦序圖、《歸藏初經》卦位圖、《元包》卦位圖、京房卦宮圖這五者來看，只有帛書《衷》卦位圖全同於（所缺一句暫可不論）「先天卦位」，其餘諸圖多則三對卦不合，少則兩對卦不合。這說明帛書《衷》「天地定立」段與「先天卦位」的吻合並非偶然，說後者源於前者，完全是有可能的。

　　證明了帛書《衷》「天地定立」段與「先天卦位」的淵源關係，我們再來看邵雍不顧「先天卦位」與《說卦》「天地定位」段不盡相合的事實，強調「先天卦位」出於《說卦傳》，可知這不全是邵雍一己的私見。我們知道，今本《說卦傳》的前三章，[20]皆見於帛書《衷》。它們之間的關係，無非有兩種可能：第一，《衷》援引了《說卦》文；第二，《說卦》是據《衷》等編寫的。比較之下，筆者傾向於第一種。[21]但是，《衷》援引了《說卦》文，並不意味著帛書的「天地定立」段不如今本《說卦》的「天地定位」段可信。張政烺對此曾做過分析，他說：

　　　　兩相對勘，帛書本有兩個優點。一、「水火不相射」無
　　　不字，是也。水火矛盾，故言相射，不相射則脫離接觸，不
　　　構成為矛盾的兩個方面。二、水火在山澤之後，雷風之前，
　　　這一點很重要，和我們畫的八卦方位圓圖相合。[22]

「火水相射」除內容上較「水火不相射」正確，從語言形式上與前後三句也更相稱，更為協調；它在四句話中的位置也更合理。張先生的分析是正確的。所以，《說卦》「天地定位」一段的原文應以帛書《衷》所引為是。

　　從歷史上看，今本《說卦傳》的流傳過程相當複雜。司馬遷《史記‧孔子世家》說孔子所序《易傳》諸篇中，其中就有《說

卦》。但《隋書・經籍志》卻記載：

> 及秦焚書，《周易》獨以卜筮得存，唯失《說卦》三篇，
> 後河內女子得之。

河內女子發老屋，事在漢宣帝本始元年（公元前73年）。㉓這以前，曾佚失過。《晉書・束皙傳》記載，魏襄王墓出土「《卦下易經》一篇，似《說卦》而異」。這說明，戰國時期，曾出現過一種與《說卦》相近而又有所區別的《卦下易經》。《說卦》既經失而復得之曲折，而且很早就有別本流行，因此，今本《說卦》很難說就是原本，難免不出現竄改。從這一點看，說帛書所載為《說卦》「天地定位」段的原文，完全有此可能。

明白了這一點，我們就可以解釋邵雍為什麼明知「先天卦位」與《說卦》「天地定位」段不盡相合而仍要說前者本於後者。原來邵雍所本的《說卦》，似今本而異，是帛書《衷》的「天地定立（立），〔澤山通氣〕，火水相射，雷風相榑（薄）」一段，而非今本《說卦》的「天地定位，山澤通氣，雷風相薄，水火不相射」。邵雍只知遞相傳授的「先天卦位」本於《說卦》的「天地定位」一段，卻不知今本《說卦》的「天地定位」段並非其原始面貌，中間已經有所竄亂。如果沒有帛書《衷》的出土，這一隱情是不可能被發現的。

綜上所論，可知帛書《衷》「天地定立」一段反映了系統的「先天卦位」，邵雍說「先天卦位」本於《說卦》「天地定位」段是有根據的。不過，邵雍他們沒有覺察到，這一《說卦》並非今本，而是與帛書《衷》所引相同的古本《說卦》。清代漢學家黃宗羲、毛奇齡、胡渭等否定「先天卦位」本於《說卦》、認為「唐以前無言先天象者」不足為據。從帛書《衷》「天地定立」段考察，「先天卦位」極有可能起源於先秦。

【附　註】

① 《觀物‧外篇下》，上海古籍出版社《諸子百家叢書》本頁62，1992年5月。

② 原文有詳注，文繁不引。

③ 《焦氏易詁》卷一，中華書局1991年版第41頁。

④ 《朱子語類》卷六十五。

⑤ 《易學象數論》卷一。

⑥ 其論文有《先後天釋疑》，《光華大學半月刊》第四卷第八期，1936年4月。又載《周易研究論文集》第三輯，黃壽祺、張善文編，北京師範大學出版社，1990年5月。

⑦ 其著作有《漢易研究》，明德社，1963年。但此書筆者尚未見到，只是聽人言及。

⑧ 見張之洞《書目答問》，余嘉錫《四庫提要辨證》卷十三。

⑨ 張政烺，《座談長沙馬王堆漢墓帛書》，《文物》1974年第9期。

⑩ 《馬王堆漢墓帛書〈易經〉與邵雍先天易學》，《哲學研究》1982年第10期。

⑪ 《帛書〈周易〉》，《文物》1984年第三期。

⑫ 《帛書〈六十四卦〉跋》，同註⑪。

⑬ 如嚴靈峰《馬王堆帛書易經「六十四卦」的重卦和卦序問題（上）》，《東方雜誌》〔台〕1985年十八卷八期；李學勤《馬王堆帛書〈周易〉的卦序卦位》，《中國哲學》第十四輯，三聯出版社，1984年5月；霍雯然《帛書〈周易〉「火水相射」釋疑》，《文史》第29輯，中華書局1988年1月；劉大鈞《帛〈易〉初擇》，《周易概論》第318頁，齊魯書社，1988年1月。

⑭ 見《續修四庫全書》經部易類一《馬王堆帛書周易經傳釋文》，上海古籍出版社，1995。

⑮　見《道家文化研究》第三輯第196、197頁。帛書《衷》以前人們稱
　　爲《易之義》，不可從。

⑯　詳見拙文《帛書〈易傳〉引〈易〉考》，1993年7月山東濟南海峽
　　兩岸首屆《周易》學術研討會論文，後刊於《漢學研究》第十二卷
　　第二期，1994年12月。

⑰　同註⑫。

⑱　《再談馬王堆帛書周易》，《明報月刊》1984年第5期。

⑲　同註⑱，筆者作了某些純屬技術性的改動。

⑳　依朱熹《周易本義》所分。

㉑　詳見拙作《帛書〈易之義〉簡說》，《道家文化研究》第三輯。

㉒　同註⑫。

㉓　劉汝霖《漢晉學術編年》第99頁，中華書局，1987。

　　　　　　　　　　1993年9月初稿，1995年10月修訂於清華園

帛書《要》試釋

　　馬王堆三號漢墓出土的帛書《易》傳中，有一篇題名爲《要》，記字數「千六百四十八」的帛書。繼于豪亮先生的介紹之後，①韓仲民先生又首次披露了它的部分內容，②在學術界激起了強烈的反響。③爲了滿足學術界的需要，筆者在前輩學者的指導下，在友人的合作下，對帛書《要》篇進行了拼接整理，作出了釋文，並寫了《簡說》一文。④由於事屬倉促，來不及對其內容進行全面的考釋。今特撰此文，進一步向學人匯報自己在整理、研究中的心得。

　　據推算，帛書《要》篇應有二十四行。⑤其第一至第八行基本殘缺，但篇首的墨丁仍保留著。我曾懷疑帛書《易之義》第四十四行的「德□之事；不仁者殿，不從也。從也者，嗛之胃也」與第四十五行的「剛，故鍵；故命之鍵也。卦」是《要》篇的文字誤拼入《易之義》中。⑥現在看來，應有所修正。《易之義》第四十四行的兩「從」字，應是「近」字之誤。所謂「近也。近也者，嗛（謙）之胃（謂）也」，應是《易之義》的文字。⑦而「德□之事，不仁者殿，不」與「剛，故鍵，故命之鍵也，卦」是否係《要》篇的文字，還難以論定。能確定爲《要》篇第一行的只有「肴（爻）有」兩字。這兩字是今本《繫辭下》第十章⑧「爻有等，故曰物」之句的殘餘。由此可知，帛書《要》篇的第一、二兩行的內容，就是今本《繫辭傳下》第十章。韓仲民先生認爲今本《繫辭傳下》「易之爲書也，廣大悉備」這一章收在《

要》篇以外的「另一篇佚書（指《易之義》）之中」⑨，是錯誤
的。此章就在《要》篇的篇首。

我們所作的釋文，還有不少地方是應加以改正的。如第九行
「聞要，安得益吾年乎？吾□焉而產道，□焉益之，□而貴之，
難□危者安其立（位）者也；亡者保〔其存者也；亂者有其治者
也。是故〕君子安不忘危，存不忘亡；治不〔忘亂。是以身安而
國〕家可保也。易曰：其亡其亡，毄（繫）于」應作：

> 聞要，安得益吾年乎？吾□□□□□□□□□□□〔夫子曰：〕
> 危者安其立（位）者也，亡者保〔其存者也。是故〕君子安
> 不忘危，存不忘亡，治不忘〔亂。是以身安而國〕家可保也。
> 《易》曰：其亡，其亡！毄（繫）于

這裏的「焉而產道，□焉益之」原是第20行的文字，誤拼入此（
說詳後文），應去掉。「□而貴之，難」這幾個字是否屬第九行，
難以確定，也應去掉。從此行的字數推算，帛書在抄寫中掉了「
亂者有其治者也」一句，從「君子安不忘危，存不忘亡，治不忘」
可知，其祖本原是有「亂者有其治者也」一句的，這當是抄手的
疏漏所致。所以，方括號內不應補出此句。

帛書照片原第九、十行處有一殘片，上有兩行文字：一是「
焉而產道，□焉益之」，一是「筮而知吉與凶，順於天」。前者
被我們誤拼入第九行。其實，這一殘片應拼接在第二十行、第二
十一行處。「焉而產道……」應接第二十行的「故曰產道窮」後、
「始也吉，其冬（終）也凶」前。疑「益之」與「焉」並不相連，
中間或有一兩字之殘。根據上下文意，可將殘損之字補出，這樣，
第二十行的這一處就應作：

> 道窮焉而產，道〔長〕焉〔而憂〕。《益》之始也吉，
> 其冬（終）也凶。損之始凶，其冬（終）也吉。《損》、《

益》之道，足以觀天地之變而君者之事已。

「筮而知吉與凶，順於天」則應拼接在第二十一行「不日不月，不卜不」後，「地之也」前。從上下文意看，「地之」之「之」字應爲衍文。這樣，第二十一行此處就應作：

　　　故明君不時不宿，不日不月，不卜不筮，而知吉與凶，順於天地之也。此胃（謂）《易》道。

帛書《要》篇的內容，有許多是值得深入探討的。其第九行至第十二行，主要是今本《繫辭下》第五章的後半部分，其文曰：

　　　〔夫子曰〕：危者安其位者也，亡者保〔其存者也。是故〕君子安不忘危，存不忘亡，治不忘〔亂。是以身安而國〕家可保也。《易》曰：「其亡其亡，毄（繫）于枹（苞）桑。」夫子曰：德薄而立（位）尊，〔知小而謀大，力小而任重〕，鮮不及！《易》曰：「鼎折足，復（覆）公𥟖（餗），其刑（形）屋（渥），凶。」言不勝（勝）任也。夫子曰：顏氏之子，其庶幾乎？見幾，又（有）不善，未嘗弗知；知之，未嘗復行之。《易》曰：「不遠復，無堇（祇）誨（悔），元吉。天地𥃲（絪），萬勿（物）潤；男女購（構）請（精）而萬物成。《易》〔曰〕：「三人行，則損一人；一人行，則〔得〕其友。」言至（致）一也。君子安其身而後動，易其心而后（後）評。定位而后（後）求：君子脩於此三者，故存也。危以動，則人弗與也；禁位而求，則人弗予也：莫之予，則傷之者必至矣。《易》曰：「莫益之，或擊之，立心勿恆，凶。」此之胃（謂）也。

同今本《繫辭下》比較，這一段帛書的異文主要表現在假借、同義替代、文字的增損三個方面。假借是書寫用字的問題，與意義無涉，我們已指出它們的本字，故暫可不論。下面，我們著重來

討論同義替代、文字增損這兩方面的異文。

第一段「夫子曰」較今本少三個虛詞「而」，與《漢書・劉向傳》所載劉向疏引《繫辭》文同，《說苑・指武篇》引《易》曰：「存不忘亡，是以身安而國家可保也。」亦無「而」字。這說明帛書的這一異文是有來源的，不能輕易地據今本否定帛本。從缺文的空間來看，帛本較今本又少「亂者有其治者也」一句，但下文既然有「治不忘〔亂〕」，此句定是為抄者所漏。

第二段「夫子曰」與今本沒有什麼大的不同，只是「夫子」今本作「子」，下同。又較今本少一「矣」字和一「其」字。這皆與意義無涉。

第三段「夫子曰」前今本尚有如下一段：

　　子曰：知幾其神乎？君子上交不瀆，其知幾乎！幾者，動之微，吉之先見者也。君子見幾而作，不俟終日。《易》曰：「介於石，不終日，貞吉。」介如石焉，寧用終日？斷可識矣！君子知微知彰，知柔知剛，萬夫之望。

這一段話的「君子見幾而作」以下部分，存在帛書《繫辭》中。⑩而帛書這一段「夫子曰」的「見幾」二字，則為今本所無。此外，帛書又較今本少一「殆」字，「不知」作「弗知」，「復行也」作「復行之」。這些不同與前者是不可同日而語的，下面我們再作分析。

今本《繫辭下》「天地絪縕」前，有人據《繫辭》引「子曰」的文例，認為當脫「子曰」二字。⑪其說頗有道理。但從《要》篇看，此脫文恐由來已久。這一段的「絪縕」，帛書作「昷」，「化醇」作「潤」，「化生」作「成」。昷為縕字之假，縕通蘊，可訓為淵奧或苞裹。絪縕，又作氤氳，指「交密之狀」，兩者皆可通。潤，可解為滋潤。化醇，孔穎達正義解為「變化而精醇」，

朱熹本義認爲「醇，謂厚而凝也，言氣化者也」。疑皆未當。醇，通蠢。兩字聲近韻同。《老子》五十八章：「其人醇醇。」朱謙之校釋：「武內義雄曰：敦、遂二本醇醇作蠢蠢。」從享得聲字與從屯得聲之字常可通假，如諄與訰、諄與純、諄與忳、諄與庉、敦與頓、敦與純、敦與沌、醇與純、鶉與芚、錞與頓、淳與純、淳與屯、醇與芚，⑫例不煩舉。《爾雅·釋詁》：「蠢，作也。」《玉篇·蟲部》：「蠢，動也，作也。」化有生義，化醇即化蠢，亦即化作，與化生義近，故《繫辭》並舉。正因爲化醇、化生皆爲同義復詞，故帛書皆以單詞潤、成代之。兩者並沒有什麼大的不同。

　　帛本「君子安其身而後動」前，今本有「子曰」二字，以上文文例推之，當以今本爲是。「後語」帛本語作評。《說文》：「評，召也。從言，乎聲。」段玉裁注：「《口部》曰：『召，評也。』後人以呼代之，呼行而評廢矣。」從今本下文的「民不應也」來看，當以帛本的「評」爲是。今本的「定其交」帛本作「定位」，意義略有不同。今本民本意識強些，而帛本則強調名位的重要。但位字帛本又作立，而立字與交字形體極其相近。因此，帛本與今本的這種異文，很可能是在傳抄中造成的。疑原文當爲「立」。今本的「君子脩此三者，故全也」，帛本脩後有「於」字，全作存。脩後有無於字，兩者並可。全、存雖義近，但君子與民相對，是有位者，比較之下，也當以帛本爲是。今本的「危以動，則民不與」三句，帛本少「懼以語，則民不應也」一句，從上文的「易其心而后（後）評」句來看，當以今本爲是。而「無交而求，則民不與也」，帛本作「鼐位而求，則人弗予也」。求與予相對，作予較作與義長，當以帛本爲是。至於無作鼐、民作人、不作弗，兩者並可。「莫之與」帛本與作予，當涉上而誤，

當以今本為是。「立心勿恆，凶」後，帛本又較今本多出「此之胃也」一句，這與今本「子曰：小人不恥不仁……《易》曰：『履校滅趾，无咎。』此之謂也」的形式是一致的，我們只能說兩者並可。

帛書《要》篇與今本《繫辭下》第五章後半相同的部分，到底是今本《繫辭》取於帛書《要》篇，還是帛書《要》篇取於《繫辭》？對此，人們有著截然相反的認識。王葆玹、陳鼓應先生僅據帛書《繫辭》，就得出了今本《繫辭》的這些內容是後人取之於帛書《要》篇而塞進原本《繫辭》中去的結論。⑬筆者經過分析帛書《繫辭》的上下文，已證明他們的論斷是不能成立的。⑭這裏，再從帛書《要》篇本文進行探討。

從上文可知，帛書《要》篇與今本《繫辭》比較，既有脫文，又有衍文。像「亂者有其治者也」、「懼以語，則民不應也」這樣的句子的脫漏，說明帛書《要》篇是抄本而非祖本。帛書《要》篇既然有「治不忘〔亂〕」，其祖本就當有「亂者有其治者也」；有「易其心而后（後）評」，其祖本就得有「懼以乎，則民不應也」。

從脫文我們只能得出帛書《要》是抄本而非祖本的結論，但從其衍文分析，我們就會發現《要》篇這一段話的來源。上文說今本的「顏氏之子，其殆庶幾乎？有不善，未嘗不知」，帛本在「有不善」前衍出「見幾」二字。「見幾」指發現事物變動的微小徵兆，幾指「動之微，吉之先見者也」。⑮而「顏氏之子，其庶幾乎」是對顏子的稱贊，幾是副詞，是幾乎之意。《爾雅·釋詁下》云：「幾，近也。」朱熹《本義》：「庶幾，近意，言近道也。」因此，此語與今本上文的「知幾其神乎」意近，是對「知幾其神乎」的具體化。而「又（有）不善，未嘗弗知，知之，

未嘗復行之」句式相嵌，意義相遞進，在這之前加上「見幾」，不但句式不類，文義也顯得重復、拖沓。其屬衍文是顯而易見的。這一衍文從何而來呢？顯然是來源於今本上文的「君子見幾而作」一語。⑯《要》篇的作者肯定非常熟悉「君子見幾而作」這一段話，所以他抄到「顏氏之子，其庶幾乎」時，連類而及，就把「君子見幾而作」的「見幾」二字抄進去了。如果說今本《繫辭》是根據帛書《繫辭》、《要》等雜纂而成的，那帛書《繫辭》以「《易》曰：何校滅耳，凶」緊接「君子見幾而作」的矛盾，帛書《要》「見幾」的這一衍文又作何解釋呢？所以，要合理地解釋《要》篇這一衍文，最能說服人的觀點就是帛書《要》篇的這一段文字是取自《繫辭》。

　　從帛書《要》篇的內容和結構特點看，我們也會得出相同的結論。緊接今本《繫辭下》第五章後半部分的是記孔子晚年與子貢論《易》，這一節的主旨是反對卜筮，主張學《易》要「觀其德義」。緊接其後的一節是記孔子關於《損》、《益》二卦哲理的認識。從上文可知，《要》篇開頭部分，即第一、二行是今本《繫辭下》的第十章。中間的幾行，雖殘缺過多，但從殘存的「若夫祝巫卜筮龜……」、「□德則不能知《易》，故君子尊……」、「〔夫〕子曰：吾好學而殹（纔）聞要，安得益吾年乎？吾……」幾句來看，其內容應與下文孔子與子貢論《易》相近。這種結構特點說明，《要》篇的各段文字各有其主題，它們相互之間並沒有銜接關係，並沒有起、承、轉、合，並沒有一個中心論點。因此，《要》篇並不是一篇專題論文，而是一種資料匯編，一種重要易學文獻的摘錄。其題名爲「要」，就是摘要之意。以《韓非子》的文章爲喻，它不是《五蠹》，不是《說難》，而是《說林》上、下。我們知道，《說林》上、下的故事並非韓非子的創造，

它們都是有所本的。《要》篇的記載也是如此。因此,認爲《要》篇與今本《繫辭下》相同的部分是今本《繫辭》的編者擷取《要》篇的材料而成,是不符合《要》篇的實際的。

《要》篇的第十二行末至第十八行,前後均有黑圓點標志,說明這是一段獨立的文字。這一節記載是孔子研究和儒學史研究的極其珍貴的文獻。下面,先列出釋文,再作考釋。

夫子老而好《易》,居則在席,行在囊。子贛(貢)曰:夫子它日教此弟子曰:「惠(德)行亡者,神霝(靈)之趨;知(智)謀遠者,卜筮之蔡(祭)」,賜以此爲然矣。以此言取之,賜緟(?)行之爲也。夫子何以老而好之乎?夫子曰:君子言以榘(榘)方也。前羊(祥)而至者,弗羊(祥)而巧也。察其要者,不趨(詭)其德。《尚書》多令(關)矣,《周易》未失也,且又(有)古之遺言焉。予非安其用也。〔子贛曰:賜〕聞於夫〔子曰:〕必(?)於□□□□如是,則君子已重過矣。賜聞諸夫子曰:孫(遜)正而行義,則人不惑矣。夫子今不安其用而樂其辭,則是用倚於人也,而可乎?子曰:校戋(哉),賜!吾告女(汝),《易》之道□□□□而不□□□百生(姓)之□□□易也。故《易》剛者使知瞿(懼),柔者使知剛,愚人爲而不忘(妄),僎(漸)人爲而去詐(詐)。文王仁,不得其志以成其慮,紂乃无道,文王作,諱而辟(避)咎,然後《易》始興也。予樂其知之□□□之□□□予何□□事紂乎?子贛曰:夫子亦信其筮乎?子曰:吾百占而七十當,唯周梁(梁)山之占也,亦必從其多者而已矣。子曰:《易》,我後其祝卜矣,我觀其德義耳也。幽贊而達乎數,明數而達乎德,又仁〔守〕者而義行之耳。贊而不達於數,則其爲之巫;數而不達於德,

則其爲之史。史巫之筮，鄉之而未也，好之而非也。後世之
士疑丘者，或以《易》乎？吾求其德而已，吾與史巫同涂而
殊歸者也。君子德行焉求福，故祭祀而寡也；仁義焉求吉，
故卜筮而希也。祝巫卜筮其後乎？

「卜筮之蔡」，蔡爲祭之通假字。《墨子・所染》：「幽王
染於傅公夷、蔡公穀。」《呂氏春秋・當染》蔡公作祭公。《呂
氏春秋・音初》：「蔡公扮於漢中。」《漢書・古今人表》蔡公
作祭公。《左傳・隱公元年》之「祭仲」，《易林》作「蔡仲」。
《廣韻・祭韻》：「祭，至也。」「卜筮之蔡」即卜筮之至，指
進行卜筮。其句意是說，沒有德行的人，才趨向於神靈；缺少智
謀的人，才進行卜筮。

「緡」，此字欠清楚，暫定。疑通啓。兩字皆從民得聲，例
可通用。《玉篇・支部》：「敃，勉也。啓，同敃。」啓有勉力
之義。《書・盤庚上》：「不啓作勞。」孔疏：「鄭玄讀昏爲啓，
訓爲勉也。」由此有啓作一詞。《宋書・何尙之傳》：「遂使歲
多增貴，貧室日虛，啓作肆力之氓，徒勤不足以供贍。」啓作即
勉力勞作。緡行義近於啓作。「賜緡行之爲」即賜爲之啓行，爲
之勉力實行。從上下文義看，又疑此「緡」字當爲「德」。正因
爲惪（德）行亡者，神霝（靈）之趨；知（智）謀遠者，卜筮之
蔡（祭），子貢「以此言取之」，按此說而擇定自己的行動，就
是要捨神靈、遠卜筮，「爲之德行」，致力於德行修養。

「言以杲方」，杲通榘，又作矩。矩方，矯正使方。《漢書
・律歷志上》：「矩者，所以矩方器械，令不失其形也。」此是
說君子言語要有規範。

「前羊（祥）而至者，弗羊（祥）而巧也」，前，疑通翦。
《吳子・論將》：「進道易，退道難，可來而前；進道險，退道

易，可薄而擊。」此前即翦滅之意。羊、祥同源。而祥有善義。《說文·示部》：「祥，善。」《爾雅·釋詁上》：「祥，善。」《墨子·天志中》：「且夫天下蓋有不仁不祥者。」不祥與不仁並舉，祥即善。「前羊」即翦祥、翦善。「弗羊」，即不祥。巧，虛浮不實。《集韻·效韻》：「巧，僞也。」故《莊子·天下》篇「巧僞」連言。聯繫上下文，可知這是孔子對子貢批評他「何以老而好《易》」的反擊。孔子認爲君子說話要有規範，指責別人不能太隨便，踐踏了善而得到的，是不祥而浮華。對於《周易》，「察其要者」，在於「不趟（詭）其德」，即關鍵在於不違背德義，並不在於它是否被祝巫卜筮利用過。

「《尙書》多仒矣，《周易》未失也，且又（有）古之遺言焉。予非安其用也。」這是孔子對其「老而好《易》」的辯解。仒即於，於，通關。《說文·門部》：「關，遮攔也。」段玉裁注：「遮者，遏也；攔者，褱也。古書壅遏字多作攔關。」《廣韻·曷韻》：「關，塞也。」安義爲樂。《商君書·開塞》：「天下不安無君，而樂勝其法。」朱師轍解詁：「安，樂也。」《戰國策·楚策一》：「士卒安難樂死。」安難與樂死並稱，可知安應訓爲樂。用，指卜筮之用。孔子之所以「老而好《易》」，並非是樂其卜筮之用，而是認爲《尙書》有關塞不通之處，而「《周易》未失」，能使人「無大過」，又有古人的遺教在裏面，蘊含著深刻的哲理。

「重過」即益過、增過。「〔子贛曰：賜〕聞於夫〔子曰：〕必於」下缺的四字，難以補出。「必於」二字釋文是否正確，尙可討論。聯繫下文，子贛似乎是說，對《周易》「樂其辭」且「安其用」，君子是過上加過。這是子贛引用孔子之語指責孔子「老而好《易》」之事。

　　「孫」通遜，遜又通順。《易・坤・文言》：「《易》曰：
履霜，堅冰至，蓋言順也」《春秋繁露・基義》引順作遜。《書
・康誥》：「惟曰未有遜事。」《荀子・宥坐》引遜作順。倚，
通奇。《易・說卦》：「參天兩地而倚數。」《釋文》：「倚，
馬（融）云：依也。……虞同。蜀才作奇，通。」奇指奇邪、不
正。《睡虎地秦墓竹簡・法律答問》：「擅興奇祠，貲二甲。可
（何）如爲奇？王室所當祠固有矣，擅有鬼立殹爲奇，它不爲。」⑰
《禮記・曲禮上》：「國君不乘奇車。」《釋文》：「奇邪不正
之車。何云不如法之車。」《周禮・天官・宮正》：「去其淫怠
與其奇衺之民。」鄭玄注：「奇衺，譎觚非常。」此是子贛又引
孔子之語反駁孔子「予非安其用也」的辯解。子贛認爲解惑去疑
的方法是「孫（順）正而行義」，即順從正道而推行仁義，對《
周易》捨其卜筮之用而取其「古之遺言」，還是「用倚於人」，
還是走邪道，因此，這是不可取的。與上文的批評來看，子贛這
一批評的重心又有了變化。上文批評孔子好《易》是重卜筮而輕
德行，這裏則說好《易》不安卜筮之用而樂其辭，也非君子之正
道，仍然是「過」。對孔子與「祝巫卜筮」不同的學《易》方法，
仍持否定態度。

　　對子贛這種簡單否定《周易》的態度，孔子斥之爲「校」。
校通狡，狡可訓狂，又可訓戾。《集韻・巧韻》：「狡，犬吠。
通作膠。」《漢書・外戚傳下・孝成趙皇后》：「即自繆死。」
顏師古注：「繆，絞也。」故「校戈」即「謬哉」。「吾告女（
汝），《易》之道□□□而不□□□百生（姓）之□□□易也」
句脫十字左右，不易補出。疑「而不」、「百生之」應靠後一點，
「百生」前爲「此」字。「道」後有一字不清楚。此句可補作「
吾告女（汝），《易》之道□□，〔安其用〕而不〔樂其辭〕，

此百生（姓）之〔好〕《易》也」。這似乎是說，百姓好《易》，在於其卜筮之用，並不懂得其中蘊含的深義。故下文極言學《易》的重要性。

「夫《易》剛者使知瞿（懼），柔者使知剛，愚人爲而不忘（妄），漸（漸）人爲而去詐（詐）。」這是強調《周易》的辯證思維的作用。漸，通漸。《法言・淵騫篇》：「『叔孫通』。曰：『椠人也。』」劉師培《法言補釋》：「椠與漸同。蓋古『漸』或書作『椠』，與椠相似，故爾致訛。《書・呂刑》：『民興胥漸。』王引之解『漸』爲『詐』。又《荀子・不苟篇》云：『知則攫盜而漸。』《議兵篇》曰：『是漸之也。』《正論篇》曰：『上幽陰則下漸詐矣。』《莊子・胠篋篇》曰：『知詐漸毒。』諸『漸』字均當訓『詐』。蓋楊子以叔孫通爲詐人也。夫叔孫通之所爲無一而非譎詐。又《五百篇》以魯二臣不受通徵，稱爲大臣，則楊子之嫉通也久矣。故以『漸人』斥之。」⑱漸人學《易》而能「去詐（詐）」，足見漸人即漸人，亦即詐人。

「予樂其知之□□□之□□□予何□□事紂乎」句，中間脫八字左右，不易補出。從上下文意看，孔子是稱贊周文王的智慧，認爲《周易》中凝聚著周滅商的歷史經驗，不學《易》，就難以懂得周文王是如何對待商紂王的。因此，後一段可試補爲：「〔不學《易》〕，予何〔以知文王之〕事紂乎？」不過，從照片上看，「何」字與「事」之間只有一字，「何」字左邊有一小點，這也算一字的話，最多也只有兩字。如果帛書此處沒有拼錯，就是原文有脫字。

「子曰：吾百占而七十當，唯周梁山之占也，亦必從其多者而已矣」這一段頗爲費解。這是對「子贛曰：夫子亦信其筮乎」的回答，看來，孔子也信筮，他「從其多者而已矣」，順應社會

風俗。這與《荀子‧天論》所謂「卜筮然後決大事，非以爲得求也，以文之也」說是一致的。先秦儒家重德輕筮，但並不完全否定卜筮。《呂氏春秋‧壹行》記「孔子卜，得《賁》」，《說苑‧反質》卜作卦，《孔子家語‧好生》則說「孔子常自筮，其卦得《賁》焉」。這些記載與「吾百占而七十當」說皆可互證。「唯周梁山之占也」句，梁通梁。銀雀山漢墓竹簡《孫臏兵法‧擒龐涓》「梁君」就寫作「梁君」。⑲「梁山之占」出典不清。《史記‧龜策列傳》云：

> 自三代之興，各據禎祥。塗山之兆從，而夏啓世；飛燕之卜順，故殷興；百穀之筮吉，故周王。

《考證》：

> 禹娶於塗山氏，生啓；簡狄見玄鳥墮卵，生契；後稷播百穀。

皆與「梁山之占」無涉。《孟子‧梁惠王下》記周太王爲避狄人「去邠，踰梁山，邑於岐山之下居焉……從之者如歸市」，不知是否與此「唯周梁山之占也，亦必從其多者而已矣」說有關？待考。

孔子在卜筮問題上有從衆的一面，並不完全否定其作用，故云「《易》，我後其祝卜矣」。但他學《易》的重心不在於筮占，故云「我觀其德義耳也」。他是如何將筮占與德義統一起來，從《周易》中引發出哲學的呢？這一段話就是回答：

> 幽贊而達乎數，明數而達乎德，又仁〔守〕者而義行之耳。⑳

「幽贊而達乎數」疑本於《說卦傳》「幽贊於神明而生著，參天兩地而倚數」。㉑演易生著是鬼謀，故云「幽贊」。贊本訓祝，引申爲占。演易必須「倚數」，故云「達乎數」。「明數而達乎

德，又仁〔守〕者而義行之耳」即《說卦傳》「和順於道德而理於義，窮理盡性以至於命」之意。「仁〔守〕者而義行之」說又見於《荀子·不苟》：

> 君子養心莫善於誠；致誠則無它事矣；唯仁之為守，唯義之為行。誠心守仁則形，形則神，神則能化矣。誠心行義則理，理則明，明則能變矣。

「不苟」篇是荀子「遊學於齊」之前的作品，受子思《中庸》影響頗深。㉒所謂「誠」、「形」、「神」、「化」、「明」等概念以及下文的「天不言而人推高焉，地不言而人推厚焉」等語皆出自《中庸》。將「守仁」、「行義」與「誠」結合在一起的這段文字，當是荀子綜合《中庸》、《要》篇所載而寫成的。強調《要》篇此說與《荀子》的聯繫，認為此係荀子後學所為，不但時間上說不過去，在思路上也說不通。《荀子·大略》雖有「知者明於事，達於數，不可以不誠事也」之說，但荀子更強調「官人守數」（《君道》），更主張「大巧在所不為，大智在所不慮……官人守天，而自為守道」（《天論》）。「官人」即帛書所謂「史」，「守數」即「守天」，指推步曆數、觀測天象，亦即帛書「明數」之義。荀子認為「守數」、「守天」是「官人」之事，君子的任務是「守道」，天道、人事各有職司分工，不得混淆。而《要》篇此說卻認為要打通天道和人道，君子要通過學《易》，由「贊」而「明數」，由「明數」而「達乎德」。在其作者看來，好《易》者下等為巫，只知用《周易》占筮；中等為史，不但知占筮，而且「明數」，懂得利用易數去推步天象曆法；上等為君子，不但懂得用易數去推測天文時曆，而且能「達乎德」，從天道中推出人道，並且以仁守之，以義行之。這一論述，其重要性不在於對史巫之筮的批判和貶低，而在於它提出一種新的君

子的標準，即君子不但要「守道」，而且要溝通天人；不但要修德，而且還得「明數」。這不但異於思孟的心性之學，與荀子的「天人之分」說也有明顯的不同。難怪乎子贛對此極爲不解。因此，將它說成是荀子後學之作是沒有多少根據的。

帛書的這一段話，與《禮記·郊特性》語也很相似：

> 禮之所尊，尊其義也。失其義，陳其數，祝史之事也。故其數可陳也，其義難知也。知其義而敬守之，天子之所治天下也。

雖然，這一是講禮，一是講《易》，一是要「達乎德」，一是要「尊其義」，但精神是相通的，「祝史」於禮「失其義，陳其數」，「史巫」於《易》「數而不達於德」，都是捨本求末，君子不爲。由此可見，帛書所載孔子的治《易》方法並非偶然，重德義是先秦儒家的基本精神、基本傳統。

「史巫之筮，鄉之而未也，好之而非也」，鄉應與好義近，指景仰、嚮往。《孟子·告子下》：「君不鄉道，不致於仁，而求富之，是富桀也。」朱熹注：「鄉與向同。」《呂氏春秋·音初》：「樂和而民鄉方矣。」高誘注：「鄉，仰。」未、非同義，指不對。《韓詩外傳》卷九：「以人觀之則是也，以法量之則未也」，其「未」字義與此同。正因爲「史巫之筮」不達乎德，所以孔子反對人們像史巫那樣地用《易》。

「後世之士疑丘者，或以《易》乎？」李學勤先生指出，此句與《孟子·滕文公下》載「孔子曰：知我者，其惟《春秋》乎？罪我者，其惟《春秋》乎」口吻相似，[23]殊爲有見。孔子擔心後人因其好《易》而懷疑他，是因爲當時存在著兩種極端的意見，一是「巫史」，專以《周易》占驗吉凶禍福；一是如子贛那樣的儒者，視《周易》爲奇邪，對它採取全盤否定的態度。孔子開解

《易》新風，棄「史巫之筮」而重視其中的「古之遺言」，「求其德義」。這種辯證的方法很難被社會所承認，即使像子贛這樣親近的弟子也不理解。因此，產生擔心是很自然的。李先生說這暗示孔子之於《周易》是一定意義上的作者，他所撰作的，只能是《易傳》。㉔這種推論是很有道理的。統一數德，溝通天人，將易占轉變爲哲學，這種創造性的轉換既是帛書《要》所載孔子的思想，也是《繫辭》等作品的主旨。傳統的孔子作《易傳》的說法，應是有一定根據的。至於這種「作」是否同於現代人著作權觀念中的「作」，則是另外的問題。

　　「君子德行焉求福，故祭祀而寡也；仁義焉求吉，故卜筮而希也」，又見於《鹽鐵論·散不足》，惟「寡」作寬。帛書寡、希對舉，義皆爲少，《鹽鐵論》作寬，殊爲費解。寬應係寡形近而訛，當以帛書爲是。《鹽鐵論》所載是賢良所引「古者」之事，說明《要》篇所載的這段材料漢昭帝時尚在流行。

　　「祝巫卜筮其後乎」與上文的「《易》，我後其祝卜矣」文義正相反。孔子認爲，就占筮之用來說，他落後於祝卜；但就「明數而達乎德，又仁守者而義行之」來說，祝巫卜筮則遠遠落後於自己。這種「後」，正表現孔子解《易》之新，與上文「或以《易》乎」的擔心比較，這裏流露出的是孔子的自信，說明他「老而好《易》」完全是一種理性的選擇。

　　如何認識《要》篇這段記載的史料價值？是一個亟待解決的問題。我們已經知道，《要》篇等帛書入土是在漢文帝前元十二年，即公元前一六八年。㉕從同墓出土的帛書《五星占》所載天文記錄來看，最晚的一年是漢文帝三年。這可說是帛書抄寫的下限。但從帛書到處都避漢高祖劉邦諱，而不避惠帝劉盈諱的情況來看，其抄寫年代也有可能早到文帝、惠帝以前。帛書《要》是

一抄本，其祖本的年代自然會更早。從其有篇題和固定的字數這一點來看，其祖本似乎也不是剛剛問世的，也應經過一段時間的流傳。從《要》篇的性質可知，《要》篇的材料來源應較《要》篇的寫成更早。考慮到秦始皇公元前213年根據李斯所議制定《挾書令》，直到漢惠帝四年；即公元前191年才得以廢除，考古發掘證明，迄今在《挾書令》施行時期以內的墓葬，所出書籍均未超出該令的規定。㉖所以，《要》篇的這段記載出自先秦應是可能的。

從傳統文獻的記載看，《要》篇的史料也是可靠的。《史記·孔子世家》和《田敬仲完世家》皆稱「孔子晚而喜《易》」，前者還說孔子「讀《易》，韋編三絕」。這些記載和帛書《要》篇「夫子老而好《易》，居則在席，行則在囊」說完全是一致的。「韋編三絕」和「居則在席，行則在囊」這些不同的細節描寫所反映出的實質是相同的。正因爲好《易》到了居、行都不忍釋手的地步，所以才會出現「韋編三絕」的結果。而《論語·述而》又載「子曰：加我數年，五十以學《易》，可以無大過矣」。㉗意思應是說，如果再多給我幾年時間，我從五十歲起就開始好《易》，就可以不犯大的錯誤了。《論語》此說應爲孔子晚年追悔之言，所謂「老」、所謂「晚」，應皆指五十以後。所謂「無大過」，與帛書所稱「《周易》未失也」也是一致的。正因爲「《周易》未失也」，「剛者使知瞿（懼），柔者使知剛」，所以，早一點學《易》，就可以使人「無大過」。《論語·子路》又載：

子曰：「南人有言曰：人而無恆，不可以作巫醫。善夫！」
「不恆其德，或承之羞」，子曰：「不占而已矣。」
此條《禮記·緇衣》作：
子曰：「南人有言曰：人而無恆，不可以爲卜筮。古之

遺言與！龜筮猶不能知也，而況於人乎？……《易》曰：『不恆其德，或承之羞』，『恆其德，偵，婦人吉，夫子凶。』」「不恆其德，或承之羞」為《周易》恆卦九三爻辭，孔子以南人所言人無恆心，不可作巫醫（或為卜巫），來解釋恆卦九三爻辭，正是帛書《要》所謂「樂其辭」、「觀其德義」的具體表現；所謂「古之遺言與」，正是帛書所謂「又（有）古遺言焉」；所謂「不占而已」，正是帛書所謂的「吾非安其用也」，「史巫之筮，鄉之而未也，好之而非也」，「吾與史巫同涂而殊歸者也」。兩相對照，若合符節，我們沒有理由不相信帛書。

　　《要》篇載子貢批評孔子「老而好《易》」之事，從時間上講，是可以成立的。《史記·孔子世家》將「孔子晚而喜《易》」一段置於魯哀公十一年孔子歸魯之後，而據《左傳》，子貢此時正在魯國。至哀公十五年冬，子服景伯前往齊國，子貢為介。第二年四月孔子逝世，子貢批評哀公的致誄，隨後為孔子廬墓六年㉘。可見孔子「老而好《易》」時，子貢隨侍在側，是完全可能的。《要》篇子貢對孔子的責難，與傳統文獻所載子貢的性格也是相符的。《史記·仲尼弟子列傳》云：「子貢利口巧辭，孔子常黜其辯。」又說子貢「喜揚人之美，不能匿人之過。」這些個性，光憑《論語》的記載是看不大清楚的。只有比照《要》篇，才能知道子貢是如何「不能匿人之過」的，孔子又是如何黜於其辯的。因此，司馬遷如果沒有看到帛書《要》篇所載的這些材料，是決不會作此論的。應該承認，司馬遷作為太史令，確實看到了許多後人沒能看到的材料，他的記載，基本上都是有根據的。輕易懷疑並否定司馬遷關於孔子與《周易》關係的記載，是經不起時間考驗的。帛書《要》篇的上述記載，正是又一次證明了此點。

　　帛書的第十九至第二十四行末尾，又是《要》篇獨立的一節。

這一節記載孔子讀《周易》《損》、《益》二卦之事，我們先解
讀釋文，然後再探討其意義。

> 孔子繇《易》至於《損》、《益》一卦，未尚（嘗）不
> 廢書而莫（歎），戒門弟子曰：二仝（參）子，夫《損》、
> 《益》之道，不可不審察也，吉凶之□也。

繇即繇，繇通籀。《漢書·文帝紀》：「占曰：大橫庚庚。」顏
師古注：「李奇曰：『庚庚，其繇文也。占，謂其繇也。』繇本
作籀。」《說文·竹部》：「籀，讀書也。」《淮南子·人間》、
《說苑·敬慎》、《孔子家語·六本》皆作「孔子讀《易》」，
可知「籀《易》」即讀《易》。「《損》、《益》一卦」，「一」
應作二，因為《損》、《益》是二卦而並非一卦。「吉凶之□也」，
所缺字當為門。《淮南子·人間訓》作「禍福之門戶」，「禍福」
即吉凶。

> 《益》之為卦也，春以授夏之時也，萬勿（物）之所出
> 也，長日之所至也，產之（？）室也，故曰夏。授者，秋以
> 授冬之時也，萬勿（物）之所老衰也，長〔夕之〕所至也，
> 故曰產。

此段有許多費解之處。一是「產之室」，「之」字有殘缺，難以
確定。夏字，原釋文作益，誤。授，原釋文作損，亦誤。疑此處
帛書抄手有誤，比較上文，應作「《損》之為卦也」。授者應為
誤書。「夕」字為李學勤先生所補。長夕即長夜，正與上文「長
日」相對，長日又稱日永（《尚書·堯典》）、日長至（《呂氏
春秋》），即夏至。夏至的這一天，白晝最長；而冬至則白晝最
短，夜晚最長，故冬至又稱日短（《尚書·堯典》）、日短至（
《呂氏春秋》）。帛書的長夕應指冬至，因為冬至這天夜最長。
《禮記·郊特牲》云：

郊之祭也，迎長日之至也。

鄭玄注：

此言迎長日者，建卯而晝夜分，分而日長也。

《史記·封禪書》云：

《周官》曰：冬日至，祀天於南郊，迎長日之至。

冬至是太陽抵達南回歸線的一天，這天晝最短，夜最長。冬至後，白晝一天比一天長，再經過一段時間的酷寒，天氣就漸漸轉暖了。因此，古人就將冬至視為節氣的起點、一年的開端和生命萌發的訊期，就在這一天舉行祀天，迎接夏至的到來。帛書所謂「長〔夕之〕所至也，故曰產」，產即生。這與《大戴禮·夏小正》所載同：

日冬至，陽氣至始動，諸向生皆蒙蒙符矣。

帛書這是說，秋、冬兩季是萬物老衰的季節，但冬至的到來，又意味著萬物又一個新生長期的到來，所以《損》中也有《益》。如這種思路正確的話，那上文「故曰夏」之夏，應與「故曰產」之產義相反。夏與憂形近。《莊子·庚桑楚》：「終日嗥而嗌不嗄。」《釋文》：「嗄，本又作嚘。」《老子》五十五章：「終日號而不嗄。」傳奕本嗄作嚘。《隸釋》九《吳仲山碑》：「惥懯夙夜。」洪适釋惥為憂。帛書夏字欠清楚，很可能就是憂字。《周易·雜卦》：「君子道長，小人道憂也。」李鼎祚《集解》憂作消。呂祖謙《古易音訓》引晁氏曰：「鄭作消。」因此，「故曰憂」就是「故曰消」之意。「產之（？）室也」下句無，疑係衍文。今暫不作強解。因此，帛書這段話是說：《益》卦就節氣來說，代表春、夏兩季，是萬物生長的季節，但夏至一到，陽氣就開始消退了；《損》卦代表夏、秋兩季，是萬物老衰的季節，但冬至一到，陽氣又開始萌生了。故下文說：

　　　道窮焉而產，道〔長〕焉〔而憂〕。《益》之始也吉，
　　其冬（終）也凶；《損》之始凶，其冬（終）也吉。

「道窮焉而產」，指《損》卦所代表的秋、冬季節。萬物老衰，
故云「道窮」；但「長夕」一至，一陽復生，故曰「產」。萬物
老衰，故云「《損》之始凶」；但老衰之後冬至一到又陽氣復萌，
故云「其冬（終）也吉」。「道〔長〕焉〔而憂〕，」指《益》
卦所代表的春、夏兩季。萬物之所出，故云「道長」；但「長日」
一至，陽退陰長，一陰復生，故曰「憂」。萬物所出，故云「《
益》之始也吉」；但茂長過後，從夏至起，陽氣一天天消退，陰
氣一天天增長，從尊陽抑陰的觀念出發，故云「其冬（終）也凶」。
《雜卦傳》說：

　　　《損》、《益》，盛衰之始也。

韓康伯注：

　　　極損則益，極益則損。

帛書這些論述，正是以天道爲喻，闡明《損》，《益》二卦中的
哲理。

　　　《損》、《益》之道，足以觀天地之變而君者之事已。
　　　是以察於《損》、《益》之道者，不可動以憂憙。

而，並列連詞。王引之《經傳釋詞》卷七：「而，猶與也，及也。」
「不可動以憂憙」，即不可因《損》之始也凶憂，《益》之始也
吉喜，吉凶損益就像節氣一樣，是不斷地轉換變化的。

　　　故明君不時不宿，不日不月，不卜不筮，而知吉與凶，
　　順於天地之也。此胃（謂）《易》道。

時，指吉時。《禮記・曲禮上》：「卜筮者，先聖王之所以使民
信時日、敬鬼神，畏法令也；所以使民決嫌疑，定猶與也。」孔
穎達疏：「時者，四時及一日十二時也。」《史記・日者列傳》：

「昔先王之定國家，必先龜策日月，而後乃敢代；正時日，乃後入。」《漢書‧禮樂志》：「練時日，候有望。」顏師古注：「練，選也。」不時，即不擇吉時。宿，祭祀前主祭人別居齋戒之稱。《周禮‧春官‧太史》：「戒及宿之日，與群執事，讀禮而協事。」《禮記‧禮器》：「三月繫，七日戒，三日宿，愼之至也。」鄭玄注：「宿，致齋也。將有祭祀之事，必先敬愼如此。」《史記‧封禪書》：「秦以多十月爲歲首，故常以十月上宿郊見，通權火，拜於咸陽旁，而衣上白，其用如經祠云。」裴駰《集解》引李奇曰：「宿，猶齋戒也。」不宿，即不行齋戒。「不日不月，不卜不筮，而知吉與凶」，《管子‧白心》作「不日不月，而事以從；不卜不筮，而謹知吉凶」。尹知章注：「但循道而往；不計日月，事已從而成也」，「順道則吉，違道則凶，豈須卜筮而知乎。」不日不月，即不選擇吉日良月。《說苑‧反質》所載與帛書此意也極近：

> 信鬼神者失謀，信日者失時。何以知其然？夫賢聖周知，能不時日而事利，敬法令，貴功勞，不卜筮而身吉；謹仁義，順道理，不禱祠而福。……孔子曰：「非其鬼而祭之，諂也。」是以泰山終不享季氏之旅。《易》稱東鄰殺牛，不如西鄰之禴祭，蓋重禮不貴物也，敬實而不貴華。誠有其德而推之，則安往而不可？

論述的重點雖有不同，但材料來源是一致的。應該說，《管子‧白心》和《說苑‧反質》的這些相同的語言，都是取於帛書所載的《易》說。《說苑‧反質》都是圍繞重質這一中心選材的。它第一章記孔子與子貢論《賁》卦，上引即第二章，反對時日、卜筮，主張謹仁義，順道理，不禱祠而福，並引孔子與《周易》語以證。這二章應是取自一種記載孔子《易》說的書。我們知道，

帛書《要》篇有記孔子與子貢論《易》節。孔子與子貢論《易》
的記載肯定不止於此，《要》篇很可能只選了重要的一節，而《
說苑・反質》選了另一節。上引反對時日、卜筮的句子兩者都有，
但《要》篇的記載是完整的，而《說苑》只是活引。由此可知，
《說苑・反質》這頭兩章的材料，它們接連出現並非偶然，而是
從一種較帛書《要》篇更完整的記載孔子《易》說的書中選取的。
帛書《要》從這種書中選取了一些重要的、較爲完整的章節，而
《說苑・反質》則只簡略地摘引一些論據，所以，它們既有交叉，
也有不同；既同中有異，又異中有同。《管子・白心》的重心不
是論述時日、卜筮，它只是作爲成說用來說明「白心」的重要。
因此，這些話在《管子・白心》中並不突出。而在帛書《要》中，
它卻是一再討論的主題，前後也有著密切的聯繫。比較之下，帛
書《要》篇的出處應更原始。

　　　　故《易》又（有）天道焉，而不可以日月生（星）辰盡
　　稱也，故爲之以陰陽；又（有）地道焉，不可以水火金土木
　　盡稱也，故律之以柔剛；又（有）人道焉，不可以父子、君
　　臣、夫婦、先後盡稱也，故爲之以上下；又四時之變焉，不
　　可以萬勿（物）盡稱也，故爲之以八卦。

這裏的「陰陽」是較「日月生（星）辰」更高一層的範疇，故以
它來反映「天道」；「柔剛」是較「水火金土木」更高一層的範
疇，故以它來反映「地道」；「上下」是較「父子、君臣、夫婦、
先後」更高一層的範疇，故以它來反映「人道」；「八卦」（指
乾天、地坤、震雷、艮山、離火、坎水、兌澤、巽風）是較「萬
勿（物）」更高一層的範疇，故以它們來反映「四時之變」。我
們知道，「陰陽」、「柔剛」是卦德爻德的基本概念，「上下」
是卦位、爻位的基本概念，「八卦」是卦象的基本概念，而「天

道」、「地道」、「人道」，又是所謂「三才之道」、「三極之道」。它們都是今本《易傳》、《彖》、《文言》、《繫辭》、「說卦」中的一些最主要的範疇。說它們是在「日月生（星）辰」、「水火金土木」、「父子、君臣、夫婦、先後」、「萬物」等概念不能「盡稱」天道、地道、人道、四時之變的情況下創造出來的，這實際是《繫辭》「易簡」說的翻版。不瞭解今本《易》傳的基本思想（尤其是《繫辭》），是說不出這些話來的。

　　故《易》之爲書也，一類不足以亟之，變以備其情者也。

亟通極，意爲窮盡。「一類不足以亟之」，是說僅視《易》爲天道之書，或僅視其爲講人道之書，都不足窮盡它的意蘊。「變以備其情者也」。是說《周易》以變易之道來全面反映自然界和人類社會的普遍規律。這是對上文「《易》又（有）天道焉」、「又（有）地道焉」、「又（有）人道焉」、「又（有）四時之變焉」的概括。

　　故胃（謂）之《易》又（有）君道焉，五官六府不足盡
　　稱之，五正之事不足以至之，而《詩》、《書》、《禮》、
　　《樂》不〔讀〕百扁（遍），難以致之。不問於古法，不可
　　順以辭令，不可求以志善。

「君道」應屬於「人道」之內，這裏加以強調，是因爲講天道的目的是爲推衍人道，而人道的重心又在君道。所謂《易》有「古之遺言」，「无《易》，予何以知文王之事紂乎」，都是就「君道」而言的。「五官六府」並舉，見於《墨子·節葬下》、《鶡冠子·泰鴻》、《管子·五行》等，但以其爲「君道」的內容之一，應以《墨子·節葬下》說最爲接近。《墨子·節葬下》「五官六府」孫詒讓閒詁：「五官者，殷周侯國之制也。《史記·周本紀》云『古公作五官有司』。《大戴禮記·千乘篇》云『千乘

之國列其五官』。《曾子問》『諸侯適天子，乃命國家五官而後行』，鄭注云『五官，五大夫典事者』。《管子‧大匡篇》云『乃令五官行事』。《商子‧君臣篇》云『地廣民衆，故分五官而守之』。《戰國策‧齊策》云『五官之計，不可不日聽也』。《典禮》『天子之五官，曰司徒、司馬、司空、司士、司寇，司典五衆。天子之六府，曰司土、司水、司木、司草、司器、司貨，典司六職』鄭注云『此亦殷時制也。府主藏六物之稅者』。六府，古籍無明文。《典禮》六府，鄭君以爲殷制，則非周法。《左傳‧文七年》、《大戴禮記‧四代篇》並以水、火、金、木、土、穀爲六府，亦非官府。……天子有九府、六府或亦諸侯制與？」

「五正之事不足以至之」，至應訓盡。「五正」又見於帛書《十大‧五政》⑳、楚帛書《天象》、《鶡冠子‧度萬》、《管子‧禁藏》等。帛書《十大‧五正》的本義李學勤先生認爲當爲君主己身與四方的正，而《鶡冠子‧度萬》「有神化，有官治，有教治，有因治，有事治」則是對「五正」本義的發揮，是「五正」的不同層次。⑳比較而言，帛書此處的「五正」，含義應與《十大‧五正》之說最近。㉛「《詩》、《書》、《禮》、《樂》不□百扁（篇），難以致之」，致應訓達。「百扁」前所缺之字，疑當補「讀」或「縣（籀）」。扁，當通遍。《三國志‧魏志‧董遇傳》注引《魏略》曰：「人有從學者，遇不肯教，而云必當先讀百徧，言讀書百徧，而義自見。」董遇爲漢末著名易學家，其以「讀書百徧，而義自見」教人，或有所本，也許即從《要》篇所載此語中反推而出。帛書上云「《尚書》多令」，正因「多令」，所以，不讀百遍，其義難見，「君道」難以致之。「不問於古法」，古法即上文之「古之遺言」，上云《周易》中有周文王事紂的智慧，就是其內容。「順」字後原有「令」字，係涉下

文「辭令」而誤，抄手發現後，將其圈掉，補上一小「以」字。這也是帛書係抄本而非祖本之證。「不順以辭令，不可求以志善」，這也是孔子「樂其辭」的一個原因，與「正名」說也有內在的聯繫。

> 能者繇（由）一求之，所胃（謂）行一而君（群）畢者，此之胃（謂）也。《損》《益》之道，足以觀得失矣。

繇，通由。由一求之，即由《周易》的《損》、《益》之道推求。行一而君（群）畢，即掌握《損》、《益》之道，就可以把握爲君之道的全部內容，就可以瞭解天道、地道、人道和四時之變的規律。所以說，「《損》、《益》之道，足以觀得失矣」。《文子·道德》有「君必執一而後能群矣」一語，與帛書這裏的「得一而君（群）畢」說相近。[32]但各自語意也有不同。《文子·道德》的「一」是無爲之道，所以上文說：

> 君道者，非所以有爲也，所以無爲也，智者不以德爲事，勇者不以力爲暴，仁者不以位爲惠，可謂一矣。

其所謂「群」，是會合之意，指「群天下之英傑」。[33]而帛書這裏的「一」，是指《周易》的《損》、《益》二卦之道：「群畢」，是指天道、地道、人道。

孔子關於《損》、《益》二卦的論述，除帛書的上述記載外，在《淮南子·人間》、《說苑·敬慎》篇，《孔子家語·六本》皆有反映。《淮南子》所記載較爲簡單：

> 孔子讀《易》至《損》、《益》，未嘗不憤然而歎，曰：「《益》、《損》者，其王者之事與！事或欲以利之，適足以害之；或欲害之，乃反以利之。利害之反，禍福之門户，不可不察也。」

王念孫認爲，「憤」當爲嘖，嘖與嘖同；「或欲利之」、「或欲

害之」，相對成文，利之上不當有以字；利害之反，禍福之門，相對成文，則戶字可省。㉞其說是。這段記載雖與帛書有異，但其來源卻相同。《淮南子》的「讀《易》」，帛書作「繇（籀）《易》」，籀字少見，讀字常見，《淮南子》恐係改寫。《淮南子》的「噴（喟）而歎」，帛書作「廢書而莫（歎）」，「廢書」緊承「籀《易》」而來，較《淮南子》更爲眞實。《淮南子》認爲「《益》、《損》者，其王者之事與」，而帛書說「《損》、《益》之道，足以觀天地之變而君者之事已」，《淮南子》應係節取，帛書應更近原貌。《淮南子》以利害、禍福的互相轉化來說《損》、《益》二卦之道，而帛書卻通過四時的變化來講「道窮焉而產，道〔長〕焉〔而憂（消）〕。《益》之始也吉，其多（終）也凶；《損》之始凶，其多（終）也吉」的辯證關係。《淮南子》認爲《損》、《益》者是「禍福之門，不可不察」，帛書說「夫《損》、《益》之道，不可不審察也，吉凶之〔門〕也」。顯然，前者所謂「禍福」，就是後者所謂「吉凶」。我們知道，《淮南子・人間》不是專門論《易》的，而帛書《要》篇則是帛書《易傳》中的一篇。所以，毫無疑問，《淮南子・人間》的這一記載是據帛書《要》篇或者較帛書《要》篇更原始的一種記載孔子《易》說的文獻而節錄、改寫的。

《說苑・敬愼》的記載又有不同：

> 孔子讀《易》至於《損》、《益》，則喟然而歎。子夏避席而問曰：「夫子何爲歎？」孔子曰：「夫自損者益，自益者缺，吾是以歎之。」子夏曰：「然則學者不可以益乎？」孔子曰：「否，天之道，成者未嘗得久也。夫學者以虛受之，故曰得。苟不知持滿，則天下之善言不得入其耳矣。昔堯履天子之位，猶允恭以持之，虛靜以待下，故百載以逾盛，迄

今而益章。昆吾自臧而滿意，窮高而不衰，故當時而虧敗，迄今而逾惡。是非損益之徵與？吾故曰：『謙也者，致恭以存其位者也。』夫豐明而動，故能大；苟大，則虧矣。吾戒之，故曰：日中則昃，月盈則食，天地盈虛，與時消息。㉟是以聖人不敢當盛，升輿而遇三人，則下；二人，則輾。調其盈虛，故能長久也。」子夏曰：「善，請終身誦之。」

《孔子家語·六本》略同。帛書說孔子關於《損》、《益》之道的論述，是對門弟子、二三子而發的，不是具體地對哪一個人，而《說苑》、《家語》則說是與子夏的對答。據《史記·仲尼弟子列傳》，子夏少孔子四十四歲，孔子死時方二十八歲，當為孔子的晚年弟子之一。「孔子既沒，子夏居西河教授」。由此，可知孔子老而好《易》時，他一定隨侍在側。子夏有傳《易》之說，他曾向孔子問《易》，不會是空穴來風。《要》篇受孔子《損》、《益》之戒的「門弟子」、「二三子」中，有子夏在內，也屬必然。因此，《說苑》、《家語》的記載也是有據的。其「吾戒之」、「天之道，成（盈）者未嘗得久」也與帛書是一致的。《說苑》、《家語》論《損》、《益》，主要是從為學之道角度而發的，其《損》是謙恭的代名詞，《益》是驕滿的代名詞，這較帛書所論則更為具體，更具有修身之義。儘管這些記載不少是揉合今本《易傳》之說，如「自損者益，自益者缺」出於《序卦》，「謙也者，致恭以存其位者也」出於《繫辭》、「《豐》，明而動，故能大……日中則昃，月盈則食，天地虛盈，與時消息」出自《象傳》，但主體應另有來源。《淮南子》、《說苑》、《孔子家語》與帛書的或同或異，以及《要》篇自身的結構特點，說明先秦還存在著一種更原始、更詳細記載孔子論《易》言行的文獻。這種文獻是帛書《要》和《淮南子》、《說苑》等關於孔子《易》說

記載的來源，有許多內容也不見於今本《易傳》。

　　帛書這一節以《損》、《益》兩卦來解說節氣物候的變化，也是頗有特色的。我們知道，《說卦傳》「帝出乎震」章有著名的八卦方位說，將八卦與八方、四季相配。而帛書《易之義》有「歲之義，始於東北，成於西南」說，與《說卦傳》是相應的。㊱據《漢書·魏相傳》，可知漢宣帝時魏相已將四正卦與四方、五行相配。但皆無以《損》、《益》兩卦來解說節氣物候之例。據王葆玹先生的考證，孟喜只主「十二月卦」說，「分卦值日」說屬焦延壽，「六日七分」說則屬之於京房及其弟子。㊲如此說來，要到焦延壽、京房時才將《損》、《益》二卦納入卦氣系統中。在「六日七分」說中，《益》卦當立春正月節，爲六十日七十分；《損》卦當處暑七月節，爲二百四十九日四十七分。㊳《周易乾鑿度》有「《益》者，正月之卦也，天氣下施，萬物皆益，言王者之法天地，施政教，而天下被陽德。蒙王化」云云，正是「六日七分」說。帛書以《益》卦當「春以授夏之時」，《損》卦當「秋以授多之時」，其說與「六日七分」顯然不同；與「十二月卦」、「分卦值日」也無瓜葛；與《說卦》的八卦方位說亦非同一系統，應是一種原始狀態中的卦氣說，是將《易》理同節氣物候結合作出的一種嘗試。因此，從卦氣說的發展源流來看，帛書《要》篇的記載是不會太晚的。

　　綜上所述，筆者認爲帛書《要》篇的材料應來源於先秦，它的記載可以和傳統文獻相互印證，完全是有根據的。帛書《要》的作者已經見到了今本《易傳》的大部分，它從《繫辭》中摘取了一些章節。不管它關於孔子論《易》的記載是否與事實有細節上的出入，但它至少出於戰國晚期孔子後學中傳《易》的一派之手。

　　研究中國思想史，研究經學史尤其是易學史，必須重視這一
珍貴的史料。

　　【附　註】

① 《帛書〈周易〉》，《文物》1984年第三期。

② 《帛書〈繫辭〉淺說》，《孔子研究》1988年第四期。

③ 例如李學勤先生就對韓文提供的材料進行了精到的考釋，寫出了《
從帛書〈易傳〉看孔子與〈易〉》（《中原文物》1989年第九期）。

④ 均見《道家文化研究》第三輯，上海古籍出版社，1993年8月。

⑤ 見拙作《帛書〈要〉簡說》，同註④。

⑥ 見拙作《帛書〈易之義〉簡說》，同註④。

⑦ 我在《易之義》的釋文和《帛書〈易之義〉簡說》的引文裏已經改
過來了，見《道家文化研究》第三輯第197、433頁。

⑧ 依朱熹《周易本義》所分。

⑨ 同註②。

⑩ 見《馬王堆漢墓文物》第126頁，湖南出版社，1992。

⑪ 王樹森《「孔子易說」新探》，《松遼學刊》1987年第四期。

⑫ 詳見高亨、董治安《古字通假會典》第128至131頁，齊魯書社，
1989。

⑬ 王葆玹《從馬王堆帛書看〈繫辭〉與老子學派的關係》，《道家文
化研究》第一輯，上海古籍出版社，1992年；陳鼓應《馬王堆出土
帛書〈繫辭〉為現存最早的道家傳本》，《哲學研究》1993年第二
期。

⑭ 見拙文《論帛書〈繫辭〉與今本〈繫辭〉的關係》（《道家文化研
究》第三輯，上海古籍出版社，1993年8月）、《論帛書〈繫辭〉
的學派性質》（《哲學研究》1993年第七期）的有關部分。

⑮　朱熹《本義》：「《漢書》『吉之』之間有『凶』字。」按，說見
　　《漢書・楚元王傳》穆生語所引。

⑯　1993年5月陳來先生與我的一次討論中，他最早提出了這一點。

⑰　文物出版社1990年版第131頁。

⑱　轉引自汪榮寶《法言義疏・附錄一》，第624、625頁，中華書局，
　　1987。

⑲　《銀雀山漢墓竹簡（壹）》釋文、注釋第45頁，文物出版社，1985。

⑳　當補「守」字是王博先生與我的一次討論中王先生提出來的。

㉑　《說卦傳》此語又見於帛書《易之義》，詳見註④。

㉒　見拙作《荀子新探》第二章第三節，吉林大學博士學位論文，1992
　　年5月。

㉓㉔　同註③。

㉕　馬王堆三號漢墓的隨葬品中，有一塊隨葬遣策木牘，所記墓葬時日
　　原文爲：「十二年二月乙巳朔戊辰。」

㉖　李學勤《論新出簡帛與學術研究》，《傳統文化與現代化》1993年
　　第一期。

㉗　「易」又異讀爲「亦」，近人多以此否定孔子與《易》有關，其說
　　不可信。具體論證可見李學勤《「五十以學〈易〉」問題考辨》，
　　《周易經傳溯源》第一章第五節，長春出版社，1992。

㉘　同註③。

㉙　從李學勤先生說，見《馬王堆帛書〈經法・大分〉及其他》，《道
　　家文化研究》第三輯，上海古籍出版社，1993年8月。

㉚　《〈鶡冠子〉與兩種帛書》，《道家文化研究》第一輯，上海古籍
　　出版社，1992年 6月。

㉛　見郭沫若等《管子集校》引豬飼彥博、張佩綸說，《郭沫若全集・
　　歷史編》第七卷第234頁，人民出版社，1984。

㉜　李學勤先生在跟筆者的一次談話中，最早指出了這點。

㉝　李定生、徐慧君《文子要詮》第107頁，復旦大學出版社，1988年7月。

㉞　詳見劉文典《淮南子集解》卷十八所引，中華書局，1989。

㉟　「故曰」下原有「天下之善言不得入其耳矣」十一字，盧文弨《群書拾補》認爲係「因上文衍」，其說是，故刪。

㊱　見拙作《帛書〈易傳〉引〈易〉考》，1993年7月海峽兩岸《周易》學術討論會論文。

㊲　《西漢易學卦氣說源流考》，《中國哲學史研究》1989年第四期。

㊳　見杭辛齋《易楔》卷四《卦氣第八》，《學易筆談》第694、699頁，天津市古籍書店影印，1988年12月版。

1993年10月於清華園

帛書《要》與《尙書》始稱問題

　　《尙書》是「六經」或「五經」中最重要的一經，也是我國最早的一部歷史文獻。先秦文獻中，《尙書》多被稱爲「《書》」，如《論語》、《左傳》、《孟子》、《荀子》等皆以「《書》曰」稱引今《尙書》文。①《尙書》之稱始於何時？迄今尙有爭議。

　　《墨子·明鬼下》云：

　　　　故尚書夏書，其次商周之書，語數鬼神之有也，重有重之，此其何故也？

有人以爲此「尙書」即指《尙書》，②實誤。王念孫《讀書雜志·墨子第三》云：

　　　　案『尚書夏書』，文不成義。尚，與上同；書，當爲者。
　　　言上者則夏書，其次則商、周之書也。此涉上下文書字而誤。

可見所謂「尙書」是「尙者」的誤寫，《墨子》中並無《尙書》之稱。

　　傳世文獻中，有《尙書》之稱的，最早當爲《史記》。其《五帝本紀》云：「學者多稱五帝尙矣，然《尙書》獨載堯以來。」《儒林傳》說：「漢定，伏生求其書，即以教於齊、魯之間，學者由是頗能言《尙書》。山東諸大師無不涉《尙書》以教矣。」《大宛列傳》曰：「故言九州、山川，《尙書》近之矣。」但其稱始於何人呢？鄭玄《書贊》云：

　　　　孔子乃尊而命之，曰《尙書》。③

舊題孔安國《尙書序》則說：

　　　　濟南伏生，年過九十，失其本經，口以傳授，裁二十餘篇，以其上古之書，謂之《尚書》。

劉歆《七略》卻說：

　　　　《尚書》，直言也，歐陽氏先名之。④

孔穎達《尚書正義》認為鄭玄以《尚書》之名起於孔子，是「溺於書緯之說」，「且孔君親見伏生，不容不悉，自云伏生『以其上古之書謂之《尚書》』，何云孔子加也？」並進一步論證：「以『書』是本名，『尚』是伏生所加，故諸引《書》直云『《書》曰』；若有配代而言，則曰《夏書》，無言《尚書》者。」今人金兆梓說：「《尚書》者，上古之書也，非其書名《尚書》也。竊意秦以前抑亦未嘗成書，特以之泛稱先秦所遺留文獻之簡策焉耳……其成書或自秦博士伏生始。意者伏生或就當時所存之古代書簡，加以選擇排比，以存唐、虞、三代之文獻，而名之曰《尚書》乎！」⑤蔣善國認為「鄭玄」把《尚書》名稱認作是孔子起的，實屬臆說。……把『尚』字認作是伏生加的，也沒有確證。按《七略》本於劉向《別錄》，劉氏父子說《尚書》的名稱始於歐陽氏，或較可信。」⑥蔣伯潛說：「秦以前之經傳諸子中，凡引《尚書》，皆但稱《書》，不曰《尚書》，似《尚書》一名，起於西漢。」⑦劉起釪也說：「《書》的以《尚書》為專名，是到漢代才有的事……明定《尚書》為書名的，是漢代今文家。」⑧

　　　　1973年，長沙馬王堆三號漢墓出土了帛書《要》篇。從墓中的隨葬木牘中可知，該墓葬於漢文帝前元十二年，即西元前168年。帛書《要》篇的抄寫時間當在此之前。從《要》篇的書寫形製、篇題及其所記字數來看，帛書《要》篇係抄本無疑，應有更早的篆書竹簡本存在。從篆書竹簡本到被抄為帛書，《要》

篇應有一段流傳的時間。《要》係摘錄性質之書，⑨其材料來源
應較其成書更早。考慮到秦始皇西元前213年根據李斯所議制定
了《挾書令》，而該令直到漢惠帝四年（前191）才得以廢除。
考古發掘表明，迄今在《挾書令》施行時期以內的墓葬，所出書
籍均未超出該令的規定。⑩所以，帛書《要》篇的記載不可能出
自出漢初，也不可能出自短短十五年的秦代，應該會早到戰國。
帛書《要》於《尚書》，既稱《書》，又稱《尚書》。其「孔子
繇易」節云：

> 孔子繇（籀）《易》至於損、益一〈二〉卦，未尚（嘗）不
> 廢書而嘆（歎），戒門弟子曰：「……，《易》又（有）
> 君道焉，五官六府不足盡稱之，五正之事不足以至之，而
> 《詩》、《書》、《禮》、《樂》不□百扁（遍），難以
> 致之。」⑪

此《書》與《詩》、《禮》、《樂》並舉，又出於孔子之口，顯
係今《尚書》一書。孔子於此稱《尚書》爲《書》，與《論語》
所載同。但帛書《要》的另一節又記載：

> 夫子老而好《易》，居則在席，行則在囊。子贛曰：「
> 夫子它日教此弟子曰：『惪（德）行亡者，神靈之趨；知（
> 智）謀遠者，卜筮之繁（繁）。』賜以此爲然矣……夫子何
> 以老而好之乎？」夫子曰：「……《尚書》多令（闕）矣，
> 《周易》未失也，且又（有）古之遺言焉。予非安其用也。」
> ⑫

此「夫子」與「子贛（貢）」相答對，顯然是孔子。「夫子老而
好《易》，居則在席，行則在囊」，與《史記·孔子世家》「孔
子晚而喜《易》……讀《易》，韋編三絕」說可以印證。帛書之
「老」、「好」就是《史記》之「晚」、「喜」，正因爲「好《

易》」到了「居則在席，行則在囊」的程度，所以才導致「韋編
三絕」。司馬遷《史記·孔子世家》將「孔子晚而喜《易》」一
段放在魯哀公十一年（西元前484年）孔子返魯之後，時孔子已
六十八歲。據《左傳》記載，哀公十一年，子貢正在魯國。哀公
十五年冬，子服景伯前往齊國，子貢爲介。第二年四月，孔子逝
世，子貢批評魯哀公的致誄，隨後爲孔子廬墓六年。所以，《要》
篇所記「夫子老而好《易》」而遭到子贛批評，「恰合於當時的
情事」⑬。因此，《要》篇記載的可靠性是難以懷疑的。

　　《要》篇說：「《尙書》多令矣，《周易》未失也」，此《
尙書》與《周易》並稱，其爲書名無疑。所謂「多令」令即於，
於通關，指《尙書》多有關塞不通之處。《荀子·勸學》說「《
詩》《書》故而不切」，《儒效》說「殺《詩》、《書》」。《
孟子·盡心》說：「盡信《書》，則不如無《書》。吾於《武成》，
取二三策而已矣。」其批評與帛書《要》所載有相通之處。孟子、
荀子說或來源有自，因此，我們不必對帛書所載孔子的這些話感
到驚訝。

　　《要》所載《尙書》之稱早於《史記》，是迄今爲止《尙書》
之稱的最早出處。劉歆說《尙書》之名始稱於歐陽氏，實不可信。
《漢書·儒林傳》云：

　　　伏生，濟南人也。故爲秦博士。孝文時，求能《尙書》
　　者天下亡有，聞有伏生治之，欲名。時伏生年九十餘，老不
　　能行。於是詔太常使掌故朝錯往受之。秦時禁書伏生壁藏之，
　　其後大兵起，流亡。漢定，伏生求其書，亡數十篇，獨得二
　　十九篇，即以教於齊、魯之間。齊學者由此頗能言《尙書》。
　　山東大師亡不涉《尙書》以教。伏生教濟南張生及歐陽生。
劉汝霖考證：「按張生、歐陽之受教伏生，不知何時，以情理揆

之，當在鼂錯受書之前。」⑭《後漢書·儒林傳》云：

> 前書云：濟南伏生傳《尚書》，授濟南張生及千乘歐陽
> 生，歐陽生授同郡倪寬，寬授歐陽生之子，世世相傳。至曾
> 孫歐陽高，爲《尚書》歐陽氏學。

劉歆所謂「歐陽氏」，依王先謙《後漢書集解》引惠棟說，當指
歐陽高。⑮歐陽高立爲博士，在漢武帝時。歐陽高說即使出自歐
陽生，也只在西漢初年。如前所述，帛書《要》的抄寫不會晚於
漢文帝前元十二年（前168），其寫成應在戰國。所以，其時代
要早於歐陽氏。至於說《尚書》之名起於伏生，似乎也有可能。
但《要》篇稱《尚書》，明言是「夫子曰」，是孔子所言，與鄭
玄說同。我們可以懷疑鄭玄說，但沒有理由不相信帛書《要》。
所以，就迄今所發現的文獻而言，《尚書》之稱始於孔子。保守
一點，它也不會晚於戰國。說它起於西漢，是完全錯誤的。

【附　註】

① 詳見劉起釪《尚書學史》第一章第二節。中華書局，1989。
② 見蔣善國《尚書綜述》第一編第一章所引。上海古籍出版社，1988。
③ 孔穎達《尚書正義》卷一引。
④ 《太平御覽》引，見②。
⑤ 《今文尚書論》，《學林》第一輯，轉引自鄭良樹《續僞書通考》
　　上冊頁85，臺灣學生書局，1984。
⑥ 同②。
⑦ 《十三經概論》第二編第一章《尚書解題》，上海古籍出版社，
　　1983。
⑧ 同①。
⑨ 詳見拙作《論帛書〈繫辭〉的學派性質》，《哲學研究》1993年第

7期。

⑩ 李學勤《論新出簡帛與學術研究》，《傳統文化與現代》1993年第
1期。

⑪ 陳松長、廖名春《帛書〈二三子問〉、〈易之義〉、〈要〉釋文》，
《道家文化研究》，上海古籍出版社，1993年。

⑫ 同⑪。

⑬ 李學勤《從帛書〈易傳〉看孔子與〈易〉》，《中原文物》1989年
第2期。

⑭ 《漢晉學術編年》卷一，中華書局，1987年。

⑮ 見中華書局影印本卷七十九上，頁893。

1994年10月於清華園

帛書《要》與《論語》
「五十以學」章

　　《論語・述而》記載：「子曰：加我數年，五十以學易，可以無大過矣。」此章後人訓解多歧，近代以來，疑古風熾，爭論更趨激烈。

　　「五十以學易」章的爭論有二：一是所謂「魯讀」問題，二是對於章旨的理解。

　　所謂「魯讀」問題，根於唐人陸德明所作的《經典釋文》，其卷第二十四《論語音義》云：

　　　　學易：如字。《魯》讀「易」爲「亦」，今從《古》。
這就是說《古論》「學易」之「易」字，《魯論》讀作「亦」字，陸德明認爲《魯論》之異文不可從，應從《古論》。

　　陸氏之說，直至清代惠棟方提出異議，他以《魯論》「亦」字爲是，並舉出《外黃令高彪碑》「恬虛守約，五十以斆」爲證。①日本人本田成之據此，提出「《易》爲孔子、子思、孟子所完全不知」說，②以一字之異文，欲翻中國學術史上之重案。近人錢玄同、錢穆、李鏡池、郭沫若、李平心等皆步其後塵，否認孔子與《周易》有關。③在學術界造成了很大的影響。

　　反對從「魯讀」的人也很多，其中論述最爲有力的要數李學勤先生。其《「五十以學易」問題考辨》一文認爲，「易」、「亦」異文是由於同音通假而致。而「易」、「亦」二字在上古音中韻部並不相同，「易」在錫部，「亦」在鐸部，因此不能相借。

西漢以後，錫部、鐸部之字才開始押韻，「易」、「亦」兩字之音方相接近。所以「易」、「亦」的通假應是兩漢之際以後的事，不可能發生在西漢。鑒於司馬遷《史記・孔子世家》表明西漢時已有作「易」的本子，那麼作「亦」必然是晚出的。④

李先生認爲作「亦」的「魯讀」晚出，從出土材料中完全可以得到證明。1973年底，長沙馬王堆三號漢墓中出土了帛書《要》篇。從墓中的隨葬木牘中可知，該墓葬於漢文帝前元十二年，即西元前168年。帛書《要》篇的抄寫時間當在此之前。從《要》的書寫形製篇題及其所記字數來看，帛書《要》篇係抄本無疑，應有篆書竹簡本存在。從篆書竹簡本的寫成到被抄爲帛書，《要》篇應有一段流傳的時間。《要》係摘錄性質之書，⑤其材料來源應較其成書更早。考慮到秦始皇西元213年根據李斯所議制定了《挾書令》，而該令直到漢惠帝四年（前191）才得以廢除。考古發掘表明，迄今在《挾書令》施行時期以內的墓葬，所書籍均未超出該令的規定。⑥所以，帛書《要》篇的記載不可能出自漢初，也不可能出自秦代，應該會早到戰國。

帛書《要》篇的最後兩節，一稱「夫子老而好易，居則在席，行則在囊」，一稱「孔子繇（籀）易至於損、益一（二）卦，未尙（嘗）不廢書而嘆，戒門弟子曰」。這一記載與司馬遷《史記・孔子世家》、《古論》等是一致的，說明早在戰國時代，就有孔子「好易」、「籀易」之說了。「籀易」即讀易，義與「學易」同。由此可見，據晚出「魯讀」之異文，說「孔子與易並無關係」，是完全錯誤的。

根據帛書《要》篇的記載來探討《論語》「五十以學易」章的章旨，更能說明問題。

理清「五十以學易」章的章旨，最大的問題在於確定孔子說

這段話的時間。《論語》記孔子的言行，並不以時間爲線索。但司馬遷《史記·孔子世家》則把這段話排在孔子暮年返魯之後，係孔子「晚而喜易」時之言。同書記載：「孔子之去魯，凡十四歲而反乎魯。」孔子去魯在魯定公十三年（前497），返魯則爲魯哀公十一年（484前），時孔子六十八歲。司馬遷所謂「晚」，應係六十八歲返魯以後至孔子七十三歲時去世這一段時間。但後人多不以司馬遷的記載爲然。如劉寶楠就說：「《世家》與《論語》所述不在一時。」⑦程樹德更說：「《世家》將《論語》隨意編入，其先後不足爲據。」⑧

從鄭玄開始，注家多以孔子說這一段話的時間在其五十歲之前，抄寫於唐昭宗龍紀二年（西元890）二月的敦煌文書伯希和2510號爲鄭玄《論語·述而》等篇注，其注曰：

> 加我數年，年至五十以學此易，其義理可無大過。孔子時年卅（四十）五、六，好易，翫讀不敢懈倦，汲汲然，自恐不能究竟其意，故云然也。⑨

後來三國魏何晏的《論語集解》說「年五十而知天命，以知命之年讀至命之書，故可以無大過矣」，南朝梁皇侃《論語義疏》說「當孔子爾時年已四十五、六」、宋代邢昺《論語注疏》說「加我數年，方至五十，謂四十七時也」云云，顯然皆由鄭說而來。

後人對上說進一步加以探討。崔適《論語足徵記》說：

> 《史記·世家》：「孔子年四十三，而季氏強僭，其臣陽貨作亂專政，故孔子不仕，而退修《詩》、《書》、《禮》、《樂》。弟子彌眾。」其言正是與此章及下《雅言》章相證明。口授弟子，故須言；修而理之，故其言須雅。方以《詩》、《書》、執禮爲事，故未暇學《易》，而學《易》必俟之年五十也。人之壽數不可豫知，故言「加我數年」。數年者，

自四十三至五十也。

宦懋庸《論語稽》也說：

> 此孔子四十二歲以後，自齊返魯，退脩《詩》、《書》、《禮》、《樂》時語也。蓋《詩》、《書》、《禮》、《樂》之脩，非數年之功不可。因《詩》、《書》、《禮》、《樂》而思及《易》，情之常也。方脩《詩》、《書》、《禮》、《樂》而未暇及《易》，理之常也。

五十以前說有一個難以解決的問題，就是孔子為什麼一定要等到五十歲才學《易》。⑩如果說是「未暇」，既有暇「脩《詩》、《書》、《禮》、《樂》」，為什麼惟獨「未暇」「學易」？如果說「年五十而知天命，以知命之年」方能讀《易》這一「至命之書」，那麼，「未至五十焉知是年知命？又焉知他年贊《易》有至命之言耶」？⑪為了解決「五十」這一難題，前人想盡了種種辦法。或改變章文的斷讀，以「五」一讀，「十」一讀，成「加我數年五、十，以學易……」。或改變章文的理解，說「非以五十之年學易，是以五十之理數學易」。或改變章文的文字，將「五十」改作「卒」字、「吾」字，「七十」、「九十」等等。⑫凡此種種，皆屬穿鑿。⑬

如將司馬遷《史記·孔子世家》記孔子這一段話排在其暮年返魯之後，「五十」二字就非常好理解了。「五十以學易」之「學」，其實就是《史記》、《漢書》「晚而喜易」之「喜」，帛書《要》篇「老而好易」之「好」。「喜」、「好」與「學」雖有程度的不同，所反映出的事實卻是一樣的。能知「五十以學易，可以無大過矣」，這樣的「學」，決非初學，亦決非一般性的學。因為一般性的學，看到的只是吉凶悔吝，決不會看出《周易》是寡過之書。所以，《論語》此章的「學」，實質就是《史記》、

《漢書》、帛書《要》篇之「喜」、「好」。只不過「喜易」、「好易」是他人對孔子的客觀描述，而「學易」則是孔子的謙稱罷了。

由此可知，《論語》此章是孔子晚年深入學《易》之後的追悔之言。其意思是說：再多給我幾年時間，只要我從五十歲時就像現在這樣學《易》，就可以不犯大的錯誤了。其情形猶我們今日學外文，早年學而不好，現在為事所迫下了一些功夫，嘗到了甜頭，心裡不免有所追悔：要是再多有幾年時間，從過去的某某時候起就用功，現在掌握的程度肯定會更好。這一理解從帛書《要》的記載完全可以得到印證。

帛書《要》篇有一節文字，詳細記載了孔子「晚而好易」而和其弟子子贛（貢）辯論的情況。其文曰：

夫子老而好《易》，居則在席，行則在囊。子贛曰：「夫子它日教此弟子曰：『惪（德）行亡者，神霝（靈）之趨；知（智）謀遠者，卜筮之蘩（繁）。』賜以此為然矣。以此言取之，賜縉行之為也。夫子何以老而好之乎？」夫子曰：「君子言以榘（矩）方也。前（剪）羊（祥）而至者，弗羊（祥）而巧也。察其要者，不趚（詭）其德。《尚書》多令（闕）矣，《周易》未失也，且又（有）古之遺言焉。予非安其用也。」……「賜聞諸夫子曰：『孫（遜）正而行義，則人不惑矣。』夫子今不安其用而樂其辭，則是用倚（奇）於人也，而可乎？」子曰：「校（謬）戋（哉），賜！吾告女（汝），《易》之道……故《易》剛者使知瞿（懼），柔者使知剛，愚人為而不忘（妄），僌（漸）人為而去詐（詐）。文王仁，不得其志以成其慮，紂乃無道，文王作，諱而辟（避）咎，然後《易》始興也。予樂其知……」子贛曰：「夫

子亦信其筮乎？」子曰：「吾百占而七十當，唯周梁（梁）山之占也，亦必從其多者而已矣。」子曰：「《易》，我後其祝卜矣，我觀其德義耳也。幽贊而達乎數，明數而達乎德，又仁〔守〕者而義行之耳。贊而不達於數，則其為之巫；數而不達於德，則其為之史。史巫之筮，鄉之而未也，好之而非也。後世之士疑丘者，或以《易》乎？吾求其德而已，吾與史巫同涂而殊歸者也。君子德行焉求福，故祭祀而寡也；仁義焉求吉，故卜筮而希也。祝巫卜筮其後乎？」⑭

所謂「夫子老而好《易》，居則在席，行則在囊」，與《史記·孔子世家》「孔子晚而喜《易》……讀《易》，韋編三絕」同。正因為孔子「好《易》」到了「居則在席，行則在囊」的地步，所以才出現「韋編三絕」的情形。子贛對孔子這種嗜迷於《易》的行為進行了批評。從子贛所引孔子的「它日」之教，從「夫子何以老而好之乎」、「夫子亦信其筮乎」來看，孔子晚年以前不但讀過《周易》，而且還和其弟子們議論過《周易》。但是孔子對《周易》是不「好」的，原因就在於他視《周易》為卜筮之書，「好《易》」就是「信其筮」、「安其用」，就是亡其「德行」，遠其「知謀」。他的這一觀點子贛等弟子皆「以為然」，並且「縉行之為」，努力實行。晚年的孔子儘管沒有改變其輕卜筮的觀點，但是對《周易》的看法卻有重大的變化。他固然承認《周易》有「祝巫卜筮」之用，承認「《易》，我後其祝卜矣」，但更重要的是他發現了「《周易》未失也，且又（有）古之遺言焉」，具有「剛者使知懼，柔者使知剛，愚人為而不妄，儌（漸）人為而去詐」的功能，而且「文王作，諱而避咎，然後《易》始興也」，蘊涵著文王的「德義」。他自信他在這一發現上教鞭先著，故云「祝巫卜筮其後乎」。甘冒「後世之士疑丘者，或以《易》乎」

的風險，「老而好《易》」，以致遭到了子贛的批評。

從帛書《要》篇所載孔子易學觀的這種變化來看《論語》的「五十以學易」章，我們可以肯定孔子所說的這一段話決不會發生在「夫子老而好易」前。因為「學易，可以無大過」是稱贊《周易》「德義」的功能，其義與「《周易》未失也」同。「學易」，之所以「可以無大過」，就是因為「《易》，剛者使知懼，柔者使知剛……」如果說，孔子的「無大過」說是稱贊《周易》的卜筮功能，那既不合孔子晚年以前的易學觀，也不合孔子晚年以後的易學觀。孔子的「無大過」說既然是稱贊《周易》的「德義」，那就一定不會發生在孔子晚年之前，只能發生在「老而好易」之時。只有在「老而好易」之時，才能產生「加我數年」這種強烈的願望。由此可見，司馬遷《史記·孔子世家》將「孔子晚而喜易，序象繫象文言說卦，讀易韋編三絕」與「假年之歎」緊接，皆排於孔子「自衛反魯」之後，是完全正確的。

論定《論語》此章係孔子「老而好易」時之語，再來細探此章言外之意，也許會穫得新的啟示。「加我數年，五十以學易」，方「可以無大過」。這是一個假設句。「五十以學易」是虛擬條件，「無大過」也是假設結果。事實上孔子是承認自己有「大過」，而且這種「大過」是可以通過「五十以學易」而加以避免的。這就暗示出其所謂「大過」是在「五十」以後，當然不會晚到「自衛反魯」之後。

孔子自認「五十」以後有「大過」，「大過」係何？史無明文，不便揣測。但從帛書《要》篇看，孔子「老而好易」前，對《周易》的認識是偏頗的，亦可謂之「過」。從上引帛書文可知，在子贛的批評面前，儘管孔子沒有直接承認自己以前對《周易》的認識有誤，但通過闡述新的易學觀，事實上是否定了自己過去

的觀點。《易》是講天道之書，帛書《要》的「孔子繇（籀）易」
節就明載孔子說「《易》又有天道焉」。孔子晚年既然因「《易》
又有天道焉」而好《易》，改變了其易學觀。那麼，他的其它學
術思想是否也有一定的變化呢？他是否也覺察到他以前的學術思
想有「過」呢？如果說孔子晚年「老而好易」之後，對自己的思
想囿於人學一端而有所追悔，因而將其發展爲天人合一之學，這
不僅在《論語・述而》篇的「五十以學易」章可找到線索，與傳
統的孔子作《易傳》的說法也是相合的。

【附 註】

① 黃焯《經典釋文彙校》頁211，中華書局，1980。

② 《作易年代考》，《支那學雜誌》第一卷二、三號，1920年；又載
江俠庵編譯《先秦經籍考》上冊，商務印書館，1931。

③ 錢玄同說載《讀書雜誌》第十期，張心澂《僞書通考》有引；錢穆
《論十翼非孔子作》，李鏡池《易傳探源》，皆載《古史辨》第三
冊；郭沫若《周易之制作時代》載《青銅時代》；李平心《關於周
易的性質歷史內容和制作時代》，《學術月刊》1963年第7期。

④ 《中國文化與中國哲學》（1988），三聯書店，1990；又載《周易
經傳溯源》第一章第五節，長春出版社，1992。

⑤ 詳見拙作《論帛書〈繫辭〉的學派性質》，《哲學研究》1993年第
7期。

⑥ 李學勤《論新出簡帛與學術研究》，《傳統文化與現代化》1993年
第1期。

⑦ 《論語正義》卷11，中華書局版諸子集成本頁144，1954。

⑧ 《論語集釋》卷14，頁471，中華書局新編諸子集成本，1990。

⑨ 王素編著《唐寫本論語鄭氏注及其研究》頁78，圖版22。文物出版

社，1991。

⑩　如毛奇齡《論語稽求篇》就說：「幼習六藝，便當學《易》，何況五十？」

⑪　崔適《論語足徵記》，轉引自程樹德《論語集釋》卷十四。

⑫　詳見⑧引。

⑬　詳見④李學勤先生的分析。

⑭　這一段文字的詳細考釋，見拙文《帛書釋〈要〉》，載《中國文化》第十期。

1993年11月於清華園

從帛書《要》論孔子易學觀的轉變

司馬遷《史記‧孔子世家》和《田敬仲完世家》都說「孔子晚而喜《易》」，班固《漢書‧儒林傳》所載亦同，只不過改「喜」爲「好」而已。孔子爲何要至晚年方才「喜《易》」？他晚年前後的易學觀有沒有變化？對此，司馬遷、班固沒有記載，人們也都沒有注意到。因爲在人們的觀念中，孔子的思想終其一生，是「一以貫之」的，不可能有轉折變化，其易學觀也當如此。因此，探討孔子何以「晚而好《易》」這一問題，不但可以加深我們對孔子易學觀演變的認識，對孔子整個思想的研究也具有方法論的啓示。

1973年底，湖南長沙馬王堆三號漢墓中出土了六篇帛書「易傳」，共一萬六千餘字。其中第四篇名《要》，記字「千六百四十八」。這是一篇研究孔子易學觀的極其重要的文獻。筆者曾有幸進行過整理，做過釋文，①並發表過《帛書〈要〉簡說》、②《帛書釋〈要〉》、③《帛書〈要〉與孔學研究》④等論文。今吸收時賢的成果，參以自己的工作，再作一探討。

從馬王堆三號漢墓出土的隨葬木牘可知，該墓葬於漢文帝前元十二年，即西元前168年。從帛書《要》的書寫形制、篇題及其所記字數來看，帛書《要》係抄本無疑，應有篆書竹簡本存在。同時，從篆書竹簡本的寫成到被抄爲帛書，應有一段流傳的時間。《要》係摘錄性質之書，⑤其材料來源應較其成書更早。考慮到秦始皇西元前213年根據李斯所議制定了《挾書令》，而該令直

到漢惠帝四年（前191）才得以廢除。考古發掘表明，迄今在《挾書令》施行時期以內的墓葬，所出書籍均未超出該令的規定。⑥所以，帛書《要》的記載不可能出自漢初，也不可能出自秦代，應該會早到戰國。

帛書《要》有一節文字，詳細記載了孔子「老而好《易》」而和其弟子子贛（貢）辯論的情況。其文曰：

> 夫子老而好《易》，居則在席，行則在橐。子贛曰：「夫子它日教此弟子曰：『德行亡者，神靈之趨；知謀遠者，卜筮之繁（繁）。』賜以此爲然矣。以此言取之，賜緡行之爲也。夫子何以老而好之乎？」夫子曰：「君子言以矩方也。前（剪）羊（祥）而至者，弗羊（祥）而巧也。察其要者，不趑（詭）其福。《尚書》多仌（闕）矣，《周易》未失也，且又（有）古之遺言焉。予非安其用也。」……「賜聞諸夫子曰：『孫（遜）正而行義，則人不惑矣。』夫子今不安其用而樂其辭，則是用倚（奇）於人也，而可乎？」子曰：「校（謬）哉，賜！吾告女（汝），《易》之道……故《易》剛者使知瞿（懼），柔者使知剛，愚人爲而不忘（妄），僸（漸）人爲而去詐。文王仁，不得其志以成其慮，紂乃無道，文王作，諱而辟（避）咎，然後《易》始興也。予樂其知……」子贛曰：「夫子亦信其筮乎？」子曰：「吾百占而七十當，唯周梁（梁）山之占也，亦必從其多者而已矣。」子曰：「《易》，我後其祝卜矣，我觀其德義耳也。幽贊而達乎數，明數而達乎德，又仁〔守〕者而義行之耳。贊而不達於數，則其爲之巫；數而不達於德，則其爲之史。史巫之筮，鄉之而未也，好之而非也。后世之疑丘者，或以《易》乎？吾求其德而已，吾與史巫同涂而殊歸者也。君子德行焉求福，故

祭祀而寡也；仁義焉求吉，故卜筮而希也。祝巫卜筮其後乎？」

帛書《要》這一記載是否可信呢？最好的辦法是「取地下之實物與紙上之遺文互相釋證」。⑦王國維告誡我們：「雖古書之未得證明者，不能加以否定；而其已得證明者，不能不加以肯定，可斷言也。」⑧帛書《要》所謂「夫子老而好《易》」，說同於《史記·孔子世家》，只不過一稱「夫子」，一稱「孔子」；一稱「老」，一稱「晚」；一稱「好」，一稱「喜」。而帛書「夫子」之稱較《史記》「孔子」更近，顯然是其弟子或再傳弟子的口吻。所謂「居則在席，行則在囊」，與《史記》孔子「讀《易》，韋編三絕」說也可相互證明。正因爲孔子「老而好《易》」到了居、行不忍釋手的地步，才出現了「韋編三絕」的結果。《要》篇載子貢批評孔子「老而好《易》」之事，從時間上講，是可以成立的。《史記·孔子世家》將「孔子晚而喜《易》」一段置於魯哀公十一年孔子歸魯之後，而據《左傳》哀公十一年所載，此時子貢正在魯國。至哀公十五年冬，子服景伯前往齊國，子貢爲介。第二年四月孔子逝世，子貢批評哀公的致誄，隨後爲孔子廬墓六年。李學勤先生說：「孔子、子貢間發生《要》篇所記的對話，恰合於當時的情事。」⑨這一論斷是準確的。上載子貢對孔子的責難，與傳統文獻所載子貢的性格也是相符的。《史記·仲尼弟子列傳》云：「子貢利口巧辭，孔子常黜其辯。」又說子貢：「喜揚人之美，不能匿人之過。」上引帛書《要》篇之文，就是一個最鮮明的例證。又帛書所謂「《周易》未失也」，「《易》剛者使知懼，柔者使知剛」云云，與《論語·述而》所載「無大過」之說若合符節。「觀其德義」，「求其德而已」，與《論語·子路》所載「不占」之教完全可以相互印證。「後世之士疑丘者，或以《易》乎」，與《孟子·滕文公下》所載孟子引孔子語

「知我者，其惟《春秋》乎？罪我者，其惟《春秋》乎」口吻酷肖。所有這些足以證明：上引帛書《要》篇所載，是研究孔子思想的可靠史料，我們沒有理由忽視它。

從上引帛書《要》可知，孔子「老而好《易》」，竟到了「居則在席，行則在囊」的痴迷地步，對此，其弟子子貢持激烈反對的態度。子貢爲何要反對「夫子老而好《易》」呢？原因就在於子貢認爲孔子「老而好之」違反了孔子的「它日」之教。「它日」即往日，指以前。孔子「老而好《易》」之前，對《周易》是一種什麼態度呢？帛書通過子貢之口，揭示得非常清楚：「德行亡者，神靈之趨；知謀遠者，卜筮之繁」。⑩喪失德行的人才乞求神靈，缺乏智謀的人才頻繁卜筮。子貢引此來批評「夫子老而好《易》」，是引子昔日之矛擊子今日之盾，說明這種「它日之教」就是孔子「它日」對好《易》者的批評。下文「賜聞諸夫子曰：『孫正而行義，則人不惑矣』」同理，也是說毋須好《易》，亦能不惑，以此駁孔子「《周易》未失也」之說。從子貢所引孔子的「它日」之教來看，孔子晚年以前不但不曾「好《易》」，反而視「好《易》」爲求「德行」、「遜正而行義」的對立面。在這時的孔子看來，《周易》是卜筮之書，爲君子所羞稱。這一易學觀，「賜以此爲然」，被子貢這些弟子所完全接受，視爲孔門思想的正統；并「緝行之爲也」，努力實行。

孔子晚年以後爲什麼要「好《易》」呢？帛書《要》記載得很清楚。「《周易》未失也，且又（有）古之遺言焉」。所謂「未失」，是指《周易》的哲學功能而言，它具有「剛者使知懼，柔者使知剛，愚人爲而不妄，傸（漸）人爲而去詐」的作用。過於剛強者，學了《周易》之後，就會「知懼」，懂得過於剛強之禍。過於柔弱者，學了《周易》之後，就會「知剛」，懂得要以

剛去濟柔。這就是說，《周易》是一部講辯證法的書，它揭示了
物極必反、相反相成的哲理。愚人學了《周易》之後就會變得聰
明，漸（奸）人學了《周易》之後就會去掉狡詐之心。這就是說，
《周易》又是一部講人生哲理之書，它揭諸人生的智慧，做人的
正道，教人「不妄」、「去詐」。《周易》一書的這些深刻的哲
理正是孔子「老而好《易》」的首要原因。

　　孔子「老而好《易》」的另一重要原因是孔子認爲《周易》
「有古之遺言焉」。李學勤先生說，「古之遺言」不是泛指古代
的話，因爲《周易》對於孔子來說本來是古代的作品，用不著特
別強調。「遺言」的「言」應訓爲教或道，係指前世聖人的遺教。⑪
其說極是。具體而言，這裡的「遺言」是指周文王之道。《周易》
「有古之遺言焉」，就是說《周易》一書蘊藏著周文王的思想。
何以見得？帛書《要》告訴我們：「文王仁，不得其志以成其慮，
紂乃无道，文王作，諱而避咎，然後《易》始興也。予樂其知…
…」這就是說，《周易》一書始出於周文王，它產生於「紂乃无
道，文王作」的年代，是周文王「諱而避咎」之作，反映了文王
的仁義思想（「文王仁」）和憂國憂民意識（「其慮」）。孔子
是「樂其知」，賞識蘊藏在《周易》一書裡的文王之智才「好《
易》」的。這一段話，主要是從歷史、政治的角度解釋了其「老
而好《易》」的原因。爲我們解決《周易》一書的作者和成書年
代、《周易》一書的性質提供了寶貴的史料。⑫

　　《論語・子路》篇載孔子對《周易》恆卦九三爻辭「不恆其
德，或承之羞」的評價是「不占而已」。今人多以此「不占」之
教來概括孔子的易學觀。其實，孔子晚年的易學觀并不如此簡單。
如上所述，孔子認爲《周易》乃文王「諱而避咎」之作，所謂「
諱」乃隱諱，「避咎」乃躲避商紂無道之「咎」。⑬這就是說《

周易》的卜筮形式下寄寓著文王之「仁」和其「志」、「慮」，它的外殼是卜筮，而其實質是反紂之「无道」。⑭基於此認識，孔子認爲就其「諱」的卜筮之用而言，「我後其祝卜矣」；但從「觀其德義」來論，「祝巫卜筮其後乎」。孔子輕筮重德，並不是說他於《易》只言義理，不涉象數。相反，他主張的治《易》方法是「幽贊而達乎數，明數而達乎德，又仁〔守〕者而義行之耳」。他認爲「幽贊而不達乎數，則其爲之巫」，只知卜筮之用而不知利用易數去推步天象曆法，這就是巫，是最下等的好《易》者。「數而不達乎德，則其爲之史」，只知以易數去推步天象曆法，而不知從天道中推出人道，這就是史，是次等的好《易》者。⑮對於「史巫」之易，孔子認爲「鄉（向）之而未也，好之而非也」，向往和喜好都是錯誤的。而正確的方法是由明占筮之用而明易數，由明易數而明易理，並將易理與仁、義相結合。這實質是主張由象數而探義理，反對離義理而言象數或離象數而言義理。這種易學觀，其重要性不僅僅在於易學，而在於提出了一種新的君子標準，即君子既要「守道」，又得溝通天人；既要修德，還得「明數」。此不但異於思孟的心性之學，與荀子的「天人之分」說也有明顯不同。但對精於禮、樂、射、御、書、數「六藝」的孔子來說，則是完全可能的。《史記・孔子世家》記載：

　　孔子學鼓琴師襄子，十日不進。師襄子曰：「可以益矣。」孔子曰：「丘已習其曲矣，未得其數也。」有間，曰：「已習其數，可以益矣。」孔子曰：「丘未得其志也。」有間，曰：「已習其志，可以益矣。」孔子曰：「丘未得其爲人也。」有間，曰：「有所穆然深思焉，有所怡然高望則遠志焉。」曰：「丘得其爲人，黯然而黑，幾然而長，眼如望羊，如王四國，非文王，其誰能爲此也？」師襄子辟席再拜曰：「師

　　　蓋云《文王操》也。」

這一記載崔述有所懷疑，⑯但又見於《韓詩外傳》、《淮南子‧
主術》、《孔子家語‧辯樂解》等書，大體可信。孔子論樂由數
及志，再得其爲人，論定其曲爲《文王之操》。這種風格，與帛
書所載孔子論《易》語極近，我們不應有所懷疑。

　　孔子易學觀的轉變從《論語》中也可得到證明。其《述而》
篇有一段著名的記載：

　　　子曰：「加我數年，五十以學《易》，可以無大過矣。」

此章後人訓解多歧，爭論主要集中在兩點上：一是所謂「魯讀」
的問題，二是孔子說此語的時間問題。前者近代以來雖被疑古派
渲染成一大訟案，但實際上已獲解決，「魯讀」不足爲據。⑰後
者則大體有兩說。司馬遷《史記‧孔子世家》將這段話排在孔子
暮年返魯之後，係孔子「晚而喜《易》」時之言。同書告訴我們：
「孔子之去魯，凡十四歲而反乎魯。」孔子去魯在魯定公十三年
（前497），返魯則爲魯哀公十一年（前484），時孔子六十八
歲。由此可見，司馬遷所謂「晚」，應係孔子六十八歲返魯之後
至七十三歲時去世這一段時間。

　　但後人多不以司馬遷的記載爲然。如清儒劉寶楠就說：「《
世家》與《論語》所述不在一時。」⑱程樹德更說：「《世家》
將《論語》隨意編入，其先後不足爲據。」⑲

　　從鄭玄開始，注家多以孔子此語在其五十歲之前。抄寫於唐
昭宗龍紀二年（西元890）二月的敦煌文書伯希和2510號爲鄭玄
《論語‧述而》等篇注，其注曰：

　　　加我數年，年至五十以學此《易》，其義理可無大過。
　　孔子時年卅（四十）五、六，好《易》，翫讀不敢懈倦，汲
　　汲然，自恐不能究竟其意，故云然也。⑳

後來三國魏何晏的《論語集解》說「年五十而知天命，以知命之
年讀至命之書，故可以無大過矣」、南朝梁皇侃《論語義疏》說
「當孔子爾時年已四十五、六」、宋代邢昺《論語注疏》說「加
我數年，方至五十，謂四十七時也」云云，顯然皆由鄭注而來。
後儒對上說進一步加以補充。崔適《論語足徵記》說：

> 《史記·世家》：「孔子年四十三，而季氏強僭，其臣
> 陽貨作亂專政，故孔子不仕，而退修《詩》、《書》、《禮》、
> 《樂》。弟子彌眾。」其言正足與此章及下「雅言」章相證
> 明。口授弟子，故須言；修而理之，故其言須雅。方以《詩》、
> 《書》執禮爲事，故未暇學《易》，而學《易》必俟之年五
> 十也。人之壽數不可豫知，故言「加我數年」。數年者，自
> 四十三至五十也。

官懋庸《論語稽》也說：

> 此孔子四十二歲以後，自齊返魯，退修《詩》、《書》、
> 《禮》、《樂》時語也。蓋《詩》、《書》、《禮》、《樂》
> 之修，非數年之功不可。因《詩》、《書》、《禮》、《樂》
> 而思及《易》，情之常也。方修《詩》、《書》、《禮》、
> 《樂》而未暇及《易》，理之常也。

五十以前說有一個難以解決的問題，就是孔子爲什麼一定要
等到五十歲才學《易》。[21]如果說是「未暇」，那麼，既有暇「
修《詩》、《書》、《禮》、《樂》」，爲什麼惟獨「未暇」「
學《易》」？如果說「年五十而知天命，以知命之年」方能讀《
易》這一「至命之書」，那麼，「未至五十焉知是年知命？又焉
知他年贊《易》有至命之言耶？」[22]爲了解決這些難題，前修時
賢想盡了種種辦法。或改變章文的句讀，以「五」一讀，「十」
一讀，成「加我數年五、十，以學《易》」。或改變章文的理解，

說「非以五十之年學《易》，是以五十之理數學《易》」。或改變章文的文字，將「五十」改作「卒」字、「吾」字、「七十」、「九十」等等。㉓凡此種種，皆屬穿鑿。㉔

如依司馬遷《史記・孔子世家》，將孔子此語排在其暮年返魯之後，上述難題就不存在了。能知「五十以學《易》，可以無大過」，這樣的「學」，決非初學，亦非一般性的學。因為一般性地學《易》，看到的只是占卜吉凶，決不會看出《周易》是寡過之書。「學《易》，可以無大過」，這是稱贊《周易》「德義」的功能，其義與帛書《要》「《周易》未失也」同。「學《易》」，之所以「可以無大過」就是因為「《易》，剛者使知懼，柔者使知剛……」所以，「學《易》，可以無大過」，應是孔子「好《易》」後之語，不好《易》，是說不出這樣的警語來的。從《史記》、《漢書》和帛書《要》所載可知，孔子好《易》是晚年以後之事，所以，孔子說「假我數年，五十以學《易》，可以無大過矣」，必定在其暮年返魯，「老而好《易》」之後。正因是暮年之語，知其人壽不可能太多，所以說「假我數年」。正因是「老而好之」，而且到了「居則在席，行則在囊」的地步，所以不免對過去有所追悔，心想我要不是「老而好《易》」而是更早一點好《易》該多好。所謂「五十」就是更早一點時間之意。「學」與「喜」、「好」表面上有程度上的差異，其實質並沒有什麼不同。只不過一是孔子的謙稱，故謂「學」；一是他人的客觀描述，故謂「喜」、「好」。

如《論語・述而》上述所載，孔子惜其好《易》之晚，這既是對其晚年易學觀的肯定，也是對其以前易學觀的檢討。正因為晚年以前輕《易》，視《周易》為卜筮之書，對其「德義」忽而不察，所以「老而好《易》」之後才「覺今是而昨非」，故有「

假年」之嘆。所以，對孔子易學觀的轉變，《論語》和帛書《要》
所載，都可相互證明。

　　孔子爲什麼至晚年突然改變了自己原來的易學觀，從《周易》
中發現了先前所不曾發現過的「德義」了呢？這是一個頗值得玩
味的問題。從古至今，人們對《周易》一書的性質，素有兩種對
立的認識。一是視《周易》爲卜筮之書，一是視《周易》爲義理
之書。視《周易》爲卜筮之書的，多是就《周易》本身而立論；
視《周易》爲義理之書的，多是就《易傳》而立論。孔子晚年以
前視《周易》爲卜筮之書，對其採取排斥的態度，應該說他看到
的只是《周易》的本文，是卦畫和卦、爻辭。晚年以後，他從《
周易》中看出了「德義」，看出了文王之道，應該說他不僅看到
了《周易》本文，還看到了一種權威的、足以使他信服的解釋《
周易》的創作背景、思想宗旨的文獻。這一文獻實質就是最早的
一種《易》傳。這一《易》傳並非出自一般人之手，否則孔子不
會一讀到它就改變了自己原來對《周易》的看法。「郁郁乎文哉！
吾從周！」㉕作爲周代文化傳統自覺繼承者的孔子，能使他信服
的《易》傳應該是出自周王室、與文武周公之道有密切聯繫的文
獻。這一文獻看起來似乎不可確考，但事實上史籍卻留下了它的
痕迹。

　　《左傳・昭公二年》有一段著名的記載：

　　　　晉侯使韓宣子來聘，……觀書於太史氏，見《易象》與
　　　《魯春秋》，曰：「周禮盡在魯矣，吾乃今知周公之德，與
　　　周之所以王矣。」

此《易象》決非《周易》本文，而是解《易》之傳。何以見得？
因爲從《左傳》、《國語》的記載看，晉人以《周易》占筮論事，
史不絕書，可見人們對《周易》是非常熟悉的。如果魯太史出示

給韓宣子的《易象》只是人們早就習以爲常的《周易》，韓宣子
決不會如此大發感慨。因此，它一定是一部釋《易》之作，其創
作與周公有關，其內容與「周之所王」有關。韓宣子聘魯，時孔
子方十二歲。《易象》掌於魯太史，韓宣子尚屬初見，其在社會
上肯定尚未廣爲流傳。所以孔子在晚年以前排斥《周易》，很可
能就是因爲他尚未看到《易象》。到孔子暮年返魯，距韓宣子觀
書已近六十年，這時魯太史所藏之《易象》可能在社會上已逐漸
流傳開來，孔子整理文獻，既然因魯太史之《魯春秋》而作《春
秋》，那麼，他就有可能見到載有「周公之德」和「周之所以王」
的《易象》。見到《易象》，他就有可能說出「《周易》未失也，
且又（有）古之遺言焉。……文王仁，不得其志以成其慮，紂乃
无道，文王作，諱而辟（避）咎，然後《易》始興也……予樂其
知（智）之……」這樣的話來。所以，孔子「老而好《易》」，
其易學觀發生了轉變，應該是他見到了《易象》一書所致。傳說
今本《易傳》係孔子所作。今本《易傳》的某些部分和《易象》
的關係，可能也像已修《春秋》與不修《春秋》一樣。㉖由此看
來，孔子晚年的易學觀和孔子關於《周易》哲理的闡發，其中固
然有孔子自己的創造，但毫無疑問，孔子也繼承和吸取了前人的
成果。孔子自稱「述而不作」、「信而好古」，人稱其「憲章文
武」，因此，孔子晚年對《周易》「德義」的認識，不可能完全
是孔子的憑空創造，應該有其歷史的淵源。由《易象》來看，孔
子晚年轉變後的這種對《周易》一書性質的認識，可能會更符合
歷史的真實。

【附　註】

① 　與陳松長先生合作，載《道家文化研究》第三輯，上海古籍出版社，

1993年8月。

② 同①。

③ 載《中國文化》第10期，1994年8月。

④ 孔子誕辰2545周年紀念與國際學術研究會論文。1994年10月。

⑤ 詳見拙作《論帛書〈繫辭〉的學派性質》，《哲學研究》1993年第7期。

⑥ 李學勤《論新出簡帛與學術研究》，《傳統文化與現代化》1993年第1期。

⑦ 陳寅恪《王靜安先生遺書序》，《王國維遺書》第一冊，上海古籍書店1983年影印商務印書館本。

⑧ 《古史新證》，1935年1月北京來薰閣影印本。

⑨ 《從帛書〈易傳〉看孔子與〈易〉》，《中原文物》1989年第2期。

⑩ 「繁」字從池田知久說，見《馬王堆漢墓帛書周易要篇的思想》，載東京大學《東洋文化研究所紀要》第126冊，1994年8月定稿。

⑪ 同⑨。

⑫ 詳見拙文《從帛書「易傳」論〈周易〉的作者與性質》，未刊稿。

⑬ 這與《史記·太史公自序》「西伯拘羑里演《周易》」說可相互證明。

⑭ 可參任俊華《「諱而辟咎」小議》，《國際青年易學通訊》第4期，1994年9月。

⑮ 《荀子·君道》云「官人守數」，《天論》則說「官人守天」，可知「守數」即「守天」，故此處如此釋「數」。詳見③。

⑯ 《洙泗考信錄》卷二，《叢書集成初編》本，商務印書館，1937年。

⑰ 說詳李學勤《「五十以學易」問題考辨》，載《中國文化與中國哲學》（1988），三聯書店，1990。

⑱ 《論語正義》卷八，中華書局版諸子集成本，頁144。

⑲　《論語集釋》卷十四,中華書局版新編諸子集成本,頁471。

⑳　見王素編著《唐寫本論鄭氏注及其研究》頁78,圖版22,文物出版社,1991。

㉑　如毛奇齡《論語稽求篇》就說:「幻習六藝,便當學《易》,何況五十?」

㉒　崔適《論語足徵記》語,轉引自程樹德《論語集釋》卷十四。

㉓　前修說可詳見⑲所引,時賢說恕不繁舉。

㉔　詳見⑰李學勤先生的分析。

㉕　《論語‧八佾》第十四章。

㉖　詳見拙作《周易研究史》第42頁,湖南出版社,1991。

1994年11月於清華園

第四篇　帛書《易傳》專論

帛書《易傳》引《易》考

一、前　言

　　馬王堆三號漢墓不但出土了帛書《易經》，而且還出土了帛書《易傳》。①帛書《易傳》共六篇，依次抄寫在兩張黃帛上，書手與帛書《易經》爲同一人。第一篇爲〈二三子〉，共三十六行，約二千六百餘字；第二篇爲〈繫辭〉，共四十七行，約三千二百多字；第三篇爲〈易之義〉，約四十五行，約三千一百字；第四篇爲〈要〉，其篇末記字數「千六百四十八」，約二十四行；第五、六篇爲〈繆和〉、〈昭力〉，篇末共記字數「六千」。〈二三子〉與帛書《易經》同寫在一張黃帛上，其餘五篇則依次抄在另一張上。②這六篇帛書《易傳》共有一萬六千餘字，雖間有殘缺，但經我們的拼接整理，尙可卒讀。它們寫作的下限，估計不會晚於《呂氏春秋》和《韓非子》，其上限也不會早於戰國前期，應爲戰國中、後期的作品。③這六篇帛書在解《易》的同時，引述了大量的《易經》原文，考察這些經文與今傳諸本的異同，探討其異文的原因，對於《易經》本文和易學的研究，都是很有意義的。下面，擬從易名、卦名、卦爻辭、卦序幾個方面進行探討。

二、易名考

六篇帛書皆稱《易》，這是一致的。但〈要〉和〈繆和〉也稱《周易》。《易》和《周易》之稱，一略一詳，自《左傳》就如此。

〈二三子〉除稱《易》外，還稱「卦」。如：

《卦》曰：「見龍在田，利見大人。」

《卦》曰：「君子終日鍵鍵，〔夕泝若〕厲，无咎。」

《卦》曰：「見群龍〔无首〕，吉。」

《卦》曰：「履霜，堅冰至。」

共十三處。這些稱「卦」的，別的地方則稱《易》；如：

《易》曰：「〔寢〕龍勿用。」

《易》曰：「抗龍有悔。」

顯而易見，「卦」就是《易》的別稱。將《易》稱爲「卦」，可能是從「易卦」說發展引申出來的。《左傳》昭公三十年：

在《易》卦，雷乘乾曰大壯，天之道也。

這裡的「卦」是指別卦之象。但由於《易》是卦所組成的，連言《易》卦，卦也就成了《易》的別稱。因此，在〈繆和〉篇中，就有了「易卦其義」說，如：

易卦其義曰：「顯比，王用參毆，失前禽，邑不戒，吉。」
　此之胃（謂）也。

易卦其義曰：「又（有）覆（孚）惠心，勿問无吉，又（有）復（孚）惠我德也。」

易卦其義曰：「入于左腹，獲明夷之心，于出門廷。」

「義」，通「議」。《史記》〈酷吏列傳〉：「義不受刑。」《

漢書》〈酷吏傳〉義作議。《荀子》〈不苟〉:「正義直指,舉人之過,非毀疵也。」王念孫《讀書雜志》:「義,讀爲議。……〈韓策〉曰『嚴遂政議直指,舉韓傀之過』,是其證。」因此,「易卦其義」就是「易卦其議」、「易卦之辭」。「易卦」就是指《易》,以「卦」代「易」,應係由「易卦」之稱而來。

三、卦名考

　帛書《易傳》六篇中,可辨認出的別卦卦名有四十七個。其中〈二三子〉有豐、嗛(謙)、未濟;〈繫辭〉有鍵(乾)、川(坤)、同人、羅(離)、益、筮(噬)蓋(嗑)、奐(渙)、隋(隨)、余(豫)、少(小)過、諑(睽)、大莊(壯)、大過、大有;〈要〉有益、損;〈繆和〉有川、渙、豐、恆、歸妹、屯、溓、嗛、復、困、中復(孚)、蒙、明夷;〈昭力〉有師、比、无孟(妄)、柰(泰)、旅;〈易之義〉有鍵、川、益、筮(噬)聞(嗑)、渙、隋(隨)、大壯、大牀(壯)、壯(即大壯之省稱)、大有、容(訟)、師、比、小蓄(畜)、履、婦(否)、无孟(妄)、嬬(需)、家〔人〕、井、均(姤)、句(姤)、豐、林(臨)、觀、恆、損、歸妹、既齎(濟)、肫(屯)、嗛(謙)、復、困、鼎。這些卦名,于豪亮先生的〈帛書周易〉一文已進行過介紹。④但是,〈易之義〉還有六個異寫的卦名是于文沒有提到過的。

　一是大蓄,帛書《易經》作泰蓄,今本作大畜,蓄乃畜之假。

　二是酆,酆乃豐之別寫。《左傳》宣公十五年:「酆舒。」《漢書》〈古今人表〉就作「豐舒」。《左傳》昭公四年:「康有酆宮之朝。」《史記》〈楚世家〉酆就作豐。

三是宋，為困卦之困別寫。「三陳九卦」一段，益卦之後是困卦，困卦之後是井卦。而〈易之義〉卻作：

益，長裕而與；宋，窮而達；井，居其所而遷。

很明顯，宋即困之訛。

四是謹。謹即艮字之借。兩字同為文部見母，聲、韻皆同。《周禮》〈地官・遺人〉：「以恤民之艱阨。」鄭玄注：「故書艱阨作攤阨，杜子春云：『攤阨當為艱阨。』」《書》〈大誥〉：「罔不反曰艱大。」《魏三體石經》艱作囏。《說文》：「艱，籀文作囏。」艮卦之艮寫作謹，與艱阨寫作謹阨、艱寫作囏同。

五是齊，即晉。兩字聲母同，韻母音近，可對轉。《易》之晉卦，《釋文》云：「晉，孟作齊。」而齊、齋常通用。如《莊子》〈達生〉：「與齊俱入。」《列子》〈黃帝〉齊作齋。《周禮》〈春官・司尊彝〉：「鬱齊獻酌，醴齊縮酌，盎齊涗酌。」鄭玄注：「故書齊為齋，鄭司農云：『齋讀皆為齊知之齊。』」故晉卦之晉可寫作齋。

六是勞之卦，即坎卦。《說卦》云：

坎者，水也，正北方之卦也，勞卦也，萬物之所歸也，故曰勞乎坎。

孔穎達《正義》云：

以坎是象水之卦，水行不舍晝夜，所以為勞卦；又是正北方之卦，斗柄指北，於時為冬，冬時萬物閉藏，納受為勞，是坎為勞卦也。

〈易之義〉將坎卦稱為勞之卦，這一定是採用成說，決非己說。以此類推，可知《說卦》的上段話當為〈易之義〉此說之所本。〈易之義〉既稱今本〈繫辭〉之語為「易曰」，又載有今本〈說卦〉的前三章，⑤那麼，此說係本於《說卦》，應為當然。由此

可知，〈說卦〉的寫成應在〈易之義〉前，至少當在《呂氏春秋》
以前。

四、卦爻辭考

　　帛書《易傳》六篇引用了《易經》四十五卦的卦爻辭，只有
十九卦不見徵引，它們是：需、履、隨、臨、賁、剝、无妄、頤、
坎、離和家人、夬、萃、升、井、革、巽、兌、既濟。引用得最
多的是乾卦和坤卦，其中乾卦徵引二十三次，除卦辭外，其它六
爻和用辭都被反覆徵引過多次；坤卦徵引二十七次，其卦辭、爻
辭、用辭都被反覆徵引。

　　帛書《易傳》六篇所引《易》，與今通行本比較，其不同處
主要在有許多假借字，意義不同的異文並不很多，下面逐一加以
考察。

　　〈繆和〉多次稱引蒙卦卦辭，皆作：

　　　蒙，亨。非我求童蒙，童蒙求我；初筮吉，再參讀，讀
　　則不吉。利貞。

今本非作匪，讀作瀆，參作三，這都是通假字的問題。但吉字今
本作告，則有意義的區別。帛書《易經》與漢石經本皆作吉。于
豪亮先生認為帛書《易經》與漢石經本皆因告字與吉字形近而訛，
從文義看，以作「告」為長。⑥于說非。《易》本於筮占，筮占
就是占問吉凶。所謂「初筮吉，再參瀆，瀆則不吉」就是反對改
筮。改筮會導致對筮法的懷疑，故曰「不吉」。〈繆和〉告也作
吉，說明帛書《易經》、漢石經作吉是正確的。古書在流傳過程
中，轉經多手，容易致誤。而帛書至少能說明，早在漢初，此字
就作吉了。

大畜卦九三爻辭通行本作:

> 九三,良馬逐,利艱貞;日閑輿衛,利有攸往。

帛書《易經》逐作遂,艱作根,閑作闌,輿作車,衛殘缺,其義同於今本。而〈昭力〉兩引此爻,「日閑輿衛」皆作「闌輿之衛」。闌,與今本閑通。今本的「日」字,用在此處,殊爲不通。《釋文》引鄭玄曰「人實反」,則鄭玄以「日」爲「日」。《集解》引虞翻注亦作「日」。《程傳》亦依「日」解,《本義》也以爲「當爲日月之日」。〈昭力〉引無「日」字,多一「之」字,文從字順,足證今本之「日」字有誤。由此可見,〈昭力〉所引之《易》,與帛書《易經》並非一本。

〈二三子〉引未濟卦辭說:

> 未濟,亨,〔小狐〕涉川,幾濟,濡其尾,无迪利。

幾,今本作汔,兩字音近義通。《詩‧大雅》〈民勞〉:「民亦勞止,汔可小康。」鄭玄箋:「汔,幾也。」《易》〈井〉:「汔至亦未繘井,羸其瓶。」孔穎達疏:「汔,幾也;幾,近也。」迪,即遹字。《漢書》〈韋賢傳〉:「萬國遹平」。顏師古注:「遹,古攸字。」「涉川」兩字,不見於今本和帛書《易經》。但〈二三子〉的稱引是可靠的。因爲《史記》〈春申君傳〉和《新序》〈善謀〉記黃歇說秦昭王所引,也皆有「涉水」二字。水即川。從文義,先言「涉川」,再言「幾濟」,「濡其尾」,事情發生的過程交代得清清楚楚,較今本等直接說「汔濟」更爲自然、完整。所以,當以〈二三子〉所引爲是。此亦證〈二三子〉所據之本,並非帛書《易經》本。

〈二三子〉又引謙卦卦辭說:

> 嗛,亨,君子有冬,吉。

嗛,即謙;冬,即終。但今本、帛書《易經》本皆無「吉」字。

〈繆和〉兩引此，亦無吉。然《韓詩外傳》卷八所引則有「吉」字，其卷三稱引此條亦有。從文義來看，「亨」而「有終」，加一「吉」字，也許更爲恰當。由此看，〈二三子〉所據之本，與《韓詩外傳》所據之本同，兩者當有密切關係。

〈二三子〉引鼎卦上九爻辭說：

> 鼎王昼，〔大〕吉，無不利。

「王」今本作「玉」，「昼」今本作「鉉」。「王」、「玉」本同字，「昼」則值得一考。案「昼」爲璧字之省。《儀禮·士冠禮》：「設扃鼏。」鄭玄注：「扃，今文爲鉉。」《玉篇·鼎部》：「鼏，鼎蓋。」《儀禮·少牢饋食禮》：「皆有冪。」鄭玄注：「今文冪作鼏。」又《既文禮》：「白狗幦。」鄭玄注：「古文幦爲冪。」冪可作幦，又可作鼏。自然鼏亦可通幦。《二三子》所謂「昼」即璧，通幦。幦、鼏通用。「鼎玉昼」，即云鼎有玉鼏，有玉做的鼎蓋。與今本比較，實大勝於今本。一者避免重複，鼎卦六五爻辭已稱「鼎黃耳金鉉，利貞」，上九又稱「鼎玉鉉」，顯屬重複。二者義與爻位更相貼切。鼏爲鼎蓋，蓋爲一鼎之最上；上九爲鼎卦最上一爻，爻位和爻辭顯然有關。從六五的「耳」、「鉉」到上九的「昼」，顯然是由下而上。「鉉」，古文作「扃」，「鼏」或「璧」古文作「昼」，「扃鼏」連言，今本將「昼」（璧鼏）錯成了「扃」（鉉）。帛書《易經》上九爻辭的這幾字正好殘缺，否則可以多一新證。

〈繆和〉引渙卦九二爻辭說：

> 渙貴元階，每亡。

帛書《易經》本同。今本貴作奔，階作機，每作悔。貴與奔、每與悔，皆通假字。《詩》〈鶉之奔奔〉之「奔奔」，《禮記》〈表記〉作「賁賁」。《漢書》〈百官公卿表上〉：「衛士旅賁」。

顏師古注：「賁與奔同，言爲奔走之任也。」〈繆和〉解釋此爻辭說：

> 賁階，幾也，時也。

是用「幾」、「時」釋「階」。《繫辭》：「言語以爲階。」《釋文》：「階，姚本作機。」是階、機本通。王弼《注》以「几案」之「几」釋之，非也，應依〈繆和〉說釋爲幾、時。其本字當從帛書作「階」。〈繆和〉引訟卦六三爻辭又較今本少「終吉」二字，同於帛書經文。從爻位看，六三不當位，少「終吉」二字似較今本好。

以上幾條可以說是帛書《易傳》所引勝於今本《易經》的。還有一些異文，帛書《易傳》和今本兩者可以並存，難以遽定是非。

如〈易之義〉引坤卦卦辭云：

> 東北喪崩，西南得崩，吉。

今本和帛書《易經》皆作：

> 西南得朋，東北喪朋，安貞吉。

崩，爲朋字之借。「東北喪崩，西南得崩」，《易之義》的兩句位置正好跟諸本相反。此外，又較諸本少「安貞」二字。這是否係筆誤所致呢？上引《易》前有一段話可作參證：

> 歲之義，始於東北，成於西南。君子見始弗逆，順而保毅。

正因爲「歲之義」是「始於東北，成於西南」，所以引《易》「東北喪崩」在先，「西南得崩」在後。今本、帛本「西南得朋」在先，「東北喪朋」在後，與蹇卦卦辭「利西南，不利東北」是相呼應的，似乎不好認定以今本爲代表的諸本皆有誤。但是，〈易之義〉的這種引文和解釋又是有根據的。〈說卦〉有一段非常

出名的話：

> 帝出乎震，齊乎巽，相見乎離，致役乎坤，說言乎兌，
> 戰乎乾，勞乎坎，成言乎艮。萬物出乎震，震東方也。齊乎
> 巽，巽東南也……離也者，明也，萬物皆相見，南方之卦也
> ……坤也者，地也，萬物皆致養焉，故曰致役乎坤。兌，正
> 秋也，萬物之所說也，故曰說言乎兌。戰乎乾，乾西北之卦
> 也，言陰陽相薄也。坎者，水也，正北方之卦也，勞卦也，
> 萬物之所歸也，故曰勞乎坎。艮東北之卦也，萬物之所成終
> 而所成始也，故曰成言乎艮。

此說以八卦與八方、四季相配。《易緯通卦驗》在此基礎上，更
進一步地以八卦分主冬至、夏至、春分、秋分、立春、立夏、立
秋、立冬，說：

> 艮東北主立春，震東方主春分，巽東南主立夏，離南方
> 主夏至，坤西南主立秋，兌西方主秋分，乾西北主立冬，坎
> 北方主冬至。⑦

《乾鑿度》又將八卦、八方與十二月、十二天支相配，說：

> 震生物於東方，位在二月；巽散之於東南，位在四月；
> 離長之於南方，位在五月；坤養之於西南方，位在六月；兌
> 收之於西方，位在八月；乾剝之於西北方，位在十月；坎藏
> 之於北方，位在十一月；艮終始之於東北方，位在十二月。

又說：

> 艮者止物者也，故在四時之終，位在十二月。……坤者
> 地之道也，形正六月。

又說：

> 陽始於亥，形於丑，乾位在西北，陽祖微據始也。陰始
> 於巳，形於未，據正立位，故坤位在西南，陰之正也。

所謂「陽……形於丑」，即陽形於東北十二月艮，艮配丑；所謂「陰……形於未」，即陰形於西南六月坤，坤配未。坤爲陰氣的象徵。〈易之義〉所謂「歲之義，始於東北，成於西南」，實際是以八卦卦氣說來解釋坤卦卦辭的「東北喪朋，西南得朋」。所謂「歲之義，始於東北」，就是「陽……形於丑」，「艮東北主立春」。陽氣自十二月立春而始形，也就是說陰氣自十二月立春而始失，「艮終始之於東北方」，「萬物之所成終而所成始也」。自東北之卦十二月立春起，陽氣始形而陰氣始終，坤爲陰，故云「東北喪朋」。所謂「成於西南」，即「西南得朋」。陰氣自西南六月立秋起，日益增長，故曰「成」、「得朋」。由此可知，「東北喪朋」，指陰氣自十二月立春起逐漸喪失；「西南得朋」，指陰氣自六月立秋起逐漸增長。〈易之義〉以「歲之義」作解，實際就是採八卦卦氣說。沒有〈說卦〉、〈乾鑿度〉、〈易緯通卦驗〉的八卦八方節氣相配說，就不會有〈易之義〉的此解。因此，〈說卦〉等的八卦八方節氣相配說，一定有著較早的來源。

〈易之義〉引坤卦六二爻辭曰：

　　　直方，大，不習，吉。

今本吉作「无不利」，帛書《易經》、〈二三子〉、〈繆和〉所引皆作「无不利」。但〈易之義〉其他尙有三處引用，「吉」字雖殘，但從其空位來看，不可能爲「无不利」，只能爲「吉」。吉與无不利一正一反，但意義接近。〈易之義〉數引作「吉」，可能其所據本與諸本皆不同。

〈易之義〉引坤六三爻辭又作：

　　　含章可貞，吉。

今本與帛書《易經》皆無「吉」字。

〈二三子〉引同人卦六二爻辭作：

〔同人於〕宗，貞藺。

藺爲吝字之借。但帛書《易經》以及以今本爲代表的諸本皆無「貞」字。

〈昭力〉引泰卦上六爻辭作：

　　自邑告命，吉。

帛書《易經》與諸本「吉」皆作「貞吝」或「貞藺」。從其解釋來看，〈昭力〉所引不會有錯，當是所據之本不同。

〈繫辭〉引節卦初九爻辭作：

　　不出戶牖，无咎。

今本牖作庭。庭指戶外庭院。牖指木窗。《說文》〈片部〉：「牖，穿壁以木爲交窻也。」段玉裁注：「交窗者，以木橫直爲之，即今之窗也。在牆曰牖，在屋曰窗。」戶牖，複詞義近。不出戶牖，猶不出戶。帛書《易經》引同帛書〈繫辭〉。因此，也不能說帛書〈繫辭〉所引毫無道理。

〈昭力〉引歸妹卦六五爻辭作：

　　良月幾望。

諸本皆作：

　　六五，帝乙歸妹，其君之袂，不如其娣之袂良；月幾望，
　吉。

「良」字皆歸上句，而〈昭力〉則是歸下句，「良月」連讀。從「吉」字看，以良屬下句似乎也不無道理。這些異文，尚難遽定是非，有待於進一步推敲。

有一些異文，則明顯是帛書《易傳》抄寫的錯誤造成的。如〈二三子〉引中孚卦九二爻辭：

　　〔鳴鶴在陰，其子和之，我〕有好爵，與璽贏〔之〕。

璽，今本作爾；贏，今本作靡；此外，「與」前較今本少一「吾」

字。表面上，〈二三子〉引少一「吾」字，句式更爲整齊；又避免了與「我」的重複。但帛書《繫辭》引卻有「吾」字，〈繆和〉三次引，也皆有「吾」字，皆與今本同。因此，我們只能說〈二三子〉引文的「吾」字脫漏。

〈二三子〉又引豐卦卦辭：

> 豐，亨，王叚之，勿自憂，宜日中。

叚，假字之借。「勿自憂」，今本與帛書《易經》等皆無「自」字。而〈二三子〉下文又解釋說：

> 勿憂，用賢弗害也。

可見「自」字本無，當屬抄寫時的衍文。

又如〈繆和〉引比卦九五爻辭：

> 顯比，王用參敺，失前禽，邑不戒，吉。

〈昭力〉則作：

> 王參敺，失前禽，邑人不戒，吉。

除假借字外，今本與帛書《易經》較〈繆和〉引多一「人」字，較〈昭力〉引多一「用」字。用〈繆和〉、〈昭力〉互校，可知應以今本等爲是，〈繆和〉、〈昭力〉皆脫一字。

〈繆和〉又引謙卦上六爻辭：

> 鳴謙，利用行師，征國。

今本「國」前有「邑」字。〈小象〉亦云「征邑國」。可知〈繆和〉所引當脫一「邑」字。

〈易之義〉引坤卦六二爻辭：

> 或從事，无成又冬。

較今本、帛書《易經》少一「王」字。〈易之義〉前引也有「王」字，可知這也是脫文。

五、卦序考

　　帛書《易經》的卦序與今本《易經》卦序迥然不同，論者或以爲今本卦序在前，⑧或以爲帛書卦序在前。⑨從帛書《易傳》來看，我們很可能會穫得一些啓發。

　　據我們所作的釋文，⑩〈二三子〉引《易》共三十二條，涉及十七卦之多。〈二三子〉全文以黑圓點分爲三十三節。從第二節起開始引《易》解《易》。首先詮釋的是乾卦初九爻辭；然後是乾卦上九爻辭；第四節解坤卦上六爻辭；第五節解蹇卦六二爻辭；第六節解鼎卦九四爻辭；第七節解鼎卦上九爻辭；第八節解晉卦卦辭；第九節解坤卦六四爻辭；第十節解乾卦九二爻辭；第十一節解乾卦九三爻辭；第十二節解乾卦九五爻辭；第十三節解乾卦用辭；第十四節解坤卦初六爻辭；第十五節解坤卦六二爻辭；第十六節解坤卦六三爻辭；第十七節雖殘損過多，仍可看出是解坤卦六五爻辭；第十八節解屯卦九五爻辭；第十九節解同人卦卦辭；第二十節解同人初六爻辭；第二十一節解同人六二爻辭；第二十二節解大有卦六五爻辭；第二十三節解謙卦卦辭；第二十四節解豫卦六三爻辭；第二十五節解中孚卦九二爻辭；第二十六節解小過六五爻辭；第二十七節解恆卦九三爻辭；第二十八節解蹇卦九五爻辭；第二十九節解解卦上六爻辭；第三十節解艮卦卦辭；第三十一節解艮卦六五爻辭；第三十二節解豐卦卦辭；第三十三節以解未濟卦卦辭作結。

　　如果我們的拼接無誤的話，那麼，就可以發現，除五節解蹇卦爻辭、第六、七節解鼎卦爻辭、第八節解晉卦卦辭、第二十五節解中孚爻辭、第二十六節解小過爻辭之外，其它二十六節的引

《易》、解《易》都是按今本卦序而不是帛書《易經》卦序進行的。今本卦序是始於乾、坤而終於既濟、未濟，帛書《易經》卦序是始乾、否而終於家人、益。而〈二三子〉引《易》解《易》，不但以乾、坤始，以未濟終；而且總是在乾卦之後就是坤卦，如第二、三節與第四節，第十、十一、十二、十三節與十四、十五、十六、十七節。〈二三子〉解《易》不但卦與卦之間是按規律進行的，而且每卦各爻、甚至卦辭和用辭，也是按規律進行的。如第十至十三節解乾卦，是先解九二，再九三，然後是九五，最後才是用辭。第十四至十七節解坤卦也是先初六，再六二，然後是六三，最後是六五。從稱引一卦之內各爻的規律性來看，我們說〈二三子〉稱引各卦是有規律的，當屬可信。由此可知，〈二三子〉是按照今天通行本《易經》的卦序引《易》、解《易》的。有人說〈二三子〉是帛書《易經》的傳，而其它幾篇則是帛書〈繫辭〉的傳；又有說帛書《周易》經、傳是密不可分的。從〈二三子〉引《易》解《易》的順序來看，〈二三子〉依循的並非帛書《易經》之序，它與帛書經文的關係並沒有人們所想像的那麼密切。

帛書〈繫辭〉引用卦爻辭不依卦序，但它稱引卦名總是鍵、川並言，如：

　　　　天尊地庫，鍵川定矣。……鍵道成男，川道成女；鍵知大始，川作成物；鍵以易，川以閒能。

又如：

　　　　成馬（象）之胃（謂）鍵，教（效）法之胃（謂）川。

　　　　夫鍵，蒿然視人易；川，魋然視人閒。

　　　　鍵，德行恆易以知險；夫川，魋然，天下□□順也，德行恆閒以知□。

鍵，即乾；川，即坤。乾、坤連言對舉，是今本卦序的表現；在帛經中，鍵是與婦（否）居首。由此可知，帛書〈繫辭〉所據之卦序亦爲今本，並非帛本。⑪

〈易之義〉從第二行起，有一段文字專論各卦之義，說：

是故鍵者得……畏也；容（訟）者，得之疑也；師者，得之救也；比者，得鮮也；小蓄（畜）者，〔得〕之未□也。履者，誣之行也；益者，上下交矣；婦（否）者，〔陰〕陽姦矣……

益，應爲泰字之誤。這裡從鍵（乾）到容、師、比、小蓄、履、益（泰）、婦（否），顯然用的是今本卦序。

〈繫辭〉的「三陳九德」一段也見於〈易之義〉：

履也者，德之基也；嗛也者，德之积也；復也者；恆也者，德之固也；損也者，德之脩也；益〔也者〕，德之譽也；困也者，德之欲也；井者，德之地也；渙者，德制也。……

履爲今本《周易》的第十，嗛爲第十五，復爲第二十四，恆爲第三十二，損爲第四十一，益爲第四十二，困爲第四十七，井爲第四十八，渙爲五十九（原爲巽）。顯然，這裡陳述九卦之德，其順序也是按今本而不是按帛書《易經》。

〈易之義〉與〈繫辭〉一樣，常常乾坤並舉，往往解完乾卦卦爻辭之後又解坤卦卦爻辭，反覆詮釋。如從第十九行起，它先解乾卦初九爻辭，然後是九二、九三、九四、九五、上九、用九；接著又解坤卦卦辭，先是解「先迷後得主」，然後是「東北喪崩，西南得崩（朋）」；再又是初六、六二、六三、六四、六五、上六爻辭。從第二十四行起，又解乾卦，先是初九、上九，再是九二、九三、九四、九五、用九。解完乾卦後，又解坤卦。先是解卦辭「牝馬之貞」，再是「先迷後得主」、「東北喪崩（朋）」，

西南得崩（朋）」；接著又解坤卦爻辭，從初六、六二、六三直到用六。接著又引「子曰」，說「鍵、川也者，易之門戶也。」這種排列次序，毫無疑問是今本的卦序。

論者多認爲「天地定立（位），〔山澤通氣〕，火水相射，雷風相榑（薄）」四句同帛書《易經》的卦序有關，⑫筆者以前也曾奉爲圭臬，現在看來此說值得懷疑。第一，此說要將帛書原文的「火水」改爲「水火」，理由並不充分。第二，如果〈易之義〉這一段話是反映帛經卦序的話，那麼此篇其它更多的地方它又爲什麼不遵循帛書《易經》之序？這豈非反常？第三，從照片上看，帛書原文只存有「天地定立」一句，「火水相射」和「雷風相榑」兩片殘片分別散落在兩處，而「山澤通氣」一片尙未找到。有沒有可能帛書原文「山澤通氣」在「火水相射」之後呢？有沒有可能「火水相射」原在「雷風相榑」之後，是由於抄手的一時疏忽，而將兩句位置互乙了呢？既然有將「水火」寫成「火水」的可能，當然也存在抄手將「火水」兩句位置抄錯的可能。所以，認爲「天地定立」幾句反映了帛書《易經》卦序奧秘的說法是有漏洞的。從〈易之義〉的整體考察，它實際是遵從今本卦序的。

〈要〉也是體現今本卦序的。它說：

> 孔子緐《易》，至於損益一卦，未尚不廢書而嘆，戒門弟子曰：二三子！夫損益之道，不可不審察也。

所謂「損益一卦」，即損、益二卦，一當爲二之誤。今本卦序損卦爲第四十一，益卦爲第四十二。而帛書《易經》則不然，損卦居第十二；益卦則居第六十四。此言「損益一卦」、「損益之道」，顯然是取今本而不是取帛本。

總之，從帛書《易傳》引《易》反映出的卦序來看，帛書《

易傳》所本之經並非帛書《易經》。帛書《易經》的卦序沒有被帛書《易傳》所接受。這一事實說明，帛書《易傳》自有其來源，我們不能把它們的形成定得太晚；而帛書《易經》的卦序應在帛書《易傳》諸篇後編成，更不能說它早於今本卦序。⑬從帛書《易傳》引《易》的異文看，帛書《易傳》所據之本與帛書《易經》也有很多不同。因此，過分強調帛書《周易》經、傳的一體性或密切聯係，是很不妥當的。

【附　註】

① 用李學勤先生說，見〈從帛書易傳看孔子與易〉，《中原文物》1989：2。

② 詳見筆者的有關論文和釋文，載《道家文化研究》第3輯，上海古籍出版社， 1993。

③ 見拙作〈帛書繆和昭力簡說〉，同註②。

④ 見《文物》1984：3。

⑤ 見拙作〈論帛書繫辭和今本繫辭的關係〉和〈「易之義」釋文〉，同註②；拙作〈論帛書繫辭的學派性質〉，《哲學研究》1993：7。

⑥ 《帛書周易》，同註④。

⑦ 蕭吉，《五行大義》卷四引。

⑧ 如張政烺，〈帛書六十四卦跋〉，《文物》1984：3；李學勤，〈馬王堆帛書周易的卦序卦位〉，《中國哲學》第14輯，北京：人民出版社，1988。

⑨ 如于豪亮《帛書周易》，見註④；劉大鈞〈帛易初探〉，《文史哲》1985：4。

⑩ 見〈帛書二三子問、易之義、要釋文〉，同註②。

⑪ 此說受劉大鈞論今本〈繫辭〉卦序說啓發，見註⑨。

⑫　見于豪亮和張政烺先生上文。

⑬　關於今本卦序早於帛本卦序，筆者曾從用辭的相對稱方面作過論證，見〈中國古代文明的瑰寶〉，《哲學研究》1993：3。

一九九三年八月於清華園

帛書《易傳》象數說探微

一、引　言

　　一九七三年，湖南長沙馬王堆三號漢墓出土了帛書《周易》
經、傳。其中屬於「傳」的共有六篇，它們依次是〈二三子〉、
〈繫辭〉、〈衷〉、〈要〉、〈繆和〉、〈昭力〉，共一萬六千
餘字。①帛書《易傳》六篇中，除〈繫辭〉全部見於今本〈繫辭〉，
〈衷〉、〈要〉有一部分同於今本〈繫辭〉、〈說卦〉外，其餘
都是不見於文獻的佚文。這些佚文，雖以義理說《易》為主，但
也不乏象數之說。考察這些佚文中的象數學說，對於研究古代學
術史，特別是象數易學史，具有不可低估的意義。由於帛書《易
傳》的全文剛剛發表，②迄今尚無專文論及此一問題，因此本文
聊充引玉之磚，從之卦說、八卦分析說、卦氣說、卦位說四個方
面進行探討。

二、之卦說

　　之卦，又稱「變卦」。之者，往也，與變義通。所筮得的本
卦發生爻變又生成另一卦，即為之卦。以之卦解《易》，在本卦
的基礎上又多了一卦的卦象、卦辭、爻辭，對付複雜問題的能力
大為增強，迴旋的餘地也更大了。從殷代刻數石器到西周契數甲
骨、戰國天星觀楚簡的數字卦上，都有之卦存在。〈左傳〉用之

卦有十一例，《國語》有二例；其中只一個爻發生爻變的有十例。③
《左傳》又有用之卦示爻的。有人看到數字卦一至九這九個數字
都出現過，因而懷疑《繫辭》所載「大衍」筮法是否係《周易》
原有，否認《左傳》、《國語》裡的之卦說，將「某卦之某卦」
看成是示爻，解釋成「某卦的某卦」。④對此，筆者曾作過辨析，認
爲是先有之卦說，後才有以之卦的形式示爻。後者與前者性質雖
有別，但用法卻是從前者引伸而來。⑤今本《易傳》雖無「之卦」
說，但在帛書《易傳》的〈繆和〉篇裡，卻記載得非常清楚：

> 莊但〔問〕於先生曰：……今易謙之初六其辭曰：「嗛
> 嗛〔君子〕，用涉大川，吉。」將何以此論也？子曰：夫務
> 尊顯者，其心又不足者也。君子不然，吻焉不□□，耴也不
> 自尊，□〔也不〕高世。嗛之初六，嗛之明夷也。耴人不敢
> 又立也，以又知爲无知也，以又能爲无能也，以又見爲无見
> 也。動焉无敢諡也，以使其下，所以治人請，牧群臣之偏也。
> □君子者，天□□□然以不□□於天下，故奢多廣大，㳺樂
> 之鄉不敢渝其身焉，是以而下驪然歸之而弗猒也。「用涉大
> 川，吉」者，夫明夷离下而川上，川者，順也，君子之所以
> 折其身者，明察所以□□□□□，是以能既致天下之人而又
> 之。且夫川者，下之爲也。故曰「用涉大川，吉。」⑥

謙卦上坤下艮，卦形爲☷☶；明夷卦上坤下離，卦形爲☷☲。兩卦卦
形的區別，僅在初爻的不同。「嗛之初六，嗛之明夷也」，表面
上看，是示爻，以「嗛之明夷」指示「嗛之初六」。但從下文看，
「夫明夷離下而川上」云云，顯然是以明夷卦的卦體構成來解說
謙卦初六爻辭「用涉大川，吉」。在這裡，謙是本卦，其初六發
生爻變，由六變爲九，由陰變爲陽，而成明夷卦，明夷卦爲之卦。
明夷卦「離下而川上」，離爲君子而居下，所以說「折其身」；

川即坤，坤爲小人，即「天下之人」，小人而居君子之上，這一卦象的結構，正形像地表現了君子之謙。所以，帛書〈繆和〉篇此段文字，雖與占事無涉，但係用之卦說無疑。

值得注意的是，《左傳》昭公五年有「明夷之謙」說，其文曰：

> 初，穆子之生也，莊叔以《周易》筮之，遇明夷☷☲之謙☷☶，以示之楚丘。楚丘曰：「是將行，而歸爲子祀。以讒人入，其名曰牛，卒以餒死。明夷，日也。日之數十，故有十時，亦當十位。自王已下，其二爲公，其三爲卿。日上其中，食日爲二，旦日爲三。明夷之謙，明而未融，其當旦乎？故曰『爲子祀』。日之謙，當鳥，故曰『明夷於飛』。明而未融，故曰『垂其翼』。象日之動，故曰『君子於行』。當三在旦，故曰『三日不食』。離，火也；艮，山也。離爲火，火焚山，山敗。於人爲言，敗言爲讒，故曰『有攸往，主人有言』。言必讒也。純離爲牛，世亂讒勝，勝將適離，故曰『其名曰牛』。謙不足，飛不翔，垂不峻，翼不廣，故曰『其爲後乎』。」

「遇明夷之謙」，是說明夷初九由陽變陰，變爲初六，而成謙卦。楚丘的解說以明夷卦爲主，但也涉及之卦謙，特別是以之卦的下體艮山爲釋。這種「明夷之謙」說與帛書〈繆和〉篇的「嗛之明夷」說本質上是一致的。由此看，不但春秋時史官習用之卦說，戰國時儒家的經師解《易》也同樣沿襲此法，⑦只不過前者是占事，而後者則將其提昇爲論理。因此，否定之卦說不可取，將之卦說全部看成爲占筮行爲也同樣不可取。

三、八卦分析說

　　《周易》的六十四別卦，每卦都是由兩個經卦（即八卦）組成的。以經卦的構成來分析別卦，《左傳》、《國語》、今本《易傳》中的〈彖傳〉、〈大象傳〉中習見。帛書《易傳》也用此法。如上引〈繆和〉文「夫明夷离下而川上」云云即如是。「离下而川上」，是說明夷卦的下體爲離，上體爲川（坤），這是指出明夷卦上下經卦的構成。下面再指出上下經卦的事物象徵及其意義：離爲君子，川（坤）爲「天下之人」，君子居「天下之人」之下，象徵君子「折其身」。

　　帛書〈二三子〉也記載：

　　　　卦曰：「嗛，〔亨；君子有〕冬，吉。」孔子曰：「〔此言〕□□□□□〔也。嗛〕，上川而下根。川，也；根，精質也，君子之行也。□□□□□□□吉焉。吉，嗛也；凶，橋也。天乳驕而成嗛，地徹驕而實嗛，鬼神禍福嗛，人亞驕而好〔嗛〕。」⑧

「嗛」爲「謙」之借字，「川」爲「坤」之借字，「根」爲「艮」之借字，「橋」爲「驕」之借字，「乳」即「亂」字。「川，也」中疑有脫文，「禍福嗛」「禍」下脫「驕」字。「上川而下根」，也是以經卦之構成來分析謙卦，再由此引伸，闡發謙義。「天乳驕而成嗛」一段話，又見於今本《易傳》〈彖傳〉：

　　　　「謙亨」，天道下濟而光明，地道卑而上行。天道虧盈而益謙，地道變盈而流謙，鬼神害盈而福謙，人道惡盈而好謙，謙尊而光，卑而不可踰，「君子」之「終」也。

比較之下，兩者用辭雖有小異，但基本精神實無大別。《韓詩外傳》卷三引「天道虧盈而益謙」一段，云是「周公戒伯禽」語。《說苑》〈敬愼〉篇、《潛夫論》〈過利〉篇皆云「易曰」。「易曰」即「〈彖〉曰」。司馬遷《史記》〈孔子世家〉說「孔子

晚而喜易，序彖繫象說卦文言」，認爲〈彖傳〉爲孔子所作。帛書〈二三子〉這段與〈彖傳〉相同的文字稱爲「孔子曰」，指明爲孔子語，與司馬遷的記載是一致的。但孔子「述而不作，信而好古」，或許是引述「周公戒伯禽」語。所以，〈二三子〉與文獻的這些記載並無牴牾，是可以講通的。

四、卦氣說

卦氣說是《周易》與節氣曆法相結合的產物，是一種重要的象數學說。一般認爲卦氣說始於西漢孟喜，⑨但若溯其源，當上推至先秦。

帛書〈要〉篇有一段話頗值得我們注意：

> 孔子繇易至於損益一卦，未尚不廢書而嘆，戒門弟子曰：二三子！夫損益之道，不可不審察也，吉凶之〔門〕也。益之爲卦也，春以授夏之時也，萬勿之所出也，長日之所至也，產之室也，故曰益。授者，秋以授冬之時也，萬物之所老衰也，長〔夕之〕所至也，故曰產。道窮焉而產，道□焉。益之始也吉，其冬也凶；損之始凶，其冬也吉。損益之道，足以觀天地之變而君者之事已。⑩

這一段話有許多難解處，「授者」之「授」，當爲「損」字之誤；「故曰產」之「產」，疑亦爲「損」字之誤。「道窮焉而產，道□焉」一句疑爲「道窮焉而產，道〔達〕焉〔而亡〕」，所補「達」、「亡」二字不一定妥貼，但意思可能不會有太大的出入。此外，「故曰益」前有「產之室也」一句，疑正文「故曰產（損）」前亦當有「〔亡〕之□也」句。⑪這一段話以《周易》的損益兩卦表示一年四季節氣的變換，以益卦當「春以授夏之時」，以損

卦當「秋以授冬之時」。「道窮焉而產」即「損之始凶，其冬（終）也吉」。秋冬之時，萬物老衰，故云「道窮」；但「長夕」一至，一陽復生，故曰「產」。萬物老衰，故云「損之始凶」；但老衰之後冬至一到又陽氣復萌，故云「其冬（終）也吉」。「道〔達〕焉〔而亡〕」即「益之始也吉，其冬（終）也凶」。春夏爲萬物所茂出之時，故云「道〔達〕」；但「長日」一至，陽退陰長，故曰「〔亡〕」。萬物茂出，故云「益之始也吉」；但茂長過後，從夏至起，陽氣一天天消退，陰氣一天天增長，從尊陽抑陰的觀念出發，故云「其冬（終）也凶」。據學者考證，孟喜只主「十二月卦」說，「分卦值日」說屬於焦延壽，「六日七分」說則屬之於京房及其弟子。如此說來，要到焦延壽、京房才將損、益二卦納入卦氣系統中。⑫在「六日七分」說中，益卦當立春正月節，爲六十日七十分；損卦當處暑七月節，爲二百四十九日四十七分。⑬《易緯》〈乾鑿度〉有「益者，正月之卦也，天氣下施，萬物皆益，言王者之法天地，施政教，而天下被陽德，蒙王化」云云，正是「六月七分」說。而帛書〈要〉篇此段話以益卦當春夏兩季，損卦當秋冬兩季，其說與「六日七分」說顯然有別，應是一種原始狀態的、樸素的卦氣說。帛書記它爲孔子之語，可見卦氣說的淵源之早。

在帛書〈衷〉篇中，⑭還有另外一種卦氣說，下面試加討論：

> 歲之義始於東北，成於西南。君子見始弗逆，順而保毅。

易曰：「東北喪崩，西南得崩，吉。」⑮

「歲之義始於東北，成於西南」是解釋川（坤）卦卦辭「東北喪崩（朋），西南得崩（朋），吉」的。⑯按〈說卦〉「帝出乎震」章，艮爲東北之卦，震爲東方之卦，巽爲東南之卦，離爲南方之卦，乾爲西北之卦，坎爲北方之卦，坤當爲西南之卦，兌當爲西方之

卦；艮爲「萬物之所成終而所成始」，震爲萬物之所出，巽爲萬
物之絜齊，離爲萬物皆相見，坤爲萬物皆致養，兌爲正秋，萬物
之所悅，乾爲陰陽相薄，坎爲萬物之所歸。八卦與八方、物候節
氣的這種相配，實際是一種八卦卦氣說。《易緯》〈通卦驗〉說
得更清楚：

> 乾，西北也，主立冬；坎，北也，主冬至；艮，東北也，
> 主立春；震，東也，主春分；巽，東南也，主立夏；離，南
> 也，主夏至；坤，西南也，主立秋；兌，西也，主秋分。⑰。

從《乾鑿度》可知，一年四季兩至兩分節氣的變換，主要是陰陽
二氣相互消息的結果。所謂「歲之義始於東北」，就是「艮，東
北也，主立春」。陽氣自立春而始形，也就是說陰氣自立春而始
失，故帛書以「始於東北」釋「東北喪崩（朋）」。「成於西南」，
就是「坤，西南也，主立秋」。陰氣自立秋起逐漸增長，故云「
成」、「得崩（朋）」。所謂「歲之義」就是節氣的規律，陰陽
二氣消息的規律。所以「君子見始弗逆，順而保穀」，⑱對陰陽
二氣的消息從一開始就不應違拂，應當法天之則，順從自然節氣
的變換，而確保穀物、莊稼的豐收。帛書〈衷〉篇的這一段話顯
然是用八卦卦氣說來解釋坤卦卦辭。沒有〈說卦〉、《易緯》的
八卦八方節氣說作理論基礎，帛書〈衷〉的這種易說是無法展開
的。由此看，八卦卦氣說應當溯源至先秦，我們不應低估八卦卦
氣說產生的時代，也不應低估〈說卦〉產生的時代。⑲

五、卦位說

如上所述，帛書〈衷〉的「歲之義」說實質是以〈說卦〉的
離南、坎北、震東、兌西、艮東北、巽東南、坤西南、乾西北說

為基礎的。這種八卦方位，宋儒邵雍稱之為「後天八卦」或「文
王八卦」。邵雍又據〈說卦〉「天地定位，山澤通氣，雷風相薄，
水火不相射」一節，認為〈說卦〉又有「先天卦位」或「伏羲八
卦」，即乾南、坤北、離東、坎西、震東北、兌東南、巽西南、
艮西北。畫成圖便是：

```
              （乾）
               南
         兌          巽
   離（東）        （西）坎
         震          艮
              （北）
               坤
```

邵氏此說，被朱熹採入《周易本義》，一時幾成不刊之論。但清
代漢學勃興，黃宗羲、毛奇齡、胡渭等，卻對邵雍此說批評頗多，
如毛奇齡《仲氏易》就說：

> 先天之圖其誤有八：一，畫繁；二，四五無名；三，三
> 六無住法；四，不因；五，父子、母女並生；六，子先母、
> 女先男、少先長；七，卦位不合；八，卦數杜撰無據。具此
> 八誤而以為伏羲畫卦次第，如是不可通矣。[20]

這些批評不能說沒有一點道理。其實，〈說卦傳〉的「天地定位」
章就是隱含八方之位，與邵氏的「先天卦位」說也還是有諸多不
合。邵氏以「天地定位」為「乾南、坤北」也還說得過去，因為
楊雄《太玄》〈太玄告〉為擬《易》之作，其云「南北定位，東
西通氣」。尚秉和先生認為這是以「南北」釋「天地定位」，以
「東西」釋「水火不相射」及「相逮」。[21]但以「山澤通氣」為
「兌東南」、「艮西北」嚴格說來則不可，應該是「艮東南」、

「兌西北」。因為〈說卦〉是「山澤」而非「澤山」。「天地」、「雷風」皆以居首之乾、震列左旋之位中，為何「山澤」卻以居次之兌列於左旋之位？同理，「水火不相射」也不應為「離東坎西」，應是坎東離西。這樣，左旋的四卦，依次應是乾南、艮東南、坎東、震東北，皆為陽卦；右旋的四卦，依次應是巽西南、離西、兌西北、坤北，皆為陰卦。畫成圖應是：

乾

艮　　　巽

坎　　　　　離

震　　　兌

坤

即使如此，也還有與〈說卦〉不相合處。因為〈說卦〉的「天地定位」章從「天地」依次而下，是「山澤」、「雷風」、「水火」。「水火」居最後，怎麼又居於東、西位？如依〈說卦〉之序，「天地」居南北，就該「山澤」居東南、西北，「雷風」居東、西，「水火」居東北、西南。畫成圖就是：

乾

艮　　　離

震　　　　　巽

坎　　　兌

坤

邵氏的「先天卦位」與〈說卦〉「天地定位」章有如此大的出入，怎能怪清儒不認賬？

　　在帛書〈衷〉篇中，〈說卦〉的「天地定位」四句作：

　　　　天地定立，□□□□，火水相射，雷風相榑。

「立」即「位」之古字，「榑」通「薄」，這些都不成問題。但

「火水相射」一句，學者們卻有異議。于豪亮先生等爲了使帛書
的這段話與帛書《易經》的卦序相合，認爲「火水」當依今本〈
說卦〉改爲「水火」，所缺四字當補爲「山澤通氣」。㉒筆者對
帛書《易傳》各篇引《易》的情況曾作了窮盡性的考察，認爲帛
書《易傳》所本並非帛書《易經》之序，而是今本之序。㉓所以，從
解釋帛書《易經》卦序的構成出發而改「火水」爲「水火」是不
妥當的。除「火水」之異外，還有「相射」與「不相射」之異。
張政烺先生認爲：

> 「水火不相射」無不字，是也。水火矛盾，故言相射，
> 不相射則脫離接觸，不構成矛盾的兩個方面。㉔

霍斐然先生不同意此說，認爲〈說卦〉「水火不相射」指的是未
濟卦象。㉕從句式上看，「天地定位」三句都是四字一句，唯「
水火不相射」一句爲五字，頗爲不協。所以張先生說此句原無「
不」字，應較合理。

　　筆者認爲，帛書〈衷〉篇的「火水相射」一句不但無不字較
〈說卦〉爲勝，而且「火水」也較「水火」爲優，此句居「雷風
相榑」前更較《說卦》居「雷風相榑」後爲優。按照帛書「天地
定立，□□□□，火水相射，雷風相榑」之序，依二十八宿左旋
之例，可畫爲下圖：

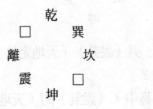

此圖除東南、西北尙缺外，其餘所有的六個方位皆與邵雍的「先
天卦位」說相合。張政烺先生曾據北周時衛元苞《元包》之卦次

畫有「元包八卦方位圓圖」，其方位四個與先天卦位同，四個相反：㉖

<pre>
          坤
      兌   震
    離   坎
      巽   艮
          乾
</pre>

饒宗頤先生據京房八宮卦之序，畫有京房卦宮圓圖：㉗

<pre>
          乾
      震   兌
    坎   離
      艮   巽
          坤
</pre>

此圖除乾坤的位置，其餘皆與「先天卦位」異。饒先生又據干寶《周禮注》所載之《歸藏初經》卦序，畫有《歸藏初經》卦位圓圖：㉘

<pre>
          乾
      狠   巽
    犖   離
      螯   兌
          奭
</pre>

「狠」即艮，「犖」即坎，「螯」即震，「奭」即坤。此圖四卦與「先天卦位」相合，但犖（坎）離兩卦、狠（艮）兌兩卦皆相背。帛書《易經》六十四卦上卦排列的次序是：鍵（乾）、根（艮）、贛（坎）、辰（震）、川（坤）、奪（兌）、羅（離）、筭（巽）；下卦排列的次序是：鍵（乾）、川（坤）、根（艮）、

奪（兌）、贛（坎）、羅（離）、辰（震）、筭（巽）。于豪亮
先生據此畫出其八卦排列圖：㉙

<pre>
        鍵
     根   筭
     贛   羅
     辰   奪
        川
</pre>

此圖的排列全同於《歸藏初經》，只是卦名不同而已。也是四卦
同於「先天卦位」，四卦相背。這上述五個圖中，只有帛書〈衷〉
除殘缺兩卦不知外，其餘六卦全合於「先天卦位」。這種相合，
很難說是出於偶然。應該承認，它是先天卦位說在帛書中的反映，
是先天卦位存在於先秦的一個證明。

從歷史上看，今本〈說卦〉的流傳過程相當複雜。司馬遷《
史記》〈孔子世家〉說孔子所序《易傳》諸篇中，其中就有〈說
卦〉。但《隋書》〈經籍志〉卻記載：

> 及秦焚書，《周易》獨以卜筮得存，唯失〈說卦〉三篇。
> 後河內女子得之。

河內女子發老屋，事在漢宣帝本始元年（西元前73年）。㉚依此
說，在這以前，《說卦》一度佚失過。但人們一般認為《隋》〈
志〉此說不可信，漢宣帝所增益的逸《易》僅一篇，當為〈雜卦〉。
㉛《晉書》〈束晳傳〉記載，魏襄王墓出土「〈卦下易經〉一篇，似
〈說卦〉而異」。這說明，戰國時期曾出現過一種與〈說卦〉相
近而又有所區別的〈卦下易經〉。〈說卦〉既然很早就有別本流
行，又有曾被佚失之嫌。因此，今本〈說卦〉很難說就是原本，
難免不出現錯亂。從這一點看，說帛書〈衷〉篇所載為〈說卦〉
「天地定位」段的原文，是完全有可能的。

由此可知，邵雍說「先天卦位」出於〈說卦〉「天地定位」節，可能是有來源的。只是他不知今本〈說卦〉的此節已非原文，已經後人竄亂，以致其論點與論據不盡相合。帛書〈衷〉篇的出現，正好可以揭開這難解的「先天卦位」來源之謎。

六、結　論

由上所論，可知帛書《易傳》的佚文中，有之卦說、八卦分析說、損益二卦卦氣說、八卦卦氣說、後天卦位說、先天卦位說。所有的這些，還只是冰山已經顯露出的一角，更廣闊的象數學背景，更豐富、深刻的象數易說內涵，還有待我們去深入發掘。

【附　註】

① 參廖名春，〈馬王堆帛書周易經傳釋文〉，載《續修四庫全書》經部易類第一冊（上海古籍出版社，1995）。

② 見《國際易學研究》第一輯（華夏出版社，1995）。

③ 詳見拙著，《周易研究史》（湖南出版社，1991），頁13—17。

④ 夏含夷，〈周易筮法原無「之卦」考〉，《周易研究》，1988：1。

⑤ 同註①，頁17—18。

⑥ 見拙作，〈帛書繆和釋文〉，《國際易學研究》，第一輯。「其」原作「亓」，「者」原作「者」。其它有出入者，以註①爲準。

⑦ 上引帛書「子曰」之「子」，即「莊但」之「先生」。此「先生」當爲「七十子」之後學。詳見拙作，〈論帛書繫辭的學派性質〉，《哲學研究》，1993：7。

⑧ 見拙作，〈帛書「二三子」釋文〉，《國際易學研究》，第一輯。

⑨ 林忠軍，《象數易學發展史》（齊魯書社，1994），第一卷，頁55。

⑩ 見拙作，〈帛書「要」釋文〉，《國際易學研究》，第一輯。

⑪ 對這一段話我與池田知久君都有過探討。我的釋文先後載《道家文化研究》第三輯（與陳松長合作，上海古籍出版社，1993）、《國際易學研究》第一輯及本文注①中；拙作〈帛書釋「要」〉（《中國文化》，第十期，1994年8月）對此也有考釋。池田君的大作有〈馬王堆漢墓帛書周易要篇的研究〉，載東京大學《東洋文化研究所紀要》，第123冊，1994年2月。

⑫ 王葆玹，〈西漢易學卦氣說源流考〉，《中國哲學史研究》，1989：4。

⑬ 杭辛齋，《易楔》，卷四〈卦氣第八〉，《學易筆談》（天津市古籍書店影印，1988），頁694、699。

⑭ 該篇的尾題筆者過去未曾釋出，故姑從眾議，稱爲《易之義》，但在《續修四庫全書》經部易類第一冊《馬王堆帛書〈周易〉經傳釋文》中已改題爲〈衷〉。

⑮ 見拙作，〈帛書「易之義」釋文〉，《國際易學研究》，第一輯。

⑯ 今本原文爲「西南得朋，東北喪朋，安貞吉」。詳參拙作，〈帛書易傳引易考〉，《漢學研究》，12：2（總24號），1994年12月。

⑰ 黃奭輯，《易緯》，第四卷（上海古籍出版社《諸子百家叢書》1993年影印本），頁112。

⑱ 縠，通「縠」。《左傳》〈莊公三十年〉：「鬬縠莬菟」。《釋文》：「縠，《漢書》作縠。」《左傳》〈宣公四年〉：「楚人謂乳縠。」《漢書》〈敘傳〉「縠」作「縠」。《莊子》〈駢拇〉：「臧與縠二人相與牧羊。」《釋文》：「縠，崔本作縠。」按縠當作縠。

⑲ 如李鏡池就說〈說卦〉等作於昭、宣以後，見〈易傳探源〉，《古史辨》，第三冊。

⑳ 《清經解》（上海書店，1988影印本），卷九十，頁487。原文有

詳注，文繁不引。

㉑　《焦氏易詁》（中華書局，1991版），卷一，頁41。

㉒　《帛書周易》，《文物》，1984：3。

㉓　參拙作，〈論帛書「易傳」與帛書「易經」的關係〉，《孔子研究》，1994：4；又《帛書〈易傳〉引〈易〉考》。

㉔　〈帛易「六十四卦」跋〉，《文物》，1984：3。

㉕　〈帛書《周易》「水火相射」釋疑〉，《文史》（中華書局，1988），29輯。

㉖　同註㉔。

㉗　〈再談馬王堆帛書周易〉，《饒宗頤史學論著選》（上海古籍出版社，1993），頁83。

㉘　同註㉗。

㉙　同註㉒。

㉚　劉汝霖，《漢晉學術編年》（中華書局，1987），頁99。

㉛　同註③，頁43。

一九九五年六月於清華園

論帛書《易傳》與帛書
《易經》的關係

一、引　論

　　馬王堆三號漢墓所出土的帛書，既有《易經》，也有《易傳》。帛書《易經》與今通行本《易經》最大的不同在於卦序。今通行本《易經》始於乾、坤而終於既濟、未濟，六十四卦「二二相耦」分為三十二對，每一對中的兩卦又「非覆即變」。而每一對卦組與卦組之間，據《序卦傳》所說，又具有邏輯聯繫，蘊涵著深刻的哲理。而帛書《易經》卻起於鍵（乾）、婦（否）而終於家人、益，其排列有著嚴格的規律性。其特點是採用重卦的方法，將一個六畫卦區分為兩個三畫卦，以三畫的八卦為單位，將六十四卦分成八組。其上卦排列的次序是：鍵（乾）、根（艮）、贛（坎）、辰（震）、川（坤）、奪（兌）、羅（離）、筭（巽）。下卦的排列次序是：鍵、川、根、奪、贛、羅、辰、筭。上卦的鍵，依次同下卦的八個卦組合，成為別卦鍵、婦、掾（遯）、禮（履）、訟、同人、无孟（妄）、狗（姤）。然後，上卦的根再同下卦的八個卦組合。組合時，把下卦根提到前面，先同根組合，再依次同其餘七個卦組合，這樣就組成別卦根、泰蓄、剝、損、蒙、繫（賁）、頤、箇（蠱）。然後，上卦的贛再同下卦組合，……依此類推，形成了「八八成組」的帛書《易經》卦序①。

　　帛書《易傳》包括于豪亮先生所謂「卷後佚書」、「繫辭」，

我們將其分爲六篇：一是《二三子》，二是《繫辭》，三是《衷》，四是《要》，五是《繆和》，六是《昭力》。前四篇的釋文，我們已經發表（見《道家文化研究》第三輯）；後兩篇的釋文尚在整理之中。

帛書《易經》與通行本《易經》是兩種很不相同的本子。帛書《易傳》解「經」，解的是帛經，還是今通行本之經？帛書《易傳》諸篇寫作時，作者是否見到了帛本《易經》？帛書《易傳》諸篇與帛書《易經》的關係如何？這些問題，不但對於研究帛書《周易》經、傳是至爲重要的，對於研究帛書《周易》經、傳與今通行本《周易》經、傳的關係、對於研究易學史，也是很關鍵的。

當年參加馬王堆帛書整理小組的一些前輩學者，他們都認爲帛書《易經》的卦序與帛書《易傳》是有關係的。如于豪亮先生就認爲：

> 爲什麼上卦排列的次序是鍵（乾）、根（艮）、贛（坎）、辰（震）、川（坤）、奪（兌）、羅（離）、筭（巽），下卦排列的次序是鍵（乾）、川（坤）、根（艮）、奪（兌）、贛（坎）、羅（離）、辰（震）、筭（巽）呢？
>
> 帛書《繫辭》有這樣四句話：「天地定立（位），〔山澤通氣〕，火水相射，雷風相榑（薄）。」今本《說卦傳》作「天地定位，山澤通氣，雷風相薄，水火不相射。」我們以帛書的四句話作爲排列的依據，只把「火水」改「水火」，再根據傳統的乾爲天、坤爲地、艮爲山、兌爲澤、坎爲水、離爲火、震爲雷、巽爲風的說法，就可把八個卦作如下排列：

（乾）

鍵

（艮）根　　　　　筭（巽）

（坎）贛　　　　　　羅（離）

（震）辰　　　　　奪（兌）

川

（坤）

　　如上圖所示，從鍵（乾）起，從左至右的次序是：鍵（乾）、根（艮）、贛（坎）、辰（震）、川（坤）、奪（兌）、羅（離）、筭（巽），這是上卦排列的次序。對角的兩卦相連，然後再從左至右，其次序是：鍵（乾）、川（坤）、根（艮）、奪（兌）、贛（坎）、羅（離）、辰（震）、筭（巽）。這是下卦排列的次序。②

于氏此說，得到諸多學者的響應。迄今幾成定論。依此，帛書《易傳》的諸作者不但見過帛書《易經》的卦序，而且接受了它。既然帛書《易傳》的內容揭示了帛書《易經》卦序結構的奧秘，那麼，帛書《易傳》諸篇所從之經，自然當是帛書《易經》，帛書《易傳》就是解帛書《易經》之傳了。

　　這種關於帛書《易傳》和帛書《易經》關係的認識，筆者以前也是深信不疑的。但是，通過對帛書《易傳》諸篇內容的深入考察，筆者卻得出了截然相反的認識。下面，試從三個方面進行論證。

二、帛書《易傳》引經的異文

　　帛書《易傳》諸篇作爲解經之作，引用了大量的卦爻辭。據筆者的初步統計，它們一共引用了《易經》四十四卦的卦爻辭，只有需、履、隨、臨、賁、剝、无妄、頤、坎、離、家、人、夬、萃、升、井、革、旅、巽、兌、既濟這二十卦不見徵引③。在被徵引的這些卦爻辭中，有一些與帛書《易經》意義不同的異文，頗能反映出兩者之間的關係。

　　大畜卦九三爻辭帛書《易經》作：

　　　　良馬遂，利根貞。曰闌車衛，利有攸往。

遂，今本作逐。形近而訛，當以今本爲是。根，今本作艱，古音通假，亦當以今本爲正。闌，今本作閑，兩者相通。車，今本作輿，並可。除去假借字和形訛字之外，帛本與今本並沒有什麼意義的不同。今本的「曰」字，用在此處，實爲贅文。《釋文》引鄭玄曰「人實反」，則鄭玄以「曰」爲「日」。《集解》引虞翻注亦作「曰」。《程傳》亦依「曰」解，朱熹《本義》也以爲「當爲日月之日」。而帛書《易傳·昭力》兩引此爻辭，「曰閑輿衛」皆作「闌輿之衛」，無「曰」字而多一「之」字，文從字順，足證帛本、今本《易經》之「曰」字有誤。由此可見，《昭力》所引之《易》，與帛書《易經》並非一本。

　　未濟卦卦辭帛書《易經》作：

　　　　未濟，亨。小狐气涉，濡其尾，无攸利。

气，今本作汔；涉，今本作濟。但帛書《易傳·二三子》卻引作：

　　　　未濟，亨。〔小狐〕涉川，幾濟，濡其尾，无逝利。

幾，與汔，音近義通。《詩·大雅·民勞》：「民亦勞止，汔可小康。」鄭玄箋：「汔，幾也。」《易·井》：「汔至亦未繘井，羸其瓶，凶。」孔穎達疏：「汔，幾也；幾，近也。」帛書本「汔」作「歇」。逝，即遾字。《漢書·韋賢傳》：「萬國遾平。」

顏師古注：「遐，古攸字。」「涉川」兩字，不見於帛本和今本
《易經》。但帛書《易傳》此處的稱引並非有誤。因為《史記‧
春申君傳》和《新序‧善謀》記黃歇說秦昭王所引，也皆有「涉
水」二字。水即川。而《韓詩外傳》卷八所引，又有「汔濟」二
字。可見，帛書《二三子》所引，與今本《史記》、《新序》、
《韓詩外傳》較為接近，它們可能有相同的來源，與帛本之經顯
然不同。

《二三子》又引謙卦卦辭說：

> 嗛，亨，君子有冬，吉。

嗛，即謙；冬，即終。但帛本、今本《易經》皆無「吉」字。《
繆和》兩引此，亦皆無。然《韓詩外傳》卷八所引則有「吉」字，
其卷三稱引此條亦有。從文義來看，「亨」而「有終」，加一「
吉」字，也許更為恰當。由此看，《二三子》所據之本，距帛本、
今本遠，與《韓詩外傳》所據之本同。

坤卦卦辭帛書《易經》作：

> 西南得朋，東北亡朋，安貞吉。

今通行本「亡」作「喪」。而帛書《衷》作：

> 東北喪崩，西南得崩，吉。

崩，為朋字之借。「東北」、「西南」兩句，位置正好跟帛經相
反。此外，又少「安貞」兩字。這是否係筆誤所致呢？《衷》在
引《易》前有一段話可為證：

> 歲之義，始於東北，成於西南。君子見始弗逆，順而保
> 毅。

正因為「歲之義」是「始於東北，成於西南」，所以《衷》引《
易》才「東北喪崩」在先，「西南得崩」在後。應該指出，《衷》
的引文和解釋是有理論根據的。《說卦》云：

> 帝出乎震，齊乎巽，相見乎離，致役乎坤，說言乎兌，
> 戰乎乾，勞乎坎，成言乎艮。萬物出乎震，震東方也。齊乎
> 巽，巽東南也……離也者，明也，萬物皆相見，南方之卦也
> ……坤也者，地也，萬物皆致養焉，故曰致役乎坤。兌，正
> 秋也，萬物之所說也，故曰說言乎兌。戰乎乾，乾西北之卦
> 也，言陰陽相薄也。坎者，水也，正西北之卦也，勞卦也，
> 萬物之所歸也，故曰勞乎坎。艮東北之卦也，萬物之所成終
> 而所成始也，故曰成言乎艮。

此說以八卦與八方、四季相配。《易緯通卦驗》在此基礎上，更
進一步地以八卦分主冬至、夏至、春分、秋分、立春、立夏、立
秋、立冬，說：

> 乾，西北也，主立冬……坎，北方也，主冬至……艮，
> 東北也，主立春……震，東方也，主春分……巽，東南也，
> 主立夏……離，南方也，主夏至……坤，西南也，主立秋…
> …兌，西方也，主秋分。

《乾鑿度》又將八卦、八方與十二月、十二天支相配，說：

> 震生物於東方，位在二月；巽散之於東南，位在四月；
> 離長之於南方，位在五月；坤養之於西南方，位在六月；兌
> 收之於西方，位在八月；乾制之於西北方，位在十月；坎藏
> 之於北方，位在十一月；艮終始之於東北方，位在十二月。

又說：

> 艮者，止物者也，故在四時之終，位在十二月……坤者，
> 地之道也，形正六月……陽始於亥，形於丑，乾位在西北，
> 陽祖微據始也。陰始於巳，據正立位，故坤位在西南，陰之
> 正也。

所謂「陽……形於丑」，即陽形於東北十二月艮，艮配丑；所謂

「陰……形於未」，即陰形於西南六月坤，坤配未。坤爲陰氣的象徵。《易之義》所謂「歲之義，始於東北，成於西南」，實際是以八卦卦氣說來解釋坤卦卦辭的「東北喪崩（朋），西南得崩（朋）」。所謂「歲之義，始於東北」，就是「陽……形於丑」，「艮東北主立春」。陽氣自十二月立春而始形，也就是說陰氣自十二月立春而始失。「艮終始之於東北方」，「萬物之所成終而所成始也」。自東北之卦十二月立春起，陽氣始形而陰氣始終，坤爲陰，故云「東北喪朋」。所謂「成於西南」，即「西南得朋」。陰氣自西南六月立秋起，日益增長，故曰「成」、「得朋」。由此可知，「東北喪崩」，指陰氣自十二月立春起逐漸喪失；「西南得崩」，指陰氣自六月立秋起逐漸增長。故帛書《衷》引《易》與帛經不同，應是另有所本而致。

三、帛書《易傳》引經反映出的卦序

帛書《易傳》引用卦爻辭的內容，既有不同於帛書《易經》的，也有不同於今通行本的。但從其稱引各卦卦名、引用各卦卦爻辭的先後次序來看，帛書《易傳》所本之經，其卦序顯然同於今通行本，而決非帛經之序。

據我們所作的釋文，帛書《易傳》中的《二三子》引《易》共三十三條，涉及十八卦之多。《二三子》全文以黑圓點分爲三十四節。從第二節起開始引《易》解《易》。它首先詮釋的是乾卦初九爻辭；然後是乾卦上九爻辭；第四節解坤卦上六爻辭；第五節解蹇卦六二爻辭；第六節解鼎卦九四爻辭；第七節解鼎卦上九爻辭；第八節解晉卦卦辭；第九節解坤卦六四爻辭；第十節解乾卦九二爻辭；第十一節解乾卦九三爻辭；第十二節解乾卦九五

爻辭；第十三節解乾卦用辭；第十四節解坤卦初六爻辭；第十五節解坤卦六二爻辭；第十六節解坤卦六三爻辭；第十七節雖殘缺過多，但仍可看出是解坤卦六五爻辭；第十八節解屯卦九五爻辭；第十九節解同人卦卦辭；第二十節解同人初六爻辭；第二十一節解同人六二爻辭；第二十二節解大有卦六五爻辭；第二十三節解謙卦卦辭；第二十四節解豫卦六三爻辭；第二十五節解中孚卦九二爻辭；第二十六節解小過六五爻辭；第二十七節解恆卦九三爻辭；第二十八節解蹇卦九五爻辭；第二十九節解解卦上六爻辭；第三十節解艮卦卦辭，第三十一節解艮卦六五爻辭；第三十二節解豐卦卦辭；第三十三節解渙卦九五爻辭；第三十四節以解未濟卦卦辭作結。

　　如果我們的拼接和釋文無誤的話，那麼，就可以發現，除第五節解蹇卦爻辭、第六和第七節解鼎卦爻辭、第八節解晉卦卦辭、第二十五節解中孚爻辭、第二十六節解小過爻辭這幾處之外，其它二十七節的引《易》、解《易》都是按今本卦序而不是帛書《易經》卦序進行的。今本卦序是始於乾、坤而終於既濟、未濟，帛書《易經》卦序是始於鍵（乾）、婦（否）而終於家人、益。而《二三子》引《易》、解《易》，不但以乾、坤始，以未濟終，而且總是在乾卦之後就是坤卦，如第二、三節與第四節、第十、十一、十二、十三節與第十四、十五、十六、十七節。《二三子》自第十八節起至第二十四節引《易》分別是屯、同人、大有、謙、豫，這五卦在今本《易經》中分別居第三、第十三、第十四、第十五、第十六，而在帛書《易經》中則分別居第二十三、第六、第五十、第三十五、第二十七。自第二十七節至結尾，《二三子》引《易》分別是恆、蹇、解、艮、豐、渙、未濟，這七卦在今本《易經》中分別是第三十二、第三十九、第四十、第五十二、第

五十五、第五十九、第六十四，而在帛書《易經》中則屬第三十二、第二十、第三十、第九、第三十一、第六十二、第五十四。所以，除少數幾卦例外，《二三子》引《易》都是有一定次序的。《二三子》引《易》不但卦與卦之間是按規律進行的，而且舉每卦各爻、甚至卦辭和用辭，也是以經文的先後爲序。如第十至第十三節解乾卦，是先解九二，再九三，然後是九五，最後才用辭。第十四節至第十七節解坤卦，也是先初六、再六二、然後是六三，最後是六五。其解同人、解、艮、鼎諸卦，也莫不如此。從稱引一卦之內卦爻辭的規律性來看，說《二三子》稱引各卦是有規律的，當屬可信。帛書《易傳·二三子》是按照今通行本《易經》的卦序引《易》、解《易》的，帛書《易經》的卦序在《二三子》中並沒有得到反映。

帛書《易傳》的第二篇是《繫辭》，它引用卦爻既不依帛經之卦序，也不依今通行本之卦序。但它稱引卦名總是鍵、川並言，如：

> 天尊地庳，鍵川定矣。……鍵道成男，川道成女；鍵知大始，川作成物；鍵以易，川以閒能。

又如：

> 成馬（象）之胃（謂）鍵，教（效）法之胃（謂）川。
>
> 夫鍵，蒿然視人易；川，魋然視人閒。
>
> 鍵，德行恆易以知險；夫川，魋然天下之至順也，德行恆閒以知□。

鍵，即乾；川，即坤。鍵、川連言并舉，是今本卦序首乾次坤的表現，在帛經中，卻是首鍵次婦（否）。劉大鈞先生說：「由這些話看」，帛書《繫辭》「亦應據今本卦序而出」。④這是很有道理的。

帛書《易傳》第三篇是《衷》。《衷》從第三行起，有一段
文字專論各卦之義，說：

　　是故鍵（乾）者，得〔之陽也；川者〕得之陰也；肫者，
　　〔得之〕□〔也，蒙者，得之〕隋也；〔嬬者，得之〕畏也；
　　容（訟）者，得之疑也；師者，得之殺也；比者，得□也；
　　小蓄（畜）者，得之未□也；履者，䰩之行也；益者，上下
　　交矣；婦（否）者，〔陰〕陽姦矣……

益，應爲泰字之誤⑤。乾在今通行本卦序中居第一，坤居第二，
屯居第三，蒙居第四，需居第五，訟居第六，師居第七，比居第
八，小蓄居第九，履居第十，泰居第十一，否居第十二。在帛經
卦序中，鍵居第一，坤居第三十三，屯居第二十三，蒙居第十三，
需居第十八，訟居第五，師居第三十七，比居第十九，小畜居第
五十八，履居第四，泰居第三十四，婦（否）居第二。顯然，《
衷》的這一段文字，所本的是今通行本之序。

今本《繫辭》的「三陳九德」一段也見於《衷》，只是巽卦
被改成了渙卦：

　　履也者，德之基也；嗛（謙）也者，德之秝也；復也者，
　　德之本也；恆也者，德之固也；損也者，德之修也；益〔也
　　者〕，德之譽也；困也者，德之欲也；井者，德之地也；渙
　　者，德制也。是故占曰：履，和而至；嗛（謙），奠（尊）
　　而光；復，少而辯於物；恆，久而弗厭；損，先難而後易；
　　益，長裕而與；宋〈困〉，窮而達；井，居其所而遷；〔渙，
　　稱〕而救。是故：履，以果行也；嗛（謙），以制禮也；復，
　　以自知也；恆，以一德也；損，以遠害也；益，以興禮也；
　　困，以辟（避）咎也；井，以辯義也；渙，以行權也。

在今通行本卦序中，履爲第十，謙爲第十五，復爲第二十四，恆

爲第三十二，損爲第四十一，益爲第四十二，困爲第四十七，井爲第四十八，渙爲第五十九。在帛經卦序中，履爲第四，謙爲第三十五，復爲第三十九，恆爲第三十二，損爲第十二，益爲第六十四，困爲第四十五，井爲第二十四，渙爲第六十二。顯然，這裡陳述九卦之德，其順序也是本於今本通行本之卦序而非帛書《易經》之序。

《衷》與《繫辭》一樣，常常乾坤并舉，往往解完乾卦卦爻辭之後又解坤卦卦爻辭，反覆詮釋。如從第十九行起，它先解乾卦初九爻辭，然後是九二、九三、九四、九五、上九、用九；接著又解坤卦卦辭，先是解「先迷後得主」；然後是「東北喪崩（朋），西南得崩（朋）」；再又是初六、六二、六三、六四、六五、上六爻辭。從第二十四行起，又解乾卦，先是初九、上九，再是九二、九三、九四、九五、用九。解完乾卦之後，又解坤卦。先是解卦辭「牝馬之貞」，再是「先迷後得主」、「東北喪崩（朋），西南得崩（朋）」；接著又解坤卦爻辭，從初六、六二、六三直到用六。接著又引「子曰」，說「鍵、川也者，易之門戶也」。這種首乾次坤的排列次序，毫無疑問是今通行本之卦序。

《要》是帛書《易傳》的第四篇，它也是體現今通行本之卦序的。它說：

> 孔子繇《易》，至於損、益一卦，未尚不廢書而嘆，戒門弟子曰：二三子！夫損、益之道，不可不審察也。

所謂「損、益一卦」，即損、益二卦，一當爲二之誤⑥。今通行本卦序損卦爲第四十一，益卦爲第四十二。而帛書《易經》則不然，損卦居第十二，益卦居第六十四。此言「損益一卦」、「損益之道」，顯然是取今本而不是取帛經。

帛書《繆和》、《昭力》尚未最後定稿，但從初步整理的結

果來看，帛書《易經》和今本卦序都沒有明顯的反映，故暫可不論。

四、關於「天地定立」段的探討

于豪亮先生所說帛書《繫辭》「天地定立（位）」一段話，依我們所作的釋文，在帛書《衷》中。

據筆者目驗，帛書原件中這一段話原只存「天地定立（位）」一句，「火水相射」和「雷風相槫（薄）」兩句分別散落在兩處，而「山澤通氣」一句的殘片至今尚未找到。「雷風相槫」四字在帛書殘片上與「八卦相」三字連在一起，而這一殘片的「雷」字前有一殘存的筆劃，應該是「火水相射」句「射」字的一部分。所以，于豪亮等先生的釋文將「火水相射」句與「雷風相槫」句相接，應該是正確的。但若認為這幾句話反映了帛書《易經》的卦序，則根據不足。

第一，帛書《易經》上卦排列的次序是鍵、根、贛、辰、川、奪、羅、筭，下卦的排列次序是鍵、川、根、奪、贛、羅、辰、筭。要讓《衷》「天地定立，□□□□，火水相射，雷風相槫」這三句話與此相合，就必須將「火水相射」改為「水火相射」。如果不改字的話，顯然沒有與帛經卦序相合的可能。

第二，所缺的四字，按《說卦》補為「山澤通氣」，才有與帛經卦序相合的可能。但若為「澤山通氣」，則不合帛經卦序。事實上，原文為「澤山」的可能性也還是存在的。宋儒邵雍有「乾南、坤北、離東、坎西、震東北、兌東南、巽西南、艮西北」的「先天八卦」說，畫成圖便是：

```
            （南）
             乾
        兌        巽
（東）離              坎（西）
        震        艮
             坤
            （北）
```

此圖據說是本於《說卦》的「天地定位，山澤通氣，雷風相薄，水火不相射。八卦相錯，數往者順，知來者逆」⑦。邵雍自己也說：

> 「天地定位」一節，明伏羲八卦也。⑧

但若嚴格按《說卦》「天地定位」章排列卦位，「先天八卦」卦位的「兌」應為「艮」，因為「山澤通氣」，艮山居前，又屬陽卦；「離」應為「坎」，因為是「水火不相射」，坎水居前，坎亦屬陽卦。邵雍之所以不將艮置於東南、兌置於西北、坎置於東、離置於西，而不惜違反《說卦》權威說法，表面上看，是因為嚴格地依《說卦》則不合所謂「天地自然」之數；實質，邵氏可能另有隱衷。因為「先天卦位」雖張揚於邵雍，但卻淵源有自。朱熹《周易本義·圖目》云：

> 伏羲四圖，其說皆出邵氏。蓋邵氏得之李之才挺之，挺之得之穆修伯長，伯長得之華山希夷先生陳摶圖南者，所謂先天之學也。⑨

黃宗羲《易學象數論》卷一亦云：

> 凡「先天」四圖，其說非盡自邵子也。朱震《經筵表》云：陳摶以「先天圖」傳種放，種放傳穆修，修傳李之才，之才傳邵雍。

如此，「先天卦位」可上溯至陳摶。近代學者尚秉和、沈瓞民等皆已指出，《左傳》、《國語》的《易》例以及漢人的《易》注，都存有「先天卦位」的痕迹⑩。他們所舉出的大量證據，恐怕難以全盤否定。由此看來，「先天卦位」可能早已存在，陳摶、邵雍等人只不過借以發揮而已。所以，邵雍雖然從《說卦》中爲其尋找根據，卻不好據《說卦》擅自將古已有之的卦位加以改動。結果造成了「先天卦位」說與《說卦》「天地定位」章不盡相合的局面。

有趣的是，帛書《衷》的「天地定立，□□□□，火水相射，雷風相榑」一段，所缺的四字，如果不是補以「山澤通氣」，而是補以「澤山通氣」，那麼，按照天道左旋之法成圖，就與邵雍「先天卦位」密合了。所謂「天地定立」，就是邵圖的乾南坤北；所謂「澤山通氣」，就是邵氏的兌居東方、艮居西北；所謂「火水相射」，就是離東坎西；所謂「雷風相榑」，就是震東北、巽西南。這樣，就避免《說卦》既稱「山澤」，邵圖又以兌居東南、艮居西北應之；既稱「水火」，邵圖又以離東坎西應之的矛盾。這一事實說明，將帛書《衷》「天地定立」段所缺字補爲「山澤通氣」并不一定可靠，據此而說它們反映了帛經卦序的奧秘，就更令人懷疑了。

第三，包括帛書《衷》在內的幾篇易傳，引用卦爻辭，內容和帛書《易經》不盡相合，顯非本於帛經。它們稱引卦名，引《易》解《易》，所反映出的卦序皆出於今通行本，沒有與帛經相同的，怎麼到了《衷》「天地定立」的這幾句話裡，就暗藏了帛書《易經》卦序的結構之謎？豈非反常？而且，造成這種反常的根據，又是在經過改字、補字後而得出的，其可靠性不能不說大成問題。

　　所以，慎重一點考慮，我們只能說：帛書《衷》的「天地定立」段，和帛書《易經》的卦序，并沒有內在的邏輯聯繫，將它們牽扯在一起，理由是不夠充分的。

五、結　論

　　經過上述考察，筆者認爲：帛書《易傳》諸篇所本之經，決非帛書《易經》。它們引《易》、解《易》所反映出來的卦序，顯然同於今通行本。它們所引之卦爻辭，內容也有與今通行本《易經》相異的，可見是今通行本卦序系統內另一種不同的本子，可能與《韓詩外傳》所引來源接近。帛書《易經》卦序在帛書《易傳》諸篇中沒有得到反映這一事實說明，帛書《易傳》諸篇的作者并沒有接受帛書《易經》，如果不是這些作者沒有見過帛書《易經》的話，就是帛書《易經》在當時并未具有通行本《易經》的權威。由此看來，帛書《易經》的產生很難早於今通行本《易經》。

【附　註】

① 丁豪亮，《帛書〈周易〉》，《文物》1984：3，頁17。
② 同①。
③ 這是就目前的拼接、整理情況而言。帛書缺殘之處尙多，如能將全部缺殘之處拼補出，引用的數目自然會超出。
④ 《帛易初探》，《文史哲》，1985：4。
⑤ 詳見拙文《帛書〈易之義〉簡說》，《道家文化研究》第3輯。
⑥ 詳見拙文《帛書釋〈要〉》，《中國文化》第10期。
⑦ 朱熹，《周易本義》（廖名春標點本，廣州：廣州出版社，1995），

頁14。

⑧　《觀物篇》第四卷《觀物外篇下》，《諸子百家叢書》本（上海：
　　上海古籍出版社，1992），頁63。

⑨　同⑦，頁15。

⑩　尚秉和，《焦氏易詁》卷一（北京：中華書局，1991）；沈瓞民，
　　《先後天釋疑》，黃壽祺、張善文編《周易研究論文集》第三輯（
　　北京：北京師範大學出版社，1990）。

1994年春於清華園

從帛書《易傳》等文獻論
《周易》本經的作者問題

一、引 論

　　《周易》作爲五經之首、三玄之一，是中國文化典籍中影響最爲深廣的作品。但《周易》本經成於何時，爲何人所作？這一基本問題迄今尚未解決，幾乎成了易學領域內的一大斯芬克斯之謎。一九七三年底，湖南長沙馬王堆三號漢墓出土了六篇帛書易傳，共約一萬七千六百餘字。近年來，筆者在整理這些帛書易傳的過程中，深感這些新材料對於解決《周易》本經的成書年代與作者問題很有啓發，因而在一些論文中也簡略地談過自己的看法。①一九九四年十月，參加孔子誕辰二五四五週年紀念與國際學術研討會，業師金景芳先生指示我利用帛書易傳深入探討文王與《周易》本經的關係問題。於是，我謹遵師命，作成是篇，②敬請先生與各方家批評。

二、論先秦文獻的記載

　　關於《周易》本經的作者與成書年代，傳統文獻中最早的記載當屬今本《易傳》，其《繫辭傳》云：

　　　　古者包犧氏之王天下也，仰則觀象於天，俯則觀法於地，
　　觀鳥獸之文，與地之宜，近取諸身，遠取諸物，於是始作八

卦，以通神明之德，以類萬物之情。作結繩而爲網罟，以佃
以漁，蓋取諸離。

這是說伏羲氏始作八卦。但從「作結繩……蓋取者離」來看，伏
羲氏發明「網罟」之時，六十四卦當已產生。離與下文所謂益、
噬嗑等，都應是复卦。所以《繫辭》這裡不但說伏羲氏作八卦，
實際上也承認六十四卦係伏羲氏所作。③

《繫辭傳》又說：

《易》之與也，其於中古乎？作《易》者，其有憂患乎？

「中古」係何時？「憂患」係何事？《繫辭傳》下一段話說得更
清楚：

《易》之興也，其當殷之末世、周之盛德邪，當文王與
紂之事邪，是故其辭危。危者使平，易者使傾……

這是說《周易》經文產生於殷、周之際，反映的是周文王與商紂
王之事。崔述說《繫辭傳》這兩段話「曰『其當』，曰『邪』，
曰『乎』，皆爲疑詞而不敢決。則是作《傳》者但就其文推度之，
尚不敢決言其時世，況能決知其爲何人之書乎」。④這一理解似
有問題。

第一，「《易》之興也，其當殷之末世，周之盛德邪，當文
王與紂之事邪」，這一段話並非「爲疑詞而不敢決」。

第二，《繫辭》的這些話並非「但就其文推度之」。下面試
爲證明。

明夷卦《象傳》云：

內文明而外柔順，以蒙大難，文王以之。

這裡說文王蒙大難，語氣非常肯定，與「當殷之末世」、「當文
王與紂之事」可以互證。

帛書易傳中的第二篇是帛書《繫辭》，它有「古者包犧氏之

王天下也」一段，但無「《易》之興也，其於中古乎」和「《易》
之興也，其當殷之末世」這兩段。「《易》之興，其於中古乎」
一段見於帛書易傳的第三篇《衷》，「《易》之興也，其當殷之
末世」一段不見於帛書《衷》，但帛書《衷》卻有一段與其相似
的記載，頗值得我們注意：

> 子曰：《易》之用也，段之无道、周之盛德也。恐以守
> 功，敬以承事，知以避患，□□□□□□□文王之危，知
> 史記（？）之數書，孰能辯焉？

「《易》之用也」即「《易》之興也」；「段」爲「殷」字之誤。
李學勤先生說，「書」字從「者」聲，此處即讀爲「者」。「文
王之危」句，推測原文爲「非處文王之危，知史記之數者，孰能
辨焉」。⑤其說頗中肯綮。《繫辭》的「其當殷之末世、周之盛
德邪」到此作「段（殷）之无道、周之盛德也」，「邪」變成了
「也」，所謂疑問句變成了肯定句。兩者孰是孰非？我以帛書《
衷》爲是。從帛書《衷》所載來看，作者對文王用《易》之事是
非常清楚的，所謂「恐以守功，敬以承事，知以避患」云云，指
的都是文王。因此，作者在此完全沒有必要對《周易》產生的時
代背景存疑。由此看，《繫辭》的「《易》之興也，其當殷之末
世、周之盛德邪，當文王與紂之事邪」，應爲「《易》之興也，
其當殷之末世、周之盛德也，當文王與紂之事也」。「邪」應爲
「也」。其實，今本《繫辭》的此兩「邪」字並沒有錯，只是崔
述的理解有誤。「邪」除了表疑問語氣之外，也能表陳述語氣。
王引之《經傳釋詞》卷四云：

> 家大人曰；邪，猶「也」也。《莊子·德充符》篇曰：
> 「我適先生之所，則廢然而反，不知先生之洗我以善邪。」
> 邪，與「也」同義，猶言曰遷善而不自知也。……《在宥》

篇曰：「豈直過也，而去之邪？乃齋戒以言之邪，跪坐以進
之邪，鼓歌以儛之邪」。上一「邪」字與「乎」同義，下三
「邪」字與「也」同義。今本無下三「邪」字者，後人妄刪
之也。《釋文》出「而去之邪」四字而釋之曰：「崔本唯此
一字作『邪』，余皆作『咫』。」是陸所見本「去之」「言
之」「進之」「儛之」下，皆有「邪」字。崔本則上一邪字
作「邪」，而下三邪字皆作「咫」也。《山木》篇曰：「一
呼而不聞，再呼而不聞，于是三呼邪，則必以惡聲隨之。」
是也。《天地》篇曰：「始也，我以女爲聖人邪，今然君子
也。」……《天運》篇曰：「甚矣夫！人之難説也，道之難
明邪。」邪，亦「也」耳。⑥

《繫辭》這兩個「邪」字，用法也同「也」，表達的是肯定語氣，
其意與帛書《衷》同。

今本《繫辭》下第六章「子曰：乾、坤，其《易》之門邪」，
人們都將此理解爲疑問句，其實也是錯誤的。下文的「乾，陽物
也；坤，陰物也」並非爲答語，而是「乾、坤，其《易》之門邪」
的分述。所以，不但「乾、坤，其《易》之門邪」爲「子曰」的
內容，下文也當是。帛書《衷》引此作：

子〔曰〕：《易》之要，可得而知矣。鍵川也者，《易》
之門戶也。鍵，陽物也；川，陰物也。⑦。

今本《繫辭》的「邪」正作「也」。所以，「邪」表肯定語氣，
不僅有外證，在今本《繫辭》中也有內證。

從句式特點和論證方法上，也可證明崔述説的不可信。「《
易》之興也，其當殷之末世、周之盛德邪，當文王與紂之事邪，
是故其辭危。」這是一個因果推論。「其辭危」這一結論，是從
「其當殷之末世、周之盛德邪，當文王與紂之事邪」這一因推出

的。如果此因尚「為疑詞而不敢決」，怎能斷然說「是故其辭危」
呢？如果《繫辭》「《易》之興也，其當殷之末世、周之盛德邪，
當文王與紂之事邪」說沒有其它根據，只是「就其文推度之」，
據《周易》卦爻辭揣測而言，那麼，「是故其辭危」也就沒有論
述的必要。因為「其辭」指的是《周易》的卦爻辭。《繫辭》從
《周易》經文產生的時代背景、它所反映的人與事這些特定的史
實來闡釋《周易》卦爻辭的語言特色，目的是讓人們更深入地體
會其語言的內涵。如果依崔述說，它們「但就其文推度之」，那
這種論述豈非都成了「循環論證」？

從上引帛書《衷》的內容來看，其稱「文王之危」，「恐以
守功，敬以承事，知以避患」，這些記載，不可能皆出自《周易》
本經，一定另有來源，這與《繫辭》說所反映出的事實是一致的。

帛書易傳的第四篇是《要》。《要》篇所載孔子語說得更清
楚：

> 文王仁，不得其志，以成其慮。紂乃无道，文王作，諱
> 而辟咎，然後《易》始興也，予樂其知之□□□之□□□予
> 何□□事紂乎？⑧

這是說，《周易》一書始出於周文王，它產生於「紂乃无道，文
王作」的年代，是文王「諱而辟（避）咎」之作，反映了文王的
仁義思想（「文王仁」）和憂國憂民意識（「不得其志，以成其
慮」）。孔子是「樂其知」的。⑨這一記載與《繫辭》精神一致，但
說得更明確，更具體，更不可能是「但就其文推度之」。

今本《易傳》的《象傳》與《繫辭》，據司馬遷《史記·孔
子世家》，為孔子所作。帛書《要》篇所載為孔子語，從與「子」
對話的子贛來看，這一點當無疑議。⑩帛書《衷》所載，應該是
孔子弟子所傳之孔子語，至少也當為孔門弟子之語。它們的出處

不一，但其來源卻相同，都出自孔子之傳。據《史記‧孔子世家》、《田敬仲完世家》記載，「孔子晚而喜《易》」，帛書《要》也說「夫子老而好《易》」。孔子晚年以前是否好《易》呢？從帛書《要》所載子贛對孔子「老而好《易》」的激烈批評可知，孔子晚年以前不但不曾「好《易》」，反而視「好《易》」爲求「德行」、「遜正而行義」的對立面，這種以《易》爲卜筮之書而輕視、排斥的態度，由於孔子的言傳身教，被子贛這些弟子視爲孔門正統，並且「繙行之爲也」。⑪孔子爲什麼晚年突然變輕《易》爲好《易》呢？筆者認爲，這與孔子晚年歸魯整理文獻，見到了《易象》一書有關。據《左傳‧昭公二年》記載，韓宣子在魯太史處觀書，見到了《易象》與《魯春秋》，因而感嘆「周禮盡在魯矣，吾乃今知周公之德，與周之所以王矣」。韓宣子這一感慨，說明《易象》與「周公之德」、「周之所以王」有關，是一部權威的、出自周王室的釋《易》之作。孔子晚年既因魯太史之《魯春秋》而修《春秋》，那麼，他見到《易象》一書也是很自然的。從韓宣子「周禮盡在魯矣，吾乃今知周公之德，與周之所以王矣」的感慨來看，《易象》一書不可能純從卜筮的角度釋《易》，其對《周易》的創作過程、內容主旨，特別是對以周文王爲代表的周王室與《周易》的密切關係，應有所揭示。正是看到《易象》所記載的這些內容，「信而好古」的孔子才改變了他對《周易》的輕視態度，轉而好《易》，因而才有《論語‧述而》篇的「假年之嘆」，才有《史記‧孔子世家》的「韋編三絕」，才有帛書《要》的「居則在席，行則在囊」。由此可知，《繫辭傳》、《象傳》、帛書《衷》、《要》對《周易》作者、政治背景等的記載，不可能「但就其文（指卦爻辭）推度之」，而是有確鑿的來源。這一來源，我們至少可以從孔子追溯到魯太史所藏

之《易象》。

《繫辭》和《彖傳》，其作爲先秦的作品，目前已成爲人們的共識。帛書《衷》和《要》所載內容，目前有人將其推至秦或漢初。這種處理，是很不妥當的。我們知道，帛書《衷》和《要》，出自馬王堆三號漢墓。從該墓的隨葬木牘可知，該墓葬於漢文帝前元十二年，即西元前一六八年。帛書的抄寫，最晚不會遲於該年。帛書《周易》經、傳避漢高祖劉邦諱，邦字皆寫作國。但盈字出現頻率卻很高，顯然是不避漢惠帝劉盈諱。因此，其抄寫時間可定在劉邦稱帝之後、劉盈稱帝之前，即西元前二零六年至前一九四之間。帛書爲抄本而非祖本，因此，其成書的時間又當提前。劉邦在位不足十二年，帛書抄於此時，成書於此時的可能性不大。因爲在當時條件下，從著書到流傳開來，是需要一段不短的時間的。秦代僅存十五年，那一十五年，是否係儒家經師安心著書的時代，讀讀《史記》就可知道。因此，帛書《衷》和《要》的成書，應該會早過秦代；其屬先秦作品，是信而有徵的。

以上這些先秦作品的記載，一致強調《易》之興，在「殷之末世、周之盛德」，作《易》「當文王與紂之事」，「文王仁」，「紂乃无道」，文王處危避禍，而「《易》始興」。這就是說，《周易》的產生，周文王是最有關係的人。

三、論漢代文獻的記載

先秦以後，關於《周易》作者的記載，較早的有以下數家：

一是《淮南子‧要略》：「今《易》之《乾》、《坤》，足以窮道通意也，八卦可以識吉凶、知禍福矣，然而伏羲爲之六十四變，周室增以六爻，所以原測淑清之道，而捃逐萬物之祖也。」

　　二是《史記》。其《太史公自序》曰：「昔西伯拘羑里，演《周易》。」其《周本紀》曰：「西伯蓋即位五十年，其囚羑里，蓋益《易》之八卦爲六十四卦。」其《日者列傳》載漢初人司馬季主語曰：「自伏羲作八卦，周文王演三百八十四爻，而天下治。」

　　三是《法言》。其《問神》篇曰：「《易》始八卦，而文王六十四，其益可知也。」其《問明》篇曰：「文王淵懿也……重《易》六爻，不亦淵乎？浸以光大，不亦懿乎？」

　　四是《漢書》。其《藝文志》曰：「至於殷周之際，紂在上位，逆天暴物。文王以諸侯順命而行道，天人之占，可得而効，於是重《易》六爻，作上、下篇。」

　　五是《論衡》。其《謝短》篇曰：「伏羲作八卦，文王演爲六十四。」其《正說》篇曰：「說《易》者皆謂伏羲作八卦，文王演爲六十四。夫聖王起，河出圖，洛出書。伏羲王，河圖從河水中出，《易》卦是也。禹之時得洛書，書從洛水中出，《洪范》九章是也。故伏羲以卦治天下，禹案《洪范》以治洪水。古者烈山氏之王得河圖，夏后因之曰《連山》；歸藏氏之王得河圖，殷人因之曰《歸藏》；伏羲氏之王得河圖，周人因之曰《周易》。其經卦皆六十四，文王、周公因象十八章究六爻。世之傳說《易》者，言伏羲作八卦，不實其本，則謂伏羲眞作八卦也。伏羲得八卦，非作之；文王得成六十四，非演之也，演作之言，生於俗傳。苟信其文，使夫眞是幾滅不存。」其《對作》篇曰：「《易》言伏羲作八卦，前是未有八卦，伏羲造之，故曰作也。文王圖八，自演爲六十四，故曰衍。」

　　這些說法歸結起來有三：一是認爲周文王演《易》、益《易》、重《易》，即將伏羲之八卦各自相重，增爲六十四卦三百八十四爻而成今之上、下篇。二是認爲「文王得成六十四，非演之也」。

三是認爲「周室增以六爻」或「文王、周公因象十八章究六爻」。

　　與先秦的記載比較，這些說法有同有異。相同的是，它們都肯定周文王與《周易》有關。比如《史記》將「西伯拘羑里」與「演《周易》」相聯，《漢書》將「殷周之際，紂在上位，逆天暴物。文王以諸侯順命而行道」與「重《易》六爻，作上、下篇」相聯，這些與《繫辭》、《象傳》、帛書《衷》、《要》的記載精神是一致的。崔述否認《史記》的記載，說「《易傳》但言其作於文王時，不言文王所自作也。但言其有憂患，不言憂患爲何事也。《史記》因《傳》之文，遂以文王羑里之事當之，非果有所據也。」⑫從帛書易傳的記載來看，崔說是錯誤的。帛書《繆和》說「文王絇于條里」。⑬「條里」即羑里。上引帛書《衷》說「《易》之用也，段〈殷〉之无道、周之盛德也」，說「知以避患」，說「文王之危」；《要》篇說「紂乃无道，文王作，諱而辟咎，然後《易》始興也」。足證《史記》、《漢書》關於《周易》的創作背景、文王與《周易》有密切關係的記載信而有據，並非全本於今傳《易傳》之說。

　　先秦文獻與漢代文獻記載的相異處也頗值得注意。先秦文獻說了《周易》產生的時代、創作的背景，說了「文王作，諱而辟咎，然後《易》始興也」；並沒有具體說文王作《易》的細節。而漢代文獻則具體指明文王演《易》、益《易》、重《易》，以致成今之上、下篇。這些說法，應該是漢人對先秦文獻的發揮，很有辨析的必要。

　　漢人的周文王將八卦益爲六十四卦說不足信。如前所述《繫辭》不但說八卦始出於伏羲氏，而且也說六十四卦係伏羲氏所作。《周禮‧春官‧太卜》云：「太卜……掌三易之法：一曰《連山》，二曰《歸藏》，三曰《周易》。其經卦皆八，其別皆六十有四。」

鄭玄《易贊》及《易論》云：「夏曰《連山》，殷曰《歸藏》，周曰《周易》。」如果鄭說可信，那麼，《連山》、《歸藏》早已有六十四別卦，不必等周文王出始有六十四卦。張亞初、劉雨《從商周八卦數字符號談筮法的幾個問題》一文列有《商周八卦符號登記表》，⑭搜集了商、周考古材料中的三十四個數字卦，其中有殷代的許多重卦。雖然尚未發現早於商代晚期的材料，⑮但也足以證明漢人的「文王重卦」說是不能成立的。

　　《漢書》又有文王「作上、下篇」說。此說實質是說《周易》的卦、爻辭係周文王所作，《周易》六十四卦的卦序是否係周文王所作？《漢書》沒有明言，但實際是承認的。《漢書》的這一觀點，與《淮南子》、《史記》等的記載是相通的。所謂演《易》、益《易》，決不僅僅指將八卦重爲六十四卦，實質也包括確定六十四卦的卦序、撰作六十四卦的卦爻辭在內。《淮南子》說「伏羲爲之六十四變，周室增以六爻」，人多不得其解。「六十四變」，當指六十四卦：「增以六爻」，當指增加六爻的爻辭，卦辭也當在內。

　　《漢書》的文王「作上、下篇」，有一個很嚴重問題。對此，唐人孔穎達早已有所論述：

　　　　驗爻辭多文王後事。案升卦六四「王用亨于岐山」，武王克殷之後始追號文王爲王，若爻辭是文王所制，不應云「王用亨于岐山」。又明夷六五「箕子之明夷」，武王觀兵之後，箕子始被囚奴，文王不宜豫言「箕子之明夷」。又既濟九五「東鄰殺牛，不如西鄰之禴祭」，說者皆云西鄰謂文王，東鄰爲紂。文王之時，紂尚南面，豈容自言已德受福勝殷？又欲抗君之國，遂言東鄰西鄰而已。

後人對此續有考證，認爲晉卦卦辭「康侯用錫馬蕃庶」，說的是

周初康侯之事。⑯其說可從。如此說來，《周易》卦爻辭的下限就到了成王時。

如何解決《周易》卦爻辭有文王身後事與文王作《易》說的內在矛盾？孔穎達有說：

> 《左傳》韓宣子適魯，見《易象》云：「吾乃知周公之德。」周公被流言之謗，亦得爲憂患也。驗此諸說，以爲卦辭文王，爻辭周公。馬融、陸績等並同此說，今依而用之。所以只言三聖，不數周公者，以父統子業故也。案《禮稽命徵》曰：「文王見禮壞樂崩，道孤無主，故設經禮三百，威儀三千。」其「三百」、「三千」即周公所制《周官》、《儀禮》，明文王本有此意，周公述而成之，故係之文王。然則《易》之爻辭，蓋亦是文王本意，故《易緯》但言文王也。⑰

卦辭文王、爻辭周公說能解決「爻辭多文王後事」的問題，但並不能解決卦辭也有文王後事的問題。所以，此說並不能令人信服。但「父統子業」說，與《淮南子》的「周室增以六爻」說卻可相通。所謂「周室」，不實指周文王，應該說也包括周文王、周公父子在內。《論衡·正說》篇的「文王、周公因象十八章究六爻」不好理解，但大意是認定《周易》卦爻辭的制作者爲周文王、周公。這一觀點，與「父統子業」說是一致的。

《淮南子》說「周室增以六爻」，《論衡》以《周易》卦爻辭歸之於周文王、周公父子，孔穎達以「父統子業」說解釋《周易》「爻辭多文王後事」，這對於研究《周易》的作者都是有積極意義的。將《周易》卦爻辭的作者由周文王擴大到周公，或「周室」，可以解決《周易》卦爻辭有文王後事的矛盾；以文王作爲「周室」的代表或文王、周公的代表，這也是合乎情理的。說

周公參與了《周易》卦爻辭的製作，從史籍記載來看，很有可能。

　　《左傳・文公十八年》記季文子使太史克對魯宣公說：「先君周公制周禮。」《國語・魯語》說：「若子季孫欲其法也，則有周公之籍矣。」《論語・為政》載孔子語：「周因於殷禮，所損益可知也。」《八佾》也說：「周監於二代，鬱鬱乎文哉。」孔子論及周禮，每每與周公相聯繫。正因如此，所以《述而》篇載孔子說：「甚矣，吾衰也！久矣，吾不復夢見周公。」孔子所說的損益殷禮，「監於二代」的不是別人，正是周公。⑱《周易》一書載於《周禮・春官》，為太卜所掌。周公制禮作樂，對《周易》的卦爻辭作了改編加工，並非沒有可能。近代以來，人多以為《周易》卦爻辭係出於「史巫」之手。⑲其實，周公之為，多有近於史巫之處。如武王克殷二年，武王有疾，「周公於是乃自以為質，設三壇，周公北而立，戴璧秉圭，告於太王、王季、文王」。「成王少時，病。周公乃自揃其蚤沈之河，以祝於神」。《尚書・大誥》載，武王崩，成王幼，周公攝政稱王，三監及淮夷叛。周公決計平亂，而邦君庶士不同意。周公則親自占卜並將占卜結果告訴邦君庶士，其中說「用寧（文）王遺我大寶龜」，即表明其占卜特權是文王給予的。從西周金文中可知，周公子伯禽為魯侯又兼任周王室太祝，邢伯為周公後裔，亦為太祝。這些事實表明，周公原為周王朝宗教職務之首腦。⑳《左傳・昭公二年》載韓宣子在魯太史處見到《易象》一書，因而盛讚周公之德。說明周公與《周易》是有關的。《易象》之藏於魯太史而不藏於別國，這與周公、特別是與其子伯禽的太祝職掌有密切聯繫。所以，漢人的周公參與作《易》說，從《周易》本經和史實上，是可以解釋通的。

四、結　論

　　討論《周易》的作者問題，第一是要從《周易》本經出發，第二是要尊重而又合理地吸收先秦、兩漢文獻的記載。有鑒有此，筆者認爲，先秦文獻關於周文王與《周易》有密切關係的記載是信而有徵的；漢代文獻關於文王、周公作《易》的觀點是可以成立的；孔穎達的文王作卦辭、周公作爻辭說雖爲主觀，但其「父統子業」說以文王爲其父子的代表不失爲一種合理的解釋。從《周易》本經和先秦、兩漢的文獻記載看，周文王囚於羑里時，可能對六十四卦的卦序作了一定的編排，以致形成了今天通行的卦序，這是所謂「演」；文王又將六十四卦係以一定的卦辭和爻辭，這是所謂「增」；文王所係之卦、爻辭，後來又經過周公的改編、加工，以致最後形成《周易》本經。《周易》形成後，掌於祝卜之手。周公作爲祝卜系統的首腦，不但改編和加工過《周易》的卦爻辭，而且爲解釋《周易》的創作背景、思想內涵也作了一定的工作，於是就產生了《易象》一書。《易象》藏於魯太史之處，即與周公父子的職掌有關，也表明了周公與《周易》本經的特殊關係。

【附　註】

① 見拙作《易之義簡說》，《道家文化研究》第3輯，上海古籍出版社1993年版；《試論孔子易學觀的轉變》，1994年「儒家文化與當代文化走向」國際學術討論會論文。

② 本文寫作中，讀到李學勤先生的大作《帛書易傳與〈易經〉的作者》（將刊於《國際易學研究》第一輯，華夏出版社，1995年1月），

深受教益。

③　王弼、孔穎達等皆持伏羲重卦說，見《周易正義》卷首。

④　《豐鎬考信錄》卷五，頁九九，《叢書集成》初編，商務印書館，民國二十六年。

⑤　見②李文。

⑥　黃侃、楊樹達批本，岳麓書社，1985，頁86。

⑦　見拙作《帛書〈易之義〉釋文》，《國際易學研究》第一輯。

⑧　見拙作《帛書〈要〉釋文》，同⑦。

⑨　可參任俊華《「諱而辟咎」小議》，《國際青年易學通訊》第4期，1994年9月。

⑩　詳見拙作《帛書釋〈要〉》，《中國文化》第10期，1994年8月。

⑪　詳見⑩和拙作《帛書〈要〉與孔學研究》，孔子誕辰2545周年紀念與國際學術研討會論文，1994年10月；拙作《試論孔子易學觀的轉變》。

⑫　同④卷二，頁二七。

⑬　見拙作《帛書《繆和》釋文》，同⑦。

⑭　載《考古》1982年第2期。

⑮　說見李零《中國方術考》（北京：人民中國出版社，1993），頁241。

⑯　顧頡剛《周易卦爻辭中的故事》，載《古史辨》第三冊。

⑰　上引孔穎達說，皆見《周易正義》卷首。

⑱　金景芳師《中國奴隸社會史》第122、123頁，上海人民出版社，1983。

⑲　同⑯。

⑳　說參郝鐵川《周公本為巫祝考》，《人文雜志》，1987年第5期。

一九九四年十二月十五日於清華園

關於帛書《易傳》整理過程中
的一些問題

陳鼓應先生主編的《道家文化研究》第6輯（上海古籍出版社，1995年6月）就帛書《易傳》的整理過程刊登了所謂的《本刊聲明》①和陳松長先生的「整理說明」，這些文字頗多混淆是非、顛倒黑白之處。為了對歷史負責，本文擬介紹一下筆者有關的帛書《易傳》整理工作的過程，其是非、黑白，相信學界同仁能作出正確的判斷。

1973年底，長沙馬王堆3號漢墓出土了12萬多字的帛書，其中有關《周易》方面的共有2萬餘字，既有經，又有傳。《文物》1984年第3期發表了馬王堆漢墓帛書整理小組所作的《馬王堆帛書〈六十四卦〉釋文》和張政烺、于豪亮先生的文章，在海內外學術界引起了極大的反應。同時，學人們也盼望帛書《易傳》諸篇的釋文早日發表。1992年5月，國務院古籍整理出版規劃領導小組在北京香山飯店召開國家古籍整理出版「八五」規劃會議，筆者陪同業師金景芳先生與會時，聽到了許多前輩學者要求早日公布帛書《易傳》的發言，深為感動。會後，借回家之機，在湖南出版社見到了傅舉有、陳松長先生編的《馬王堆漢墓文物》一書的清樣，便攜帶一份回到了吉林大學。《馬王堆漢墓文物》一書首次發表了帛書《六十四卦》、帛書《繫辭》的照片以及陳松長先生的帛書《繫辭》釋文。對照照片，我發現陳松長先生的帛書《繫辭》釋文錯誤頗多，於是就寫了《帛書繫辭文校補》一文，

提交1992年8月長沙馬王堆漢墓國際學術討論會。在這次會議上，我初識陳鼓應先生。陳鼓應先生對我的論文非常感興趣，多次要求我研究帛書《易傳》支持他和王葆玹先生的帛書《繫辭》道家說。與會的東京大學池田知久教授私下告訴我，他1989年冬訪問湖南省博物館時，就得到了帛書《周易》經、傳的全部35張照片，現正在和學生一起研究帛書《繫辭》、《易之義》和《要》篇。受池田先生的啓發，我也從有關人士那裡得到了一套帛書《易傳》照片的複印件。回到北京後，我就利用這套複印件開始嘗試整理。先將複印件拼接起來，再逐行作釋文。這樣，就將六篇《易傳》都作了一遍。由於複印件字迹模糊，自己考釋文字的功底也有限，許多地方的釋文都難以通讀。於是，自己只好先重點研究《二三子》、《要》和《易之義》三篇，釋文作了一遍又一遍。②1992年10月，北京《周易》研究會在炎黃藝術館召開學術討論會，承蒙朱伯崑、余敦康、劉長林等先生邀請，我在會上介紹了帛書《易傳》諸篇的情況，重點談了一下自己對帛書《繫辭》和今本《繫辭》關係的看法。這一發言，後來寫成《論帛書〈繫辭〉與今本〈繫辭〉的關係》一文，刊於《道家文化研究》第3輯。我的發言比較了帛書《繫辭》與今本《繫辭》語意不同的異文，認爲帛書《繫辭》的祖本非常接近於今本《繫辭》，又探討了帛書《繫辭》與今本內容的不同，認爲帛書本少於今本的許多章節、段落、文字，在帛書《繫辭》的祖本中原是存在的；又分析了帛書《易之義》、《要》的記載，說明《繫辭》是它們的材料來源。通過這三方面的比較，得出了在帛書《繫辭》、《易之義》、《要》寫作時，今本《繫辭》的內容都已基本形成的結論。我的這一觀點，得到了與會大部份先生的贊同。

　　由於我的發言引用了帛書《易之義》、《要》篇的大量的材

料，與會的陳鼓應先生對其內容發生了強烈的興趣，提出我作出的釋文，可以刊登在他主編的《道家文化研究》專輯上。我提出我沒有照片，只有複印件，作釋文困難很大，搞照片，核對原件非得回湖南不可。這樣，陳鼓應先生就提供了我兩次回湖南的經費一千多元，另外還給了我一些錢用來搞照片。1992年12月，我回到湖南，找到省博物館辦公室的負責人陳松長先生，要求合作作釋文。陳松長先生自己也作了《要》篇釋文，《二三子問》也作了一段，但上行、下行都拼錯了。所以他不主張發全篇的釋文。只主張發片段。我轉交了陳鼓應先生的錢之後，在陳松長先生那裡得到了帛書《二三子問》、《繫辭》、《易之義》、《要》的照片。同時還帶走了陳松長先生的一篇綜述文章、他作的《要》篇的釋文和《二三子問》的一段釋文。回到北京後，陳的綜述文章和《二三子問》的一段釋文我都交給了陳鼓應先生（相信他那裡還有原稿），《要》的釋文和照片我都留下了，以便自己作進一步校改用。陳《二三子問》的釋文只作了一段，加之拼接明顯錯了，我覺得沒有多大參考價值，便棄而不用。

由於《二三子問》殘缺過多，拼接尚不理想，所以從一開始我們就不準備先發表《二三子問》的釋文，而是準備只發《易之義》和《要》篇。得到照片後，我又重新作了幾遍釋文。1993年春的一個晚上，我帶了自己新作的《易之義》、《要》的釋文和照片，在陳鼓應先生、王博先生的陪同下，來到我的座師李學勤先生的家中，請李先生審核這兩篇釋文。李先生按照照片，又重新作了一遍釋文，改進了不少錯誤。在得到李先生的改正稿後，我又重新作了一遍，再寄給湖南博物館陳松長先生，請他核對帛書原件，加以校改。收到陳松長寄過來的校改稿後，我又重新複核一遍，最後定稿。《易之義》、《要》篇的釋文交《道家文化

研究》後，我們和陳鼓應先生又想發《二三子問》的釋文，與陳
松長先生聯繫，他覺得難度太大，表示反對。在陳鼓應先生等人
的慫恿下，我硬著頭皮，對著照片，重新拼接，經過一次又一次
的反複琢磨、試驗、終於將斷裂成好幾塊的帛書《二三子問》殘
篇拼接成功，定出了行數，作出了基本準確的釋文。釋文交李學
勤先生後，李先生又對照照片細心地作了一遍，改正了不少錯誤。
收到李先生的校正稿後，我又照例核對一遍，並據釋文以照片的
複印件拼成一份圖版，又將這份圖版和釋文寄交陳松長先生，請
他核對原件，加以校改。陳松長先生原先嘗試作過一下《二三子
問》的釋文，沒有成功。以為我們暫時是作不出的，所以表示反
對發表。收到我寄去的圖版和釋文後，看到我們已經作出了，只
好勉強同意。這一經過，《道家文化研究》第6輯的所謂《本刊
聲明》和陳松長先生的「整理說明」都搞錯了。如陳松長先生說：

> 當時我認為《易之義》篇殘損較多，拼綴難度大，本人
> 沒有什麼把握，不要急著刊布。但廖說他已整理了一個初稿，
> 只要請有關專家審訂認可便行。他回京後，又通過陳鼓應先
> 生多次來電話，要求同時刊發《易之義》的釋文，並說釋文
> 已經有關專家審訂，沒什麼大問題。我出於無奈，只得勉強
> 同意，但堅持要讓本人核對原件。

其實，這並不是指《易之義》篇，而是指《二三子問》篇。這從
陳松長先生給我的幾封信中可以看得很清楚。

陳氏1993年3月7日給筆者的信中說：

> 關於《繫辭》的辭文，勞兄校訂，甚為感謝。但希兄轉
> 告陳先生，在發排時，最好能讓我最後校對一次，不然又出
> 差錯，當貽笑於大方之家。此外《易之義》和《要》篇的釋
> 文最好請×先生審訂一下，以免再出笑話。……

這裡，只提到《易之義》和《要》篇的釋文，足證他還沒看到《二三子問》的釋文，也還沒有想到要發表《二三子問》的釋文。

1993年3月30日陳松長致筆者的信又說：

> 上封信想已收到。昨接陳鼓應先生電話，說是希望把《二三子問》一同發出來。當時我就講了，這一篇難度較大。陳先生說有先生（指筆者）把關，電話裡說爭取看看。……因此，請再向陳先生作點解釋，我們還是寧缺勿濫爲好。另外，那二篇的釋文（指《易之義》和《要》）務必請×先生之類的專家審定爲盼。

這時，陳松長先生還是不同意發《二三子問》的釋文，只同意發《易之義》和《要》篇。

在1993年4月17日致筆者的信中，陳松長先生說：

> 4月6日函和釋文稿（指《二三子問》）收啓後，弟只得硬著頭皮，連續搞了一個多禮拜的挑燈夜戰，參照兄的拼綴圖，將照片重新進行了一些拼綴，對釋文作了一些文字的修改。現在看來，如果我們只將釋文請李先生審核，那將不能解決問題。因爲李先生如果沒有照片，僅參照那份複印件是無法眞正審定的。因此，所謂審核通過的稿子，僅就弟這幾天的校對，就出入甚大。如果能借以時日，慢慢拼合釋讀，可以發現的問題還很多就是。現在兄既已將釋文稿交出，弟亦無奈，只得從命了。
>
> 這次校訂釋文，在兄拼合的基礎上，又拼綴上了好幾處。就《二三子問》而言，可能還有殘片拼在其他頁片上，尚需時間整理。現在既然只發釋文，就暫且如此吧！反正是提供資料給學術界去研究。
>
> ……

> 又，既然不發圖版，請兄幫助把上次帶去的底片追回爲
> 盼。現隨信寄來複印件。③。

這是陳松長先生在接到我用複印件拼綴的《二三子問》圖版和釋文（已經李學勤生生校改過的）後的回信。從信中可以看出，陳氏於〈二三子問〉釋文所作的工作一是「參照」筆者的「拼綴圖，將照片重新進行了一些拼綴」，二是「對釋文作了一些文字的修改」。這些工作有多大，完全可以比較。因爲李學勤先生也作了釋文，當有存稿。將李先生的校改稿和在《道家文化研究》第3輯發的釋文一對照，不同的將是陳的訂正和我最後作的改動。陳氏以爲李先生「審定」沒有看到照片，只參照了我用複印件拼綴成的圖版，是完全錯誤的。事實上，陳鼓應先生就親眼看到我將《二三子問》的照片給了李先生。值得注意的是，陳松長先生在其《馬王堆帛書〈二三子問〉初論》（載《馬王堆漢墓研究文集》，湖南出版社，1994）一文的注釋③中說：「本書所刊圖版（指《二三子問》）爲作者所拼綴整理。」其實，這一圖版完全是在我寄過去的拼綴圖版的基礎上作出的。所謂「現隨信寄來複印件」，就是指將我寄過去的用複印件拼綴成的《二三子問》的圖版又退回給我。上述信件，因爲事關釋文的發表，我都曾給陳鼓應先生看過，不知出於何種動機，陳鼓應先生在所謂的《本刊聲明》中硬要裝糊塗，說《二三子問》的「主要整理者」是陳松長先生，盡管這和他一年前逢人便說的話迥然不同。作爲一個學者，是不是講學術道德和學術良心，我想陳先生自然心中有數。

我們本來是想將《二三子問》、《易之義》、《要》三篇的釋文和照片在《道家文化研究》第3輯上全部發表的，所以搞來了照片。但事到臨頭，陳鼓應先生聽了責任編輯的話，不顧我的一再反對，硬是只發釋文，不發照片。陳松長先生在我的去信中

聞知此事，就在回信中向我索回照片。不久，我只好將相片退給了陳松長。現在看來，當時陳先生如果聽從了我的建議，釋文和照片一同發出，對研究者可能會更好些。

作完《易之義》、《要》、《二三子問》的釋文後，陳鼓應先生約我就每篇釋文的內容寫一篇簡短的介紹文章，並且對其寫作時代、學術淵源略加考證，這樣我就寫了《帛書〈二三子問〉簡說》、《帛書〈易之義〉簡說》、《帛書《要》簡說》三篇短文。陳先生急於知道《繆和》、《昭力》兩篇的內容，但陳松長並沒給我這兩篇帛書的照片，我只好用手頭的複印件加以拼接，並據此作出釋文的第二稿。在釋文的基礎上，我寫了《帛書〈繆和〉、〈昭力〉簡說》一文。這四篇短文，後來都發表在《道家文化研究》第3輯。《繆和》、《昭力》的釋文稿，陳鼓應先生堅持要看，我只好讓他複印了一份。④陳先生以此寫了《帛書〈繆和〉、〈昭力〉中的老學與黃老思想之關係》一文，也刊在《道家文化研究》第3輯上。⑤

陳松長先生在「整理說明」中指責我以「個人名義」發表四篇「簡說」，這非常奇怪。這四篇「簡說」都是我寫的，陳沒有寫過一個字，我也沒有跟陳商量過，兩人的學術觀點、研究角度都相差甚遠，所謂「文責自負」，我不一個人署名還能跟別人合署？《文物》1984年在發表《馬王堆帛書〈六十四卦〉釋文》的同時，既發了張政烺先生的《帛書〈六十四卦〉跋》，也發了于豪亮先生的《帛書〈周易〉》，也沒聽說誰要跟他們共同署名，指責他們以「個人名義」發文。《繆和》、《昭力》陳鼓應先生也寫了文章，陳松長先生不要求與他合署，卻來指責我，是不是有失公平呢？至於《帛書〈繆和〉、〈昭力〉簡說》的引文有錯誤之處，這是難免的，拋磚可以引玉，這並不「違反學術規則」。

陳松長先生在《馬王堆漢墓文物》（湖南出版社，1992）一書作的帛書《繫辭》釋文不也是同樣有錯誤嗎？筆者在充分肯定其成績的前提下，寫了《帛書〈繫辭〉釋文校補》一文，作出了許多補正。該文在1992年8月召開的「馬王堆漢墓國際學術討論會」發表，作爲會議組織者之一的陳松長先生是看到了的。後來編《馬王堆漢墓研究文集》他不願編入，⑥而要我另寫一文。在《道家文化研究》第3輯重發《帛書〈繫辭〉釋文》時，陳氏原稿對我的工作一字不提。⑦在《道家文化研究》第6輯發《帛書〈繫辭〉校勘札記》時，同樣如此。這種作法違不違反「學術規則」，筆者不得而知。

　　陳鼓應先生原想盡快在《道家文化研究》上發表《繆和》、《昭力》的釋文，我因此於1993年暑假攜帶我作出的釋文稿奔赴湖南。在湖南省博物館，我用原件對釋文逐字進行核對，改進良多。《繆和》篇校對完成一半時，由於回北京的時間已到，就將釋文稿交給陳松長先生，囑他繼續核對，做進一步的加工，然後寄我交《道家文化研究》。陳松長先生當時口頭應允，收下我的釋文稿。但我回到北京後，他卻遲遲未將釋文寄來。我寫信一再催促，他在12月7日的回信中說：

　　　　陳鼓應先生打兩次電話來，說要繼續發另兩篇釋文，弟實在爲難，不敢欣然應允。他說兄已弄了釋文，我也建議不要發。

　　由於陳松長先生改變了主意，陳鼓應先生無可奈何，我參加了《道家文化研究》 3至5輯的一些編輯工作，又問了陳鼓應先生和王博先生，知道第6輯的目錄中原來沒有列入《繆和》、《昭力》的釋文，知道陳鼓應先生已不急於發表這兩篇釋文。

　　1994年，我參加了朱伯崑先生主持的MZL國際易學研究院

的工作。朱先生創辦《國際易學研究》，想在第1輯上全部發表帛書《易傳》的釋文，我表示有難度。在朱先生和其他同道的一再勸說下，我考慮到陳鼓應先生已不急於發表《繆和》、《昭力》的釋文，加之《繆和》、《昭力》是儒門論《易》之作，在《國際易學研究》刊登名正言順，硬要說它們是道家之作，登在《道家文化研究》上確實欠妥，⑧遂答應了朱先生。由於陳松長先生不退還我的釋文原稿，唯一的複印件又在陳鼓應先生手中，問陳鼓應先生要，他說王葆玹先生拿去了，也沒有給我，我只好又奔湖南。在我的研究生的幫助下，我得到湖南省博物館館長熊傳薪先生和保管部主任的批准，多次到湖南博物館觀看、研究帛書《易傳》的原件。熊館長告訴我，他們歡迎我們研究帛書《易傳》，研究的人越多，影響越大，越好。在有關人士的幫助下，我得到了帛書《易傳》的全部照片。回京後，根據照片又重作《繆和》、《昭力》的釋文。對於《二三子問》、《繫辭》、《易之義》、《要》四篇釋文，我又重加修訂，在每篇篇首，各寫了一篇「說明」，介紹了釋文整理的詳細過程和參與的情況。這6篇釋文，都發在華夏出版社1995年1月版的《國際易學研究》第1輯上。上海古籍出版社在1995年出版的《續修四庫全書》經部易類中，收入我作的《馬王堆帛書周易經傳釋文》，其中也收有這六篇。

　　陳鼓應先生在所謂《本刊聲明》中攻擊我「在發表的說明文字中」，「對本刊、對原件來源於陳松長的事實隻字未提」，實際《二三子》、《易之義》、《要》每篇「說明」我都說了《道家文化研究》第3輯，陳先生可以細心去查一下。至於原件的來源，我至少有四個，陳松長只是其一，別人我沒有說，為什麼偏偏要說陳松長？日本池田知久教授發表《要》的釋文，要沒有說照片源於哪一個人。尤為可笑的是，陳鼓應先生說他有什麼帛書

《易傳》的釋文的首發權，我們發表釋文須得到他的批准，這不知是哪一家哪一個文件授予他的權力。我曾與湖南有關部門的領導談起過，他們都不知道。爲了證明不是蒙人，我希望陳鼓應先生公布一下他的批件。相反，我對帛書《易傳》的整理，1994年被列爲全國高校古委會資助項目，其研究課題，同年又被列爲國家社科基金項目。我們發表自己的研究工作，應該是有自由的。

　　陳鼓應先生在所謂的《本刊聲明》中還攻擊我「將《二三子問》、《要》諸篇的主要整理者從署名中剔除，將兩人合作的成果據爲一己之有」，更屬無稽。《二三子問》的主要整理者是不是陳松長，從陳松長給我的信中可以看得很清楚。我在刊於《國際易學研究》第1輯的《帛書〈二三子〉釋文》的「說明」中說：

　　　　本篇帛書由筆者據照片拼接復原拼做出釋文，後交李學勤先生審校，再由陳松長先生核對帛書原件，加以校改。在此基礎上，由筆者定稿，以陳松長先生和筆者的名義發表於《道家文化研究》第3輯（上海古籍出版社，1993年8月）。

　　　　這次的釋文，是對原釋文作了進一步的修訂後完成的。

在同書《帛書〈要〉釋文》的「說明」中我說：

　　　　本篇帛書最初由筆者和陳松長先生各自作出釋文，筆者統一修改後，再交李學勤先生審校。筆者將李先生的審定稿寄給陳松長先生核對原件，加以校改。在此基礎上，再由筆者定稿，以陳松長和筆者的名義發表於《道家文化研究》第3輯。後來我又發表了《帛書釋〈要〉》（《中國文化》第10期，1994年8月；1993年10月投稿）一文，對原釋文作了一些補正。以後陸續讀到池田知久教授的《馬王堆漢墓帛書周易要篇的研究》（東京大學《東洋文化研究所紀要》第123册，1994年12月）、《馬王堆漢墓帛書周易要篇的思想》（

1994年8月寫定，將刊於東京大學《東洋文化研究所紀要》
第125冊⑨）兩篇大作，深感其釋「薄」、「繁」等字甚是。
本釋文就是在上述工作的基礎上完成的。

我的「說明」已明言「這次的釋文，是對原釋文作了進一步修訂
後完成的」，「本釋文就是在上述工作的基礎上完成的」，對以
前的合作交代得清清楚楚。就是說，新釋文同原來的釋文相同的，
是過去的工作；不同的，是現在的改正。這種改正，是我一個人
的意見，文責自負，當然得署自己的名。出土材料的釋文工作，
不是一蹴而就的。往往各人有各人的意見，就是一個人，前後認
識也會有變化。一篇金文，有的考釋之作達幾十篇。帛書《繫辭》，
釋文就多達5家，陳松長就作了兩次。如果以後有新的發現，還
可再作。陳松長先生要求別人與他永遠合作，陳鼓應先生不懂得
釋文與釋文的不同，只看見同一個材料，就自封為裁判，妄下斷
語，只能留下笑柄。

其實，「無視學術道德，侵犯他人知識產權的」不是別人，
正是陳松長先生和陳鼓應先生。陳松長既沒有提供《繆和》、《
昭力》的照片，反而違反然諾，將筆者的釋文扣住不還。他在《
道家文化研究》第6輯署名發表的《馬王堆帛書〈繆和〉、〈昭
力〉釋文》，實質就是筆者以前所作的釋文。我們將他的釋文與
筆者在《國際易學研究》第1輯發表的釋文對照，可以說相同的，
基本就是筆者以前的釋文，不同的才是他和有關專家、學者的成
果，對此，陳松長「只字未提」，這種行為屬於什麼性質，讀者
自可判斷。陳鼓應先生明知陳松長扣住我的釋文不還，又讓陳松
長以他的名義在《道家文化研究》第6輯上發表釋文，⑩這屬不
屬於「侵犯他人知識產權」？陳先生這種講「學術道德」的學者，
心裡應該明白。

　　陳鼓應先生喜歡以帛書《易傳》整理工作的組織者自居，其實我的《繆和》、《昭力》兩篇的釋文，與他並沒有多大的關係。他提供了我一千餘元人民幣，我兩次跑湖南，都是爲了整理《二三子》、《易之義》和《要》篇。1993年春季學期，陳鼓應先生去了臺灣，我在北大爲他代了兩個月的課，他只付給人民幣200元。這種憑良心的事，本來不值得說。我希望陳先生在一再宣傳資助了我的時候，不要忘記我也曾支持過他。

　　還有一事值得提一下。1995年6月出版的《道家文化研究》第6輯將《馬王堆帛書〈繆和〉、〈昭力〉釋文》列爲「首次公布的珍貴文獻」，所謂《本刊聲明》也說：「經過不懈的努力，終於在兩年後將帛書《易說》的最後兩件《繆和》及《昭力》整理完畢，在本輯（第6輯）公諸於世……」其實，這兩篇的釋文在華夏出版社1995年1月版的《國際易學研究》第1輯早就發表了。「首次」的意思是什麼？我相信陳鼓應先生應該清楚。

【附　註】

①　《本刊聲明》是以《道家文化研究》編輯部的名義發表的，實出自陳鼓應先生之手。這樣，個人變成了組織，大約聲勢就更大了。

②　這些不同的釋文稿，在陳鼓應、朱伯崑等先生手中流傳過。

③　歡迎有興趣者來看上述信件的原件。

④　陳鼓應先生當時對筆者此舉大加讚賞，令人耳熱。

⑤　陳先生要我的釋文稿時，並沒有說要據此寫文章。

⑥　而與會的香港中文大學張光裕教授則從會議論文中挑了我這一篇，刊在香港中文大學《中國文化研究所學報》新第2期（1993）上。

⑦　「說明」的第5點，係別人補入。從原稿的字迹可辨認出。

⑧　很多學者已向我指出了這點。

⑨　實際刊於同刊第126期。

⑩　雖有訂正，但基本上是我的作品。

一九九五年九月於清華園

第五編　帛書《易傳》釋文

說明：

帛書原件已斷裂殘碎，經拼接復原，但尚有若干零碎殘片，有待進一步補綴。釋文以〔　〕表示試補的缺字，不能補出的缺字或未能識出之字用□表示。一個□表示一字。每行末用數碼注出行次。除重文、省文符號轉寫爲相應之文字外，釋文對原文的用字都力圖不加以改變，對通假字、錯字、衍文、脫文皆不加以指正。所補缺文，僅供參考。

一、帛書《二厽子》釋文

　　二厽子問曰：易屢稱於龍，龍之德何如？孔子曰：龍大矣。龍刑遷叚，賓于帝，倪神聖之德也。高尙行虖星辰日月而不眺，能陽也；下綸窮深瀟而不沬，能陰也。上則風雨奉之，下綸則有天□□。窮^{一行}乎深瀟則魚蛟先後之，水流之物莫不隋從。陵處則靁神養之，風雨辟鄉，鳥守弗干。曰：龍大矣。龍既能雲變，有能蛇變，有能魚變。鷰鳥蚰虫，唯所欲化，而不失本刑，神能之至也。□□□□□^{二行}□□□□□焉，有弗能察也。知者不能察其變，辯者不能察亓義，至巧不能贏亓文，□者〔不〕能察

□也。成非焉，化蚰虫，神貴之容也，天下之貴物也。曰：龍大矣。龍之剛德也，曰和□□□^{三行}易□和，爵之曰君子。戒事敬合，精白柔和，而不諱賢，爵之曰夫子。或大或小，亓方一也。至用也，而名之曰君子。兼，「黃常」近之矣；尊威精白堅強，行之不可撓也，「不習」近之矣。易曰：「寢龍勿^{四行}用。」孔子曰：龍寢矣而不陽，時至矣而不出，可胃寢矣。大人安失矣而不朝，識獻在廷，亦獻龍之寢也。亓行滅而不可用也，故曰「寢龍勿用」。易曰：「抗龍有悔。」孔子曰：此言爲上而驕下，驕下而不佁者，未^{五行}之有也。聖人之立正也，若遁木，愈高愈畏下。故曰「抗龍有悔」。易曰：「龍戰于野，亓血玄黃。」孔子曰：此言大人之廣德而施教於民也。夫文之孝，采物畢存者，亓唯龍乎？德義廣大，灋物備具者，^{六行}「亓唯」聖人乎？「龍戰于野」者，言大人之廣德而下綏民也。「亓血玄黃」者，見文也。聖人出灋教以道民，亦獻龍之文也，可胃「玄黃」矣，故曰「龍」。見龍而稱莫大焉。易曰：「王臣寋寋，非今之故。」孔子^{七行}曰：「王臣寋寋」者，言亓難也。夫唯智亓難也，故重言之，以戒今也。君子智難而備〔之〕，則不難矣；見幾而務之，〔則〕有功矣。故備難〔者〕易，務幾者成。存亓人，不言吉兇焉。「非今之故」者，非言獨今也，古以狀也。易曰：「鼎折^{八行}足，復公莡，亓刑屋，凶。」孔子曰：此言下不勝任也。非亓任也而任之，能毋折虖？下不用則城不守，師不戰，內乳□上，胃「折足」；路亓國，〔蕪亓〕地，五種不收，胃「復公莡」；口養不至，飢餓不得食，謂「刑屋」。二公子問曰：人君至於飢^{九行}乎？孔子曰：昔者晉厲公路亓國，蕪亓地，出田七月不歸，民反諸雲夢，无車而獨行，□□□□□公〔不勝〕亓飢也。□□□□□飢不得食亓月，此「亓刑屋」也。故曰德義無小，失宗無大。此之胃也。

易曰：「鼎王鐕，〔大〕吉，^{一〇行}無不利。」孔子曰：鼎大矣！鼎之遷也，不自往，必人舉之，大人之貞也。鼎之舉也，不以亓止，以□□□□□□□□□□□□□賢以舉忌也。明君立正，賢輔程之，將何爲而不利？故曰「大吉」。易曰：「康矣用錫馬番^{一一行}庶，晝日三接。」孔子曰：此言聖王之安世者也。聖王之正，牛參弗服，馬恆弗駕，不憂乘，牝馬□□□□□□□□□□粟時至，芻槀不重，故曰「錫馬」。聖人之立正也，必尊天而敬衆，理順五行，天地無菑，民□不^{一二行}傷，甘露時雨聚降，飄風苦雨不至，民也相醻以壽。故曰「番庶」。聖王各有厽公、厽卿，「晝日三〔接〕」，□□□□□□者也。易曰：「聒囊，無咎無譽。」孔子曰：此言箴小人之口也。小人多言，多過；多事，多患，□□^{一三行}可以衍矣，而不可以言箴之。亓猷「聒囊」也。莫出莫入，故曰「無咎無譽。」二厽子問曰：獨无箴於聖〔人之口乎？孔子曰〕：聖人之言也，德之首也。聖人之有口也，猷地之有川浴也，財用所繇出也；猷山林陵澤也，衣食家^{一四行}物〔所〕繇生也。聖人壹言，萬世用之。唯恐亓不言也，有何箴焉？卦曰：「見龍在田，利見大人。」孔子曰：□□□□□□□見嗛，易告也；就民，易遇也。聖人君子之貞也，度民宜之，故曰「利以見大人」。卦曰：「君子終日鍵鍵，^{一五行}夕沂若，厲，无咎。」孔子曰：此言君子務時，時至而動，□□□□□□屈力以成功，亦日中而不止，時年至而不淹。君子之務時，猷馳驅也，故曰「君子終日鍵鍵」。時盡而止之以置身，置身而精，故曰「夕沂若，厲，无咎。」^{一六行}易〔曰：「蜚龍在〕天，利見大人。」〔孔子曰：此〕言□□□□□□□□□□君子在上，則民被亓利，賢者不蔽，故曰「蜚龍在天，利見大人」。卦曰：「見羣龍〔无首〕，吉。」孔子曰：龍神威而精處，□□而上通

亓德，无首□□^{一七行}用，見羣龍〔无〕首者□□□□□□□□
□□□□□□□見君子〔則〕吉也。卦曰：「履霜，堅冰至。」
孔子曰：此言天時縉戒葆常也。歲□□□□□□□□西南溫□□
始於□□□□□□□□□□□^{一八行}之□□□□□□□□□□□
□□□□□□□□□德與天道始，必順五行，亓孫貴而宗不偦。
卦曰：「直方，大，不習，无不利。」孔子曰：□□□□□□□
□□避也；方者義□□□□□□□□□□^{一九行}大者言亓直，或
之容□□□□□□□□□□□□□□□□□□□□□□也，〔則〕
无不〔吉利〕，故曰「无不利」。卦曰：「含章可貞；〔或從王
事，无成有終。」孔子曰：此言〕□□□□含章□□□□□□□
^{二〇行}含亦美，貞之可也，亦□□□□□□□□。卦曰：「〔
聑囊，無咎無譽〕。」□□□□□□□〔無〕咎□□□之事矣。
□□□□□□□□□□□□□□□卦曰：黃常元吉。孔子曰：
□□□□□□^{二一行}□者也。元，善之始也。□□□□□□□
□□之徒嗛嗛□□□□□。〔卦曰：「屯亓膏，小〕貞吉，大貞
凶。」孔子曰：屯□□□□□□□□□□□□□□□□□□□□
□□□□□□□□□□□□□^{二二行}小民家息以緌衣□□□□□
□□□□□屯輪之，亓吉亦宜矣。「大貞〔凶〕」，□□□□□
□川流下而貨留□年穀十重□□□□□□□□□□□□□□□□
□□□□□□之大患□□^{二三行}貨，守財弗施則□。〔卦曰：「
同人于野，亨，利〕涉大川。」孔子曰：此言大德之好遠也。所
行□□□□遠，和同者眾，以濟大事，故曰〔「利涉大川」。〕
卦曰：「同人于門，无咎。」〔孔子曰：此言〕亓所同唯〔亓門
人〕^{二四行}而己矣，小德也□□。〔卦曰：「同人于〕宗，貞藺。」
孔子曰：此言亓所同唯亓室人而已「矣」，□□□□□□，故曰
「貞藺」。卦曰：「絞如，委如，吉。」孔子曰：絞，日也；委，

老也。老曰之行□□□，故曰「吉」。卦曰：「嗛，亨；君子又
二五行多，吉。」孔子曰：〔此言〕□□□□□〔也。嗛〕，上
川而下根。川，也；根，精質也。君子之行也。□□□□□□□
吉焉。吉，嗛也；凶，橋也。天乳驕而成嗛，地徹驕而實嗛，鬼
神禍福嗛，人亞驕而好〔嗛〕。□□□□□□□二六行□□□□
□□□□□□□□□好善不伐也。夫不伐德者，君子也。亓盈如
□□□□□□□□□舉而再說，亓有終也，亦宜也。卦曰：「盰
予，悔。」孔子曰：此言鼓樂而不戒患也。夫忘亡者必亡，忘民
二七行〔者必〕□□□□□□□□□□□□□□至者，亓病亦至，
不可辟，禍福或辜，□□□□□□□□□□□□□□方行，禍福
畢至，知者知之，故虘客恐懼，日愼一日，猷有誠行。卒至之患，
盰予而不二八行□□□□□□□。〔卦〕曰：鳴鶴在〔陰，其子
和之，我〕有好爵，與壐羸〔之。孔〕子曰：鳴〔鶴〕□□□□
□□□□□□□。亓子隨之，通也；昌而和之，和也。日和同，
至矣。「好爵」者，言耆酒也。弗有一爵與衆二九行□□□□□
□□□□□□□□□□之德，唯歙與食，絕甘分少。〔卦曰：
「密雲不雨，自我西郊，公射取皮在穴。」〕孔子曰：此言聲君
之下舉乎山林吠畎之中也，故曰「公射取皮在穴。」〔卦〕曰：
「恆亨，无三〇行〔咎，利貞，利〕有攸往。」〔孔子曰：恆亨
者〕，恆亓德，亓德□長，故曰「利貞」。亓占曰：豐，大□□
□□□□□□□。〔卦〕曰：「不恆亓德，〔或〕承之憂，貞
藺。」孔子曰：此言小人知善而弗爲，攻進而无止，損幾則□擇
矣，能三一行〔无藺乎？卦曰〕：「大蹇俴來。」孔子〔曰：此
言〕□□也。飭行以後民者胃大蹇，遠人能至胃〔俴來〕。卦曰：
「公用射雛于〔高墉之上，穫之〕，无不利。」孔子曰：此言人
君高志求賢，賢者在上，則因□用之，故曰〔公用〕射雛于三二

^行〔高墉之上。卦曰:「艮亓北,不獲亓〕身;行亓廷,〔不見亓人。无咎〕。孔子〕曰:根亓北者,言口事也。「不獲亓身」者,精□□□也。敬宮任事,身□□者鮮矣。亓占曰:能精能白,必爲上客;能白能精,必爲□□。以精白長□,難得也,^{三三行}故曰「〔行〕亓庭,不見亓人,无咎。」〔卦曰:「艮亓輔〕,言有序。」孔子曰:□言也,吉凶之至也。必皆於言語擇善〔而言亞〕,擇利而言害,塞人之美,陽人之亞,可胃无德,亓凶亦宜矣。君子慮之內,發之口,□□不言,不^{三四行}〔言利〕,不言害,塞人之亞,陽〔人之〕美,可胃「有序」矣。卦曰:「豐,亨,王叚〔之〕;勿自憂,宜日中。」孔子曰:〔此言〕□也。「勿憂」,用賢弗害也。日中而盛,用賢弗害,亓亨亦宜矣。黃帝四輔,堯立三卿,帝王者之處□□□也,^{三五行}□□□□〔卦〕曰:「奐其肝大號。」〔孔子曰:〕奐,大美也,肝言亓內。亓內大美,其外必有大聲問。卦曰:「未濟,亨,〔小狐〕涉川,幾濟,濡亓尾,无迺利。」孔子曰:此言始易而終難也,小人之貞也。^{三六行}

二、帛書《繫辭》釋文

　　天奠地庳，鍵川定矣。庳高已陳，貴賤立矣。勭精有常，剛柔斷矣。方以類冣，物以羣分，吉凶生〔矣。在天成象〕，在地成荆，〔變〕化見矣。是〔故〕剛柔相靡，八卦〔相盪。鼓之〕䨓甸，浸之風雨；〔日月〕運行，一寒〔一暑〕。^{一行}鍵道成男，川道成女。鍵知大始，川作成物。鍵以易，川以閒。能易則傷知，閒則易從；傷知則有親，傷從則有功；有親則可久，有功則可大也；可久則賢人之德〔也，可大則賢人之業〕也；閒易閒而天〔下之〕^{二行}理得，〔天下之〕理得而成立乎亓中，耵人設卦觀馬，毇䚢焉而明吉凶，剛柔相遂而生變化。是故吉凶也㐪，得失之馬也；悬閵也者，憂虞之馬也；通變化也者，進很之馬也；剛柔也者，晝夜之馬也。六肴之^{三行}勭，三亟之道也。是故君子之所居而安㐪，易之□也；所樂而妧，教之始也。君子居則觀亓馬而妧亓䚢，勭則觀亓變而妧亓占，是以「自天右之，吉无不利」也。緣㐪，言如馬㐪也；肴㐪，言如^{四行}變者也。吉凶也者，言亓失得也；悬閵也㐪，言如小疵也；无咎也㐪，言補過也。是故列貴賤〔者〕存乎立，極大小㐪存乎卦，辭吉凶㐪存乎䚢，憂悬閵㐪存乎分，振无咎存乎謀。是故卦有大^{五行}小，䚢有險易；䚢㐪，各指亓所之也。易與天地順，故能彌論天下之道。卬以觀於文天，顡以觀於地理，是故知幽明之故；觀始反冬，故知死生之說；精氣爲物，斿魂爲變，故知鬼神之精壯。與天^{六行}〔地〕相校，故不回；知周乎萬物，道齊乎天下，故不過；方行不遺，樂天知命，故不憂；安地厚乎仁，故能既。犯回天地之化而不過，曲萬物而不遺，達

諸晝夜之道而知，古神无方，易无體。一陰一陽^{七行}之胃道。係
之老善也，成之老生也。仁老見之胃之仁，知老見之胃知，百生
日用而弗知也，故君子之道鮮。耽老仁，壯老男，鼓萬物而不與
眾人同憂。盛德大業至矣幾。富有之胃大業，日新之胃^{八行}誠德。生
之胃馬，成馬之胃鍵，教法之胃川，極數知來之胃占，迵變之胃
事，陰陽之胃神。夫易廣矣，大矣！以言乎遠則不過，以言乎近
則精而正，以言乎天地之間則備。夫鍵，亓精也圈，亓^{九行}勱也
搖，是以大生焉；夫川，亓精也斂，亓勱也辟，是以廣生焉。廣
大肥天地，變迵肥四〔時〕，陰〔陽〕之合肥日月，易間之善肥
至德。子曰：易亓至乎！夫易，聖人之所喿德而廣業也。知喿體
卑，^{一〇行}喿效天，卑法地。天地設立，易行乎亓中。誠生□□，
道義之門。聖人具以見天之業，而□疑老亓刑容，以馬亓物義，
〔是〕故胃之馬。聖人具以見天下之勱，而觀亓會同，以行亓疾
體，係辭焉以^{一一行}斷亓吉凶，是故胃之教。言天下之至業而不
可亞也；言天下之至業而不乳。知之而句言，義之而句勱，矢義
以成亓變化。「鳴鶴在陰，亓子和之，我有好爵，吾與聖羸之。」
曰：君子居^{一二行}亓室，言善，則千里之外應之，倪乎亓近老乎？
出言而不善，則千里之外回之，倪乎亓近老乎？言出乎身，加於
民；行發乎近，見乎遠；言行，君子之區幾。區幾之發，營辰之
斗也；言行，君子之^{一三行}所以勱天地也。「同人，先號逃而後
哭」。子曰：君子之道，或出或居，或謀或語，二人同心，亓利
斷金；同人之言，亓臭如蘭。「初六，籍用白茅，无咎。」子曰：
句足老地而可矣，籍之用茅，何咎之有？愼之至^{一四行}也。夫且
茅之爲述也，溥用也，而可重也。愼此述也以往，亓毋所失之。
「勞溓，君子有冬，吉。」子曰：勞而不代，有功而不德，厚之
至也。語以亓功下人老也。德言成，體言共也；溓也老，至共以

存亓立芺。^{一五行}「抗龍有悔。」子曰：貴而无立，槀〔而无民〕，賢人在亓下矣，位而无輔，是以勧而有悔也。「不出戶牖，无咎」。子曰：乿之所生，言語以爲階。君不閉則失臣，臣不閉則失身，幾事不閉則害盈。是以君子^{一六行}愼閉而弗出也。子曰：爲易者，〔其知盜〕乎？易曰：「負〔且乘，致寇〕之」。事也芺，小人之事也；乘芺，君子之器也。小人而乘君子之器，盜思奪之矣。上曼下暴，盜思伐之。曼暴謀盜，思奪之。易曰：「負且乘，^{一七行}致寇至。」盜之撓也。・易有耵〔人之道四〕焉：以言〔芺上亓辤〕，以勧芺上亓變，以〔制器者上亓馬，以卜筮者〕上亓占。是故君子將有爲，將有行芺，問焉〔而以〕言，亓受命也如錯，无又遠近幽險，述^{一八行}知來勿。非天之至精，亓誰能〔與於此〕？參五以變，〔錯綜亓數，通〕亓變，述定天下〔之文；極亓數，述定天下之〕馬。〔非天下〕之至變，誰能與於此？〔易无思〕也，无爲也，〔寂〕然不勧，欽而述達天^{一九行}下之故，非天下之至神，誰〔能與於〕此？夫易，耵人〔之所以極深〕也，而達幾也。唯深，故達天下之計；唯幾，〔故成〕天下之務；唯神，故不疾而數，不行至。子〔曰：易有〕聖人之道〔四〕焉者，此言之〔胃〕也。天^{二〇行}一地二，天三地四，天五地六，天七地八，天九地十。子曰：易又可爲芺也？夫易古物定命，樂天下之道，如此而已芺也。是故耵人以達天下之志，以達〔天下之業〕，以斷〔天下之〕疑。故著之德員而神，卦^{二一行}之德方以知，六肴之義易以工。耵人以此侁心，內臧於閉，〔吉凶〕能民同願。神以知來，知以將往。亓誰能爲此茲？古之意明蔓知神武而不恙芺也乎！是亓〔明〕於天又察於民故，是闔神物以前民^{二二行}民用，聖人以此齋戒，以神明亓德夫，是故闔戶胃之川，辟門胃之鍵，一闔一辟胃之變，往來不竆胃之迵，見之胃之馬，荆胃之器，

治而用之胃之法，利用出入，民一用胃之神。是故易有大恆，是 ^{二三}行生兩儀，兩儀生四馬，四馬生八卦，八卦生吉凶，吉凶生六業。是故法馬莫大乎天地，變迴莫大乎四時，垂馬著明莫大乎日月，榮莫大乎富貴。備物至用，位成器以爲天下利，莫大乎耶人。深備錯根，枸險至遠，^{二四行}定天下吉凶，定天下之勿勿老，莫善乎著龜。是故天生神物，耶人則之；天變化，耶人效之；天垂馬，見吉凶，而耶人馬之；河出圖，雒出書，而聖人則之。易有四馬，所以見也；毄彝焉，所以告也；定之以吉^{二五行}凶，所以斷也。易曰：「自天右之，吉无不利。」右之老，助之也。天之所助老，順也；人之所助也老，信也。體信思乎順，〔以〕上賢，是以「自天右之，吉无不利」也。子曰：書不盡言，言不盡意。然則耶人之意亓義可見已乎？^{二六行}子曰：耶人之位馬以盡意，設卦以盡請僞，毄彝焉以盡亓變，而迴之以盡利，鼓之舞之以〔盡〕神。鍵川，亓易之經與？鍵川成列，易位乎亓中。鍵川毀，則无以見易矣。易不可則見，則鍵川不可見，鍵川不可見則^{二七行}鍵川或幾乎息矣。是故荊而上老胃之道，荊而下老胃之器，爲而施之胃之變，誰而舉諚天下之民胃之事業。是〔故〕夫馬，耶人具以見天下之請，而不疑老亓荊容，以馬亓物義，是故胃之^{二八行}馬。耶人有以見天下之勤，而觀亓會同，以行亓疾禮，毄彝焉以斷亓吉凶，是故胃之教。極天下之請存乎卦，鼓天下勤者存乎彝，化而制之存乎變，誰而行之存乎迴，神而化之存乎亓^{二九行}人。謀而成，不言而信，存乎德行。八卦成列，馬在亓中矣；因而勤之，教在亓中矣；剛柔相誰，變在亓中矣；毄彝而齊之，勤在亓中矣。吉凶恩闥也老，生乎勤老也；剛柔也老，立本老也；變迴^{三○行}也老，聚老也；吉凶老，上朕者也；天地之道，上觀老；日月之行，上明老；天下之勤，上觀天老也。夫鍵，蒿然視

人易；川，雖然視人閒。教也老，效此老也；馬也老，馬此老也。
效馬勳乎內，吉凶見乎外，功業^{三一行}見乎變，耵人之請見乎辤。
天地之大思曰生，耵人之大費曰立，立何以守立曰人，何以聚人
曰材。理材正辤，愛民安行曰義。古老戲是之王天下也，印則觀
馬於天，府則觀法於地，觀鳥獸之文與^{三二行}地之義，近取諸身，
遠取老物，於是始作八卦，以達神明之德，以類萬物之請。作結
繩而爲古，以田以漁，蓋取老羅也。肆戲是沒，神戎是作，斲木
爲似，楺木爲耒槈，槈耒之利，以教天下，蓋〔取〕^{三三行}老益
也。日中爲俟，至天下之民，聚天下之貨，交易而很，各得亓所
欲，蓋取老筮蓋也。神戎是沒，黃帝堯舜是作，迵亓變，使民不
乳，神而化之，使民宜之。易冬則變，迵則久，是以「自天右之，^三
^{四行}吉无不利」也。黃帝、堯、舜陲衣常而天下治，蓋取老鍵川
也。杅木爲周，剡木而爲楫，齎不達，至遠以利天下，蓋取老奐
也。備牛乘馬，〔引〕重行遠以利天下，蓋取老隋也。重門毄蚚，
以挨旅客，蓋取^{三五行}余也。斷木爲杵，掘地爲臼，臼杵之利，
萬民以次，蓋取老少過也。孫木爲柧，棪木爲矢，柧矢之利，以
威天〔下〕，蓋取老諫也。上古穴居而野　　，後世耵人易之以宮
室，上練下楣，以寺風雨，蓋取老大莊也。^{三六行}古之葬老厚裏
之以薪，葬諸中野，不封不樹，葬期无數，後世耵人易之以棺享，
蓋取老大過也。〔上古結〕繩以治，後世耵人易之以書契，百官
以治，萬民以察，蓋取老大有也。是故易也者，馬；馬也老，^三
^{七行}馬也。緣也老，制也；肴也老，效天下之勳老也。是〔故〕
吉凶生而悬叟箸也。陽卦多陰，陰卦多〔陽，亓故何也？陽〕卦
奇，陰卦〔耦〕也。〔亓〕德行何也？陽一君二民，君子之道也。
易曰：「童童往〔來〕，倗從璽思。」子曰：天下^{三八行}〔何思
何慮？天下同歸而殊塗，一致而〕百〔慮〕。天下何思何慮？日

往〔則月來，月往則日來，日月相推而明生焉。寒往則暑來，暑往則寒來，寒暑相〕誰而歲〔成焉。往者屈也，來〕者伸也，詘伸相欽而利生焉。^{三九行}〔尺蠖之屈，以求信也；龍蛇之蟄〕，以存身也；精義入神，以至用；利用安身，以禀〔德也。過此以往，未之或知也；窮神知化，德之盛〕也。易曰：〔「困于石，據〕于疾利，入于亓宮，不見亓妻，凶。」子曰：非亓所困而困焉，名^{四〇行}必辱。非亓所劇而據焉，身必危。既辱且危。死亓將至，妻可得見〔邪？易曰：「公用射雔于高墉之上，獲之，无不利。」子曰：〕雔者，禽也；弓矢者，器也；射之者，人也。君子臧器於身，待者而童，何^{四一行}不利之又？勭而不繒，是以出而又獲也。言舉成器而勭者也。子曰：小人〔不恥不仁，不畏不義，不見利不勸，不〕畏不誺。小誺而大戒，小人之福也。易曰「構校滅止，无咎」也者，此之胃也。善不責，不足以^{四二行}成名；亞不責，不足以滅身。小人以小善爲无益也，而弗爲也；以小亞〔爲〕无傷〔而弗去也，故惡積而不可〕蓋也，罪大而不可解也。易曰：「何校滅耳，凶。」君子見幾而作，不位多日。易曰：「介于石，^{四三行}不多〔日，貞〕吉。」介于石，毋用多日，斷可識矣！君子知物知章，知柔知剛，〔萬夫之望。若夫雜物撰德，辨〕是與非，則下中教不備。初，大要存亡吉凶，則將可知矣，鍵，德行恆易以知險；夫川，^{四四行}魋然天下之至順也，德行恆閒以知〔阻〕。能說之心，能數諓矣之慮，〔定天下之吉凶，成天下之矍矍者。是故〕變化具爲，吉事又羊，馬事知器，筭事知來。天地設馬，耵人成能；人謀鬼謀，百姓與能。八^{四五行}卦以馬告也，教順以論語；剛柔雜處，吉〔凶〕可識。勭作以利言，吉凶以請遷。〔是故〕愛亞相攻而吉凶〔生〕，遠近相取而悔受生，請僞相欽而利害生。凡易之請，近而不相得則凶，或

害之則𢘓^{四六行}且哭，將反則亓僻乳。吉人之僻寡，趮人之僻多，无善之人亓僻斿，失亓所守亓僻屈。□□□□□^{四七行}

三、帛書《衷》釋文

　　子曰：易之義評陰與陽，六畫而成章。曲句焉柔，正直焉剛。六剛无柔，是胃大陽，此天〔之義也。〕□□□□□見台而□□□方。六柔无剛，此地之義也。天地相衡，氣味相取，陰陽流荆，剛一行柔成□。萬物莫不欲長生而亞死，會□者而台作易，和之至也。是故鍵□九□□高尚□□，〔天之道也；川〕從而知畏兒，義沽下就，地之道也。用六，贛也；用九，盈也。盈而剛，故易曰「直二行方，大，不習。吉」也。因不習而備，故易曰「見羣龍无首，吉」也。是故鍵耂，得〔之陽也；川耂〕，得之陰也；肫耂，〔得之〕□〔也；蒙耂得之〕隋也；〔嬬耂，得之〕畏也；容耂，得之疑也；師耂，得之栽也；比耂，得□也；小蓄耂，〔得〕之三行未□也；履耂，諈之行也；益耂，上下交矣；婦耂，〔陰〕陽姦矣。下多陰而紉□□□□□□辨女散□□□□。復之卦留□而周，所以人背也。无孟之卦，有罪而死，无功而賞，所以甾，故四行□。余之卦歸而強，士諍也。嬬□□□□□□□知未騰胅也。容，失諔□□□□□□□□□□□□奇□而𥨳，咎□遠也。大有之卦，孫位也。大牀，小腫而大從，□□□也。大蓄，兌而姆五行〔也〕。隋之卦，相而能戒也。□□□□□□□□□□□□□无爭而□□□□□□□□□□□周□□說，和說而知畏。謹耂，得之代阱也。家〔人〕耂，得也。井耂，得之徹六行也。姤耂，□□□□□□□□□□□□□□也。豐者，得□□□□□□□□□□瞿也。兼之卦□□□於不壹。均之卦，足而知余。林之卦，自誰不无瞿？觀之卦，

盈而能乎。^{七行}齎之卦，善近而□□□□□□□□□□□□□□□□□□□□□□□□而□□□□□□□□□忠身失量，故曰慎而侍也。筮聞紫紀，恆言不^{八行}已，容獄凶得也。勞之〔卦〕□□□□□□□□□□□□故以□□□□□行也，損以□□□□□也。大牀，以卑陰也。歸妹，以正女也。^{九行}既齎老，高余比貧□□□□□□□□□□□□□□□□□□□□□過過涉所以□涂也。子曰：□□□□□□□□□□□□□□□〔所〕一○行以禁咎也。□□□□□□□□□□□□□□□□□□□□□□□□□□□所以教謀也。「榗如秋如」，所以辟怒〔也〕。□□□□□□□□□□□□□□□□□□一一行□□□□「〔不〕事王矣」，□□之胃也。不求則不足難□□□□□□□□□□□□□□□□□□□□□□遡脩□□□□□□□□□易日□□□□□□□□□□□□一二行□□□□則危，親傷□□□日「何校」則凶，「屨校」則吉，此之胃也。子曰：五行□□□□□□□□□□□□□，不可學老也，唯亓人而已矣。□亓利□□□□□〔昔者聖人之作易也，幽〕一三行贊於神明而生占也，參天兩地而義數也，觀變於陰陽而立卦也，發揮於剛柔而〔生爻也，和順於道德〕而理於義也，窮理盡生而至於命〔也，將以順性〕命〔之〕理也。是故位一四行天之道曰陰與陽，位地之道曰柔與剛，位人之道曰仁與義。兼三才兩之，六畫而成卦。分陰分陽，〔迭用柔剛，故〕易六畫而爲章也。天地定立，〔山澤通氣〕，火水相射，雷風相榑，八卦相曆。數一五行往老順，知來老逆，故易達數也。子曰：萬物之義，不剛則不能橦，不橦則无功，恆橦而弗中則〔亡，此剛〕之失也。不柔則不精，不精則不安，久精不橦則沈，此柔之失也。是故鍵之「炕龍」，壯之「觸蕃」，

^{一六行}句之离「角」，鼎之「折足」，酆之虛盈，五繇老，剛之失也，罐而不能精老也。川之「牝馬」，小蓄之「密雲」，句之「〔適〕屬」，〔漸〕之「繩婦」，肶之「泣血」，五繇老，陰之失也，精而不能罐老也。是故天之義剛建罐發^{一七行}而不息，亓吉保功也。無柔戕之，不死必亡。罐陽老亡，故火不吉也。□之義柔弱沈精不罐，亓吉〔保安也。无〕剛文之，則鄇賤遺亡。重陰老沈，故水不吉也。故武之義保功而恆死，文之義^{一八行}保安而恆鄇。是故柔而不默，然后文而能胅也；剛而不折，然后武而能安也。易曰「直方，大，不〔習，吉〕」□□□□□於文武也，此易贊也。子曰：鍵六剛能方，湯武之德也。「楷龍勿用」老，匿也。^{一九行}「見蠠在田」也老，德也。「君子冬日鍵鍵」，用也。「夕沂若，厲，无咎」，息也。「或翟在淵」，隱〔而〕能精也。「蜚蠠〔在天〕」，□而上也。「炕龍有悔」，高而爭也。「羣龍无首」，文而耻也。川六柔相從順，文之至也。「君^{二〇行}子」「先迷後得主」，學人之胃也。「東北喪崩，西南得崩」，求賢也。「履霜，堅冰至」，豫□□也。「直方，大，不〔習，吉〕」，□□□〔也〕。「含章可貞」，言美請也。「聑囊，无咎」，語无聲也。「黃常，元吉」，有而弗發也。^{二一行}「龍單于野」，文而能達也。「或從王事，无成有冬」，學而能發也。易曰「何校」，剛而折也。「鳴嗛」也老，柔而□〔也。遯之〕「黃牛」，文而知胅矣。渙之緣弈，武而知安矣。川之至德，柔而反於方；鍵之至德，^{二二行}剛而能讓。此鍵川之厽說也。子曰：易之用也，段之无道，周之盛德也。恐以守功，敬以承事，知以辟患，□□□□□□□文王之危，知史記之數書，孰能辯焉？易曰又名焉曰鍵。鍵也老，八卦^{二三行}之長也。九也者，六肴之大也。爲九之狀，浮首兆下，蛇身傴曲，亓爲龍類也。夫蠠，下

居而上達老□□□□□□□□而成章。在下爲「楮」，在上爲「炕」。人之陰德不行老，亓陽必失類。易^{二四行}曰「潛龍勿用」，亓義潛清，勿使之胃也。子曰：廢則不可入於謀，朕則不可與戒。忌老不可與親，繳〔老〕不可予事。易曰「潛龍勿〔用〕」，「炕龍有炁」，言亓過也。物之上指而下絕老，不久大立，必多亓^{二五行}咎。易曰：「炕蠪有炁。」大人之義不實於心，則不見於德；不單於口，則不澤於面。能威能澤，胃之蠪。易〔曰〕：「見龍在〔田，利〕見大人。」子曰：君子之德也。君子齊明好道，日自見以侍用也。見男則^{二六行}疃，不見用則精。易曰：「君子冬日鍵鍵，夕沂若，厲，无咎。」子曰：知息也，何咎之有？人不淵不耀，則不見□□□□□反居亓□□。易曰：「或耀在淵，无咎。」子曰：恆耀則凶。君子耀以自見，道以自^{二七行}成。君子郭不忘達，安不忘亡，精居而成章，首福又皇。易曰：「翟蠪在天，利見大人。」子曰：天□凶□□□□□□□□□□□□□□□文而溥，齊明而達矣。此以劓名，孰能及〔乎〕？易曰：「見羣^{二八行}蠪无首。」子曰：讓善之胃也。君子羣居，莫敢首，善而治，何諛亓和也？龍不侍光而疃，无階而登，□□□□□□□，此鍵之羊說也。子曰：易又名曰川，雌道也。故曰「牝馬之貞」，^{二九行}童獸也，川之類也。是故良馬之類，廣前而景後，遂臧，尙受而順，下安而精，外又美荊則中又□□□□□乎，戾以來羣，文德也。是故文人之義，不侍人以不善，見亞墨然弗^{三〇行}反，是胃以前戒後，武夫昌慮，文人緣序。易曰「先迷後得主」，學人胃也，何先主之又？天氣作□□□□□□□。亓寒不凍，亓暑不曷。易曰：「履霜，堅冰至。」子曰：孫從之胃也。①歲之義^{三一行}始於東北，成於西南。君子見始弗逆，順而保敎。易曰：「東北喪崩，西南得崩，吉。」子曰：非吉石也。

亓□□□□與賢之胃也。〔武夫〕又拂，文人有輔。拂不撓，輔
不絕，何不吉之又？易曰：「直方，大，不習，^{三二行}吉。」子
曰：生文武也，雖強學，是弗能及之矣。易曰：「含章可貞，吉。」
言美請之胃也。文人幢，小事時說，大〔事〕順成，知毋過數而
務柔和。易曰：「或從事，无成又多。」子曰：言詩書之胃也。
君子筍得亓^{三三行}多，可必可盡也。君子言於无罪之外，不言於
又罪之內，是胃重福。易曰：「利〔永〕貞。」此川之羊說也。
子〔曰〕：易之要，可得而知矣。鍵川也老，易之門戶也。鍵，
陽物也；川，陰物也。陰陽合德而剛柔有體，^{三四行}以體天地之
化，又口能斂之，无舌罪，言不當亓時則閉慎而觀。易曰：「聒
囊，无咎。」子曰：不言之胃也。□□〔何〕咎之又？墨亦毋譽，
君子美亓慎而不自箸也，淵深而內亓華。易曰：「黃常，元吉。」
子^{三五行}曰：尉文而不發之胃也。文人內亓光，外亓龍，不以亓
白陽人之黑，故亓文茲章。易曰□□既沒，又爵□□□居亓德不
忘。「龍單于野，亓血玄黃。」子曰；耴人信弋！隱文且精，必
見之胃也。^{三六行}蟲早變而不能去亓文，則文亓信于。②而達神
明之德也。亓辯名也，褢而不戍，於指易□，衰世之幢與？易〔
彰往而察〕來老也。微顯贊絕，異而恆當，當名辯物，正言異辤
而備。本生仁義，所^{三七行}以義剛柔之制也。亓稱名也少，亓取
類也多，亓指閒，亓辤文，亓言曲而中，亓事隱而單。因齎人行，
明〔失得之報，易之〕興也，於中故乎？作易老，亓又患憂與？
上卦九老，贊以德而占以義者^{三八行}也。履也老，德之基也。嗛
也者，德之秪也。復也老，德之本也。恆也老，德之固也。損也
老，德之脩也。益〔也者，德〕之譽也。困也者，德之欲也。井
老，德之地也。渙也老，德制也。是故占曰：履，和而至；^{三九}
^行嗛，奠而光；復，少而辯於物；恆，久而弗厭；損，先難而後

易；益，長裕而與；宋，郭而達；井，居亓所而遷；〔渙，稱〕
而救。是故履以果行也，嗛以制禮也；復以自知也；恆，以一德
也；損，以遠害也；益，以興^{四〇行}禮也；困，以辟咎也；井，
以辯義也；渙，以行權也。子曰；渙而不救，則比矣。易之爲書
也，難前，爲道就　。〔變〕壢而不居，周流六虛，上下无常，
剛柔相易也，不可爲典要，唯變所次，出入又度，外內^{四一行}內
皆瞿，又知患故，无又師保而親若父母。印衛亓彝，樅度亓方，
无又典尙，后非亓人，則道不〔虛行〕。无德而占，則易亦不當。
易之義贊始□多以爲質，六肴相雜，唯侍物也。是故〔亓初〕^四
^{二行}難知而上易知也，本難知也而末易知也。□則初如疑之，敬
以成之，冬而无咎。□□□□□□□□脩道，鄉物異德，大明在
上，正亓是非，則〔非亓中爻〕不〔備〕。□□□□占，危戋！
□□不^{四三行}當，疑德占之，則易可用矣。子曰：知㝫觀亓緣彝
而說過半矣。易曰：二與四同〔功而異位，其善不同，二〕多譽，
四多瞿，近也。近也者，嗛之胃也。易曰：柔之爲道也，不利遠
〔者，其〕要无〔咎，用〕柔若〔中〕也。易^{四四行}曰：三與五
同功異立，亓過〔不同，三〕多凶，五多功，〔貴賤〕之等□□
□□□□□□□□□□□□□□□□。　衷　二千^{四五行}

四、帛書《要》釋文

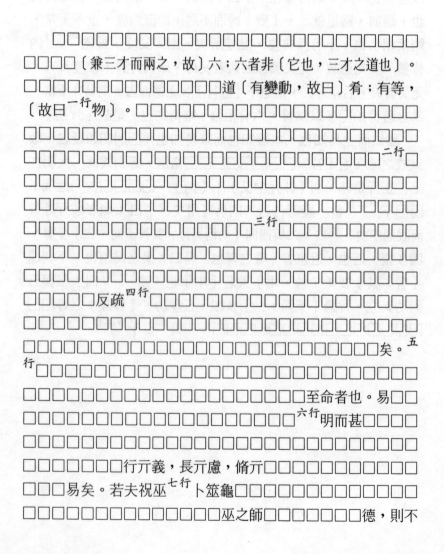

□□□□□□□□□□□□□□□□□□□□□□□□□□□□□□□□
□□□□〔兼三才而兩之，故〕六；六者非〔它也，三才之道也〕。
□□□□□□□□□□□□□道〔有變動，故曰〕肴；有等，
〔故曰^{一行}物〕。□□□□□□□□□□□□□□□□□□□□□□□
□□□□□□□□□□□□□□□□□□□□□□□□□□□□□□□□
□□□□□□□□□□□□□□□□□□□□□□□□□□□^{二行}□
□□□□□□□□□□□□□□□□□□□□□□□□□□□□□□□□
□□□□□□□□□□□□□□□^{三行}□□□□□□□□□□□□□□
□□□□□□□□□□□□□□□□□□□□□□□□□□□□□□□□
□□□□□反疏^{四行}□□□□□□□□□□□□□□□□□□□□□□
□□□□□□□□□□□□□□□□□□□□□□□□□□□□□□□□
□□□□□□□□□□□□□□□□□□□□□□□□□□□□矣。^五
^行□□□□□□□□□□□□□□□□□□□□□□□□□□□□□□
□□□□□□□□□□□□□□□□□□□□至命者也。易□□
□□□□□□□□□□□□□□□□□□^{六行}明而甚□□□□
□□□□□□□□□□□□□□□□□□□□□□□□□□□□□□
□□□□□□□行亓義，長亓慮，脩亓□□□□□□□□□□□
□□□易矣。若夫祝巫^{七行}卜筮龜□□□□□□□□□□□
□□□□□□□□□□□□□巫之師□□□□□□德，則不

能知易。故君子奠□□□□□□□□□□□□□。〔夫〕子曰：
吾好學而龡^{八行}聞要，安得益吾年乎？吾□□□□□□□□□□
□。〔夫子曰〕：危者安亓立芌也，亡芌保〔亓存芌也。是故〕
君子安不忘危，存不忘亡，治不忘〔亂。是以身安而國〕家可保
也。易曰：「亓亡亓亡，毄于^{九行}枹桑。」夫子曰：德溥而立奠，〔
知小而謀大，力小而任重〕，鮮不及，易曰：「鼎折足，復公茝，
亓荆屋，凶。」言不朕任也。夫子曰：顏氏之子，亓庶幾乎？見
幾，又不善，未嘗弗知；知之，未嘗復行之。易^{一〇行}曰：「不
遠復，无蓆誨，元吉。」天地屈，萬勿潤，男女購請而萬物成。
易〔曰〕：「三人行，則損一人；一人行，則〔得〕亓友。」言
至一也。君子安亓身而後動，易亓心而后評，定位而后求。君子
脩於此三^{一一行}者，故存也。危以動，則人弗與也：無立而求，
則人弗予也；莫之予，則傷之者必至矣。易曰：「莫益之，或擊
之，立心勿恆，凶。」此之胃也。夫子老而好易，居則在席，行
則在囊。子贛曰：夫^{一二行}子它日教此弟子曰：「悳行亡芌，神
靈之趨；知謀遠芌；卜筮之繁。」賜以此爲然矣。以此言取之，
賜緡行之爲也。夫子何以老而好之乎？夫子曰：君子言以杲方也，
前羊而至芌，弗羊而巧也。^{一三行}察亓要者，不趏亓福。尚書多
亽矣，周易未失也，且又古之遺言焉。予非安亓用也。〔子贛曰：
賜〕聞於夫〔子曰〕：□必於□□□。如是，則君子己重過矣。
賜聞諸夫子曰：孫正而行義，則人不惑矣。夫^{一四行}子今不安亓
用而樂亓辤，則是用倚於人也，而可乎？子曰：校戈，賜！吾告
女，易之道昔□□□而不□以百王之□□□易也。夫易剛者使知
瞿，柔者使知剛，愚人爲而不忘，慚人爲而去詐。文^{一五行}王仁，
不得亓志，以成亓慮。紂乃无道，文王作，諱而辟咎，然后易始
興也。予樂亓知之□□□之自□□。予何□王事紂乎？子贛曰：

夫子亦信亓筮乎？子曰：吾百占而七十當，唯周梁山之占也，亦
必^{一六行}從亓多者而已矣。子曰：易，我後亓祝卜矣！我觀亓德
義耳也。幽贊而達乎數，明數而達乎德，又仁〔守〕者而義行之
耳。贊而不達於數，則亓爲之巫；數而不達於德，則亓爲之史。
史巫之筮，鄉^{一七行}之而未也，好之而非也。後世之士疑丘者，
或以易乎？吾求亓德而已，吾與史巫同涂而殊歸者也。君子德行
焉求福，故祭祀而寡也；仁義焉求吉，故卜筮而希也。祝巫卜筮
亓後乎？孔子^{一八行}絲易至於損益一卦，未尚不廢書而嘆，戒門
弟子曰：二公子！夫損益之道，不可不審察也。吉凶之〔門〕也。
益之爲卦也，春以授夏之時也，萬勿之所出也，長日之所至也，
產之室也，故曰^{一九行}益。授者，秋以授冬之時也，萬物之所老
衰也，長〔夕〕之所至也。故曰產。道窮焉而產，道□焉。益之
始也吉，亓冬也凶；損之始凶，亓冬也吉。損益之道，足以觀天
地之變而君者之事已。^{二〇行}是以察於損益之變者，不可動以憂
憙。故明君不時不宿，不日不月，不卜不筮，而知吉與凶，順於
天地之也，此胃易道。故易又天道焉，而不可以日月生辰盡稱也，
故爲之以陰陽；又地道^{二一行}焉，不可以水火金土木盡稱也，故
律之以柔剛；又人道焉，不可以父子君臣夫婦先後盡稱也，故爲
之以上下；又四時之變焉，不可以萬勿盡稱也，故爲之以八卦。
故易之爲書也，一類不足以亟^{二二行}之，變以備亓請者也。故胃
之易又君道焉，五官六府不足盡稱之，五正之事不足以至之，而
詩書禮樂不□百扁，難以致之。不問於古法，不可順以辤令，不
可求以志善。能者絲一求之，所胃^{二三行}得一而君畢者，此之胃
也。損益之道，足以觀得失矣。　要　千六百冊八^{二四行}

五、帛書《繆和》釋文

　　繆和問於先生曰：請問，易渙之九二曰：「渙賁亓階，每亡。」此辤吾甚疑焉，請問此之所胃？〔子〕曰：夫易明君之守也。吾思不達問，學不上與，恐言而貿易，失人之道。不然，吾志亦願之。繆和^{一行}曰：請毋若此，願聞亓說。子曰：渙者，散也。賁階，幾也，時也。古之君子時福至則進取，時亡則以讓。夫時至而能既焉，散走亓時，唯恐失之。故當亓時而弗能用也，至於亓失之也。唯欲爲人用，^{二行}釗可得也才！將何无每之又？受者昌，賁福而弗能薇者鄗，逆福者死。故亓在詩也曰：女弄，不敝衣常；士弄，不敝車輪。无千歲之國，无百歲之家，无十歲之能。夫福之於人也，既焉，不^{三行}可得而賁也。故曰：賁福又央。耵人知福之難得而賁也，是以又矣。故易曰「渙賁亓階，每亡」，則口言於能賁亓時，悔之亡也。繆和問於先生曰：凡生於天下者，无愚知賢不宵，莫不^{四行}願利達顯榮。今周易曰：「困，亨；貞，大人吉，无咎；又言〔不〕信。」敢問大人何吉於此乎？子曰：此聖人之所重言也，曰「又言不信」。凡天之道壹陰壹陽，壹短壹長，壹晦壹明。夫人道九之。是故^{五行}湯〔囚於桀〕王，文王絇於條里，〔秦繆公困〕於殽，齊桓公辱於長釣，戉王勾踐困於〔會稽〕，晉文君困〔於〕驪氏。古古至今，柏王之君，未嘗困而能□□〔者，未之有〕也。夫困之爲達也，亦猷^{六行}□□□□□□亓□□□□□□□□□故易曰：「困，亨；貞，大人吉，无〔咎；又言不」信。此〕之胃也。繆和問於先生曰：吾年

歲猷少，志□□□已欲多□□□敢失忘吾冬？子曰：何^{七行}□□
□□□□□□未定□□□□□□□□□□□□□□□□□□□
□□□□□□曰美亞不□□書春秋詩語蓋□□□□□□□□□
□□□□□□〔凡生於天下〕^{八行}者，莫不願安□□擇。今周易
〔困之六三曰〕：「困于石，據于蒺莉，入于六宮，不見亓妻凶。
子曰：蒺者〕，疾也；莉者，利也。入于亓〔宮〕者，□□□紐
而利害異□□□□□□□□□□□□□^{九行}□□□□□□□豐
□是□□□□□□□□□□□□□□〔易嗛之九〕三〔曰：「
勞嗛，君子又冬，吉。」何胃也？子曰此言〕□□□□也。古之
君子□□□□□□□□□□□□□^{一〇行}以高下，故□□禹之取
天〔下者〕，當此卦也。禹〔勞〕亓四枝，苦亓身□，至於手足
骿胝，顏色□□□□□□□□□□□□□□□□古及□□□亓□
□□□□□□而果丑□^{一一行}下□號耶君，亦可胃冬矣。吉孰
大焉？故曰：「勞嗛，君子又冬，吉。」不亦宜乎？今又土之君
及至布衣□□□□□□亓妻奴紛白黑污□□□□□□□□□□
□□□非能焉而^{一二行}又功名於天下者，殆无又矣。故曰：「勞
嗛，君〔子又〕冬，吉。」此之胃也。翏和問先生曰：吾聞先君
亓〔舉〕義錯法發〔號〕施令於天下也，皎焉若□□□□□世，
循者不惑眩焉。今易豐之^{一三行}九四曰：「豐亓剖，日中見斗；
遇亓夷主，吉。」可胃也？子曰：豐者，大也。剖者，小也。此
言小大之不惑也。蓋君之爲尉立賞慶也，若體埶然。大能〔取〕
細，故上能使下，君能令臣。是以動則又^{一四行}功，靜則又名。
列埶必奠，賞祿甚厚，能弄傅君而國不損敵考，蓋无又矣。「日
中見斗」：夫日考，君也；久考，臣也。日中而久見，君將失亓
光矣。日中必頃，幾失君之德矣。遇考，見也。見夷^{一五行}主考，
亓始夢兆而亟見之考也。亓次秦翏公、荊莊、晉文、齊桓是也。

故易曰：「豊亓剖，日中見斗，遇亓夷主，吉。」此之胃也。呂
昌問先生曰：易屯之九五曰：「屯亓膏。小，貞吉；大，貞凶。」
將何〔一六行〕胃也？夫易，上耴之治也。古君子　尊思卑，　貴思
賤，　富思貧，　樂思勞。君子能思此四老，是以長又亓利，而
名與天地俱。今易曰「屯亓膏」，此言自閏老也。夫處上立厚自
利而不自〔一七行〕血下，小之猷可，大之必凶。且夫君國又人而厚
僉，致正以自封也，而不顧亓人，此餘也。夫能見亓將□□□□，
未失君人之道也。亓小之吉，不亦宜乎？物未夢頪而先知之老，
耴人之志〔一八行〕也，三代所以治亓國也。故易曰：「屯亓膏。小，
貞吉；大，貞凶。」此之胃也。呂昌問先生曰：〔天〕下之士皆
欲會□□□□□於樓與以相會也，以爲至是也。今易渙之六四
曰：「渙亓羣，元吉。」此〔一九行〕何胃也？子曰：異才，天下之
士所貴！夫渙者，散；元者，善之始也；吉者，百福之長也。夫
羣黨徜使□□□□□□□□□比周相譽，以奪君明，此古亡國
敗家之法也，明君之所行罰也，將何〔二〇行〕「元吉」之又矣！呂
昌曰；吾聞頪大又焉耳，而未能以辯也。願先生少進之以明少老
也。子曰：明王〔耴〕君□□□□□然，立爲荆辟，以散亓羣
黨，執爲賞慶尌列，以勸亓下羣臣黔首男〔二一行〕女。夫人渴力盡
知歸心於上，莫敢徜黨侍君，而主將求於人矣？亓曰「渙亓羣，
元吉」，不亦宜乎？故詩曰：〔「嘒彼〕小星，參五在東；瀟瀟
宵正，蚤夜在公，是命不同。」彼此之胃也。呂昌問先生曰：〔二
二行〕夫古之君子，亓思慮舉錯也，內得於心，外度於義。外內和
同，上順天道，下中地理，中適人心。神□□□□□□□□□筓
之，聞今周易曰：「蒙，亨，非我求童蒙，童蒙求我；初筮吉，
再參讀，讀則〔二三行〕不吉，利貞。」以昌之私，以爲夫設身无方，
思素不察，進很无節，讀焉則不吉矣，而能亨亓利者，古又之乎？

子曰：□□□□□也，而又不然老。夫內之不咎，外之不逆，管
管然能立志於天下，^{二四行}若此老，成人也。成人也老，世无一
夫，剴可強及輿才？故言曰：古之馬及古之鹿，今之馬今之鹿。
夫任人□□□過亦君子〔也。呂〕昌曰：若子之言，則易蒙上矣。
子曰：何必若此，而不可察也。夫蒙老，^{二五行}然少未又知也。
凡物之少，人之所好也。故曰「蒙，亨」。「非我求童蒙，童蒙
求我」老，又知能老，不求无能老，无能老〔求〕又能老，〔故
曰「非〕我求童蒙，童蒙求我」。「初筮吉」老，聞亓始而知亓
多，見亓本而知亓〔末。故〕^{二六行}曰「初筮吉」。「再參讀，
讀則不吉」老，反復問之而讀，讀弗敬，故曰「不吉」。弗知而
好學，身之賴也，故曰「利〔貞〕」。君子於仁義之道也，雖弗
身能，剴能已才？日夜不休，冬身不卷，日日載載，必成而^{二七}
^行后止。故易曰：「蒙，亨；非我求童蒙，童蒙求我；初筮吉，
再參讀，讀則不吉；利貞。」此之胃也。吳孟問先〔生曰〕：易
中復之九二亓繇曰：「鳴額在陰，亓子和之；我又好酹，吾與壐
贏之。」何胃〔也？子〕^{二八行}曰：夫易，耵君之所尊也。吾庸
與焉乎？吳子曰：亞又然！願先生式略之以爲毋忘，以匡弟子所
〔疑。子曰：鳴〕額在陰，〔君〕者所獨擅也，道之所見也，故
曰「在陰」。君老，人之父母也；人老，君之子^{二九行}也。君發
號出令，以死力應之，故曰「亓子和之」。「我又好酹，吾與壐
贏之」老，夫酹在君，在人君，不□□□□□〔明君之〕□亓
人也，訴焉而欲利之；忠臣之事亓君也，驪然而欲明之。驪訴交
迵，^{三〇行}此耵王之所以君天下也。故易曰：「鳴額陰，亓子和
之；我又好酹，吾與壐贏之。」亓此之胃乎？莊但〔問〕於先生
曰：敢問於古今之世聞學談說之士君子，所以皆牧焉，勞亓四枳
之力，渴亓腹心^{三一行}而寀老，類非安樂而爲之也。以但之私心

論之，此大者求尊嚴顯貴之名，細者欲富厚安樂〔之〕實。是以皆□□必勉輕奮亓所敎，幸於天下芳，殆此之爲也。今易謙之初六亓繇^{三二行}曰：「嗛嗛〔君子〕，用涉大川，吉。」將何以此論也？子曰：夫務尊顯芳，亓心又不足者也。君子不然。吻焉不□□，耴也不自尊，□〔也不〕高世。嗛之初六，嗛之明夷也，耴人不敢又立也，以又知爲无知^{三三行}也，以又能爲无能也，以又見爲无見也。戁焉无敢諡也，以使亓下，所以治人請，牧羣臣之僞也。□君子芳，天□□□然以不□□於天下，故奢多廣大，斿樂之鄉不敢渝亓身焉，^{三四行}是以而下驪然歸之而弗猒也。「用涉大川，吉」芳，夫明夷离下而川上，川芳，順也。君子之所以折亓身芳，明察所以□□□□□，是以能既致天下之人而又之，且夫川芳，下之爲也。故曰：「用^{三五行}涉大川，吉。」子曰：能下人若此，亓吉也，不亦宜乎？舜取天下也，當此卦也。子曰：芯明叡知守以愚，〔博〕聞強識守以踐，尊〔祿〕貴官守以卑。若此，故能君人。非舜，亓孰能當之？張射問^{三六行}先生曰：自古至今，天下皆貴盛盈。今周易曰：「嗛，亨，君子又冬。」敢問君子何亨於此乎？子曰：所問是也。夫先君作埶列對立之尊，明厚賞愛之名，此先君之所以勸亓力也，^{三七行}宜矣。彼亓貴之也，此非耴君之所貴也。夫耴君卑體屈貌以邨孫，以下亓人，能至天下之人而又之。〔非耴君，亓〕孰能以此多？子曰：天之道橐高神明而好下，故萬勿歸命焉；地之^{三八行}道精博以尙而安卑，故萬勿得生焉。耴君之道尊嚴叡知而弗以驕人，嗛然比德而好後，故〔天下歸心焉〕。易曰：「謙，亨，君子又冬。」子曰：嗛芳，謙然不足也。亨芳，嘉好之會也。夫君人^{三九行}者以德下亓人，人以死力報之。亓亨也，不亦宜乎？子曰：天道毀盈而益嗛，地道銷〔盈而〕流嗛，〔鬼神害盈而福嗛〕，人道亞盈而好謙。謙

耂，一物而四益耂也；盈耂，一物而四損者也。故耴君以^{四〇行}
爲豐荐。是以成盈使祭服忽，屋成加菩，宮成訽隅。溓之爲道也，
君子貴之。故曰：「溓，亨，君〔子又冬。〕」盛盈〔而能嗛〕
下，非君子，亓孰當之？李羊問先生曰：易歸妹之上六曰：「女
承匡无實，士^{四一行}刲羊无血，无攸利。」將以斃，是何明也？
子曰：此言君臣上下之求耂也。女者，下也。士者，上也。承耂，
□〔也。匡〕者，□之名也。刲者，上求於下也。羊者，衆也。
血耂，卹也。攸耂，所也。夫賢君之爲列執尌立^{四三行}也，與實
俱，羣臣榮亓列，樂亓實，夫人盡忠於上。亓於小人也，必談博
知亓又无，而□□□□。是以□□□行，莫不勸樂以承上求，故
可長君也。貪乳之君不然，群臣虛立，皆又外志，君无賞罰^{四三行}
以勸之。亓於小人也，賦斂无根，耆欲无猒，徵求無時，財盡
而人力屈，不朕上求。衆又萬□而上弗卹，此所以亡亓國，以及
亓身也。夫明君之畜亓臣也，不虛忠臣之事，亓君也又實，上下
迵實，此^{四四行}所以長又令名於天下也。夫忠言情愛而實弗脩，
此鬼神之所疑也，而兄人乎？將何所利？古易曰：「女承匡无實，
士刲羊无血，无攸利」。此之胃也。孔子曰：夫无實而承之，无
血而卦之，不亦不知乎？^{四五行}且夫求於无又耂，此凶之所產也，
善乎胃无所利也。子曰：君人者又大德於〔臣〕而不求亓報，則
□□要晉齊宋之君是也；臣人者又大德於〔人而不求亓報〕□□
□□□□□□□□□□□^{四六行}□□王子比干五子〔胥〕□□子
隼是也。君人者又大德於臣而不求亓報，□道也；臣耂〔又大德
於人〕而不求亓報，列道也。是故耴君求報於人，士饒壯而不能，
□□□□□□□□□□□^{四七行}矣。故報□□□也□□亓在易也，
復之〔六〕二曰：「休復，吉。」則此言以□□□□□也，又□
□□□□□□何吉之求矣？子曰：昔者先君□□□□□□□□□□

□□□□□□^{四八行}產內外□□□□□□□□□□□□□□□□
□□□□□□□□□□〔□□□□□〕猷恐人之不順也，
故亓在易〔也，訟之六三曰：「食舊德，貞厲，終吉；或從王〕
事，无成。」子^{四九行}曰：食〔舊德〕，正之成也。故人□□□
□□□□幹事食舊德以自厲□□□□□□□□□□□□□□
□□□□□□□□□□□□□□□□□□□□□□□□□□□□
□，不亦宜乎？^{五〇行}故曰：「食舊德，貞厲，或從王事，无成。」
子曰：恆之初六曰：「夐恆，貞凶，〔无攸利。」子〕曰：治□
□□□□□□□□□□□□□日國□人之所非也，凶必產。〔故曰
「夐恆，貞凶，无攸〕利。」子曰：恆之九三曰：「不^{五一行}恆
亓德，或承之羞，貞〔蘭〕。」子曰：「不恆亓德」，言亓德行
之无恆也。德行无道則親疏无辨，親疏无辨〔則〕必將□□□□
□□蘭。故曰「不恆亓德，或〔承之羞，貞蘭。」子曰：恆之〕
九五曰：「恆亓德，貞，婦人^{五二行}吉，夫子凶。」婦德一，人
之爲□，可以又它。又它矣，凶□產焉。故曰：「恆亓德，貞，
婦人吉」。□男德不□□安者之又弱德必立而好比於人，賢不宵
人得亓宜，則吉；自恆也，則凶。故曰：「恆亓德，貞，婦人^五
^{三行}吉，夫子凶。」子曰：川之六二曰：「直方，大，不習，无
不利。」子曰：直方者，知之胃也。不習者，□□□□〔之胃也〕。
不利者，无過之胃也。夫贏德以與人，過則失人和矣，非人之所
習也，則近害矣。故^{五四行}曰：「直方，大，不習，无不利。」
湯出轊，守東北，又火。曰：彼何火也？又司對曰：漁者也。湯
遂至〔之，曰〕：子之祝可？曰：古伐〔蛛〕蝥作罔，今之人緣
序，左者右者，尙者下者，衞突乎土者，皆來吾罔。湯^{五五行}曰：
不可！我教子歆之曰：古者蛛蝥作罔，今之緣序。左者使左，右
者使右，尙者使尙，下者使下，〔不用命者乃入吾罔〕。諆矣聞

之曰：湯之德及貪獸魚鱉矣。故共皮敝以進老卅又^{五六行}餘國。易卦亓義曰：「顯比，王用參毆，失前禽，邑不戒，吉。」此之胃也。西人舉兵侵魏野而□□□□□□□□□□而遂出見誃大夫。過段干木之閭而式。亓僕李義曰：義聞之，誃矣^{五七行}先財而後財，今吾君先身而後財，何也？文矦曰：段干木富乎德，我富於財；段干木富〔乎義，我富於地。財不如德，地不如義。德而不吾〕爲老也，義而不吾取老也。彼擇取而不我與老也，我求而弗^{五八行}得老也。若何我過而弗式也？西人聞之曰：我將伐无道也，今也文矦尊賢□□□□□兵□□□□□□□□□□何何而要之局，而宼之獄獄，吾君敬女而西人告不足。易卦亓義^{五九行}曰「又覆惠心，勿問无吉：又復惠我德」也。吳王夫肆攻，當夏，太子辰歸冰八管。君問左右冰□□□□□□□□□注冰中上流，與士歡亓下流。江水未加清，而士人大說。^{六〇行}斯壘爲三遂，而出轂荊人，大敗之，襲亓邸，居亓君室，徙亓祭器。察之，則從八管之冰始也。〔易卦亓〕義曰：「鳴嗛，利用行師征國。」越王勾賤即已克吳，環周而欲均荊方城^{六一行}之外。荊王聞之，恐而欲予之。左史倚相曰：天下吳爲強，以戊戔吳，亓銳老必盡，其餘不足〔用〕也，是知晉之不能□□□□齊之不能陥驕魯而與我爭於吳也，是恐而羊觀^{六一行}我也。君曰：若何則可？左史倚相曰：請爲長轂五百乘，以往分於吳地。君曰：若。遂爲長轂五〔百〕乘以往分〔於吳地〕。曰：吳人〔有〕□□而不服者，請爲君服之。曰且，越王曰：天下吳爲強，吾^{六三行}既戔吳，亓餘不足以辱大國之人，請辤。又曰：人力所不至，周車所不達，請爲君服之？王胃大夫重〔曰：荊〕不很兵，〔可擊否〕？重曰：不可！天下吳爲強，以我戔吳，吾銳老既盡，亓餘不足用^{六四行}也，而吳衆又未可趣也。請與之分於吳地。遂爲之封於南巢至於

北斬南北七百里，命之曰倚〔相之〕封。易卦〔亓義曰：「睽〕
柧，鬼豕負涂，載鬼一車，先張之柧，後說之壺。」此之胃也。
^{六五行}荊莊王欲伐陳，使沈尹樹往觀之。沈尹樹反，至令曰：亓
城郭脩，亓倉實，亓士好學，亓婦人組疾。君〔曰〕：如是則陳
不可伐也。城郭脩，則亓守固也；倉廩實，則人食足也；亓士好
學，必死上也，^{六六行}亓婦組〔疾〕，人財足也。如是，陳不可
伐也。沈尹樹曰：彼若若君之言則可也。彼與君上言之異。城郭
脩，〔則〕人力渴矣；倉廩實則〔又飢〕之人也：亓士好學，則
又外志也；亓婦組疾，則士祿不足食也。^{六七行}故曰陳可伐也。
遂舉兵伐陳，有之。易卦亓義曰：「入于左腹，穫明夷之心，于
出門廷。」趙間子欲伐衛，使史黑〔往睹之，期以〕卅日，六十
日焉反。間子大怒，以爲又外志也。史黑曰：吾君殆乎大過矣！
衛使^{六八行}據柏玉相，子路爲浦，孔子客焉，史子突焉，子贛出
入於朝而莫之留也。此五人也，一治天下芅也，而皆在衛□□□
□□□也□□□□又是也芅，倪舉兵而伐之乎？易卦亓義曰：「
觀國之光，利用^{六九行}賓于王。」易曰：「童童往來」，仁不達
也；「不克征」，義不達也；「亓行塞」，道不達也；「不明每」，
明不達也。「□□□□」，〔仁達矣〕；「□□□□」，義達矣；
「自邑告命」，道達矣；「觀國之光」，明達矣。　繆和^{七〇行}

六、帛書《昭力》釋文

昭力問曰：易又卿大夫之義乎？子曰：師之「左次」與「闌輿之衛」與「豶豕之牙」參考，大夫之所以治亓國而安亓〔民也〕。昭力曰：可得聞乎？子曰：昔之善為大夫考，必敬亓百姓之順德，忠信以先之，脩亓兵甲^{一行}而備之，長賢而勸之，不乘胅名以教亓人，不美卑隃以安社稷。亓將督詰也，吐言以為人次；亓將報□〔也〕，史一以為人次；亓將取利，必先亓義以為人次。易曰：「師左次，无咎。」師也考，人之聚也；次^{二行}也者，君之立也。見事而能左亓主，何咎之又？問「闌輿」之義。子曰：上正衛國以德，次正衛國以力，下正衛〔國〕以兵。衛國以德考，必和亓君臣之節，不耳之所聞，敗目之所見。故權臣不作，同父子之^{三行}欲，以固亓觀賞。百姓之勸，以禁違教，察人所疾，不作奇心。是故大國屬力焉，而小國歸德焉。城郭弗脩，五兵弗實，而天下皆服焉。易曰：「闌輿之衛，利又攸往。」若輿且可以闌然衛之，倪以^{四行}德乎？可不共之又？又問：「豶豕之牙」，何胃也？子曰：古之伎強考也，伎強以侍難也。上正衛兵而弗用，次正用兵而弗先也，下正銳兵而后威。幾兵而弗用考，調夈亓百生而敬亓士臣，強爭亓時而讓亓^{五行}成利。文人為令，武夫用國，脩兵不解，卒伍必固，權謀不讓，怨弗先昌。是故亓士驕而不頃，亓人調而不野。大國禮之，小國事之，危國獻焉，力國助焉，遠國依焉，近國固焉。上正陞衣常以來^{六行}遠人，次正橐弓矢以伏天下。易曰：「豶豕之牙，吉。」夫豕之牙成而不用者也，又笑而后見。

言國脩兵不單而威之胃也。此大夫之用也，卿大夫之事也。昭力問曰；易又國君之義乎？子曰：師之「王參賜命」^{七行}與比之「王參殹」與祭之「自邑告命」者三者，國君之義也。昭力曰：或得聞乎？子〔曰〕：昔之君國者，君親賜亓大夫，大夫親賜亓百官，此之胃參詔。君之自大而亡國者，亓臣厲以敵謀。君臣不相知，^{八行}則遠人无勸矣，乳之所生於忘者也。是故君以意人爲德，則大夫共葱，將軍禁單；君以武爲德，則大夫溥人，〔將軍凌上〕。慳君以資財爲德，則大夫賤人，而將軍走利。是故失國之罪必在君之^{九行}不知夬也。易曰：「王參賜命，无咎。」爲人君而能亟賜亓命，无國何失之又？又問：比之「王〔參〕殹」，何胃也？子曰：昔□□□人，以察教之，以義付之，以荆殺當罪而人服君，乃服小節，以无人曰義。^{一〇行}爲上且猷又不能，人爲下何无過之又？夫失之前將戒諸後，此之胃教而戒之。易〔曰：比〕之「王參殹，失前禽，邑人不戒，吉。」若爲人君殹者，亓人孫戒在前，何不吉之又？又問：祭之「自邑告命」^{一一行}何胃也？子曰：昔之賢君也，明以察乎人之欲亞，詩書以成亓慮，外內親賢以爲紀岡，夫人弗告則弗識，弗將不達，弗遂不成。易曰：祭之「自邑告命，吉」，自君告人之胃也。昭力問先^{一二行}生曰：君卿大夫之事既已聞之矣，□或又乎？子曰；士數言數百，猷又所寶用之，兄於易乎？比卦　又二，多六合之內，四勿之卦，何不又焉？旅之溍斧，商夫之義也；无孟之卦，邑途之義也；^{一三行}不耕而穫，戎夫之義也；良月幾望，處女之義也。昭力　六千^{一四行}

【附　註】

① 此處有錯簡，「天氣作」至此應列於下文「何不吉之又」後。

② 此處有錯簡，從「又口能斂之」至此，應移至上文「不言於又罪之內」後。

附錄一

帛書易傳研究論著目錄

說明：本書清樣校畢，利用手頭的資料，製成此《目錄》，
以供學人參考。望同道續加增補，使其日臻完備。本
工作參考了李梅麗《馬王堆漢墓研究論著簡目（
1972—1992年）》、黃琪莉《帛書《周易》研究論
著目錄》、近藤浩之《馬王堆漢墓關係論著目錄》，
特此致謝。

1.　湖南省博物館、中國科學院考古研究所，長沙馬王堆二、三
號漢墓發掘簡報，文物、　1974年第7期，頁39—48轉頁63，
1974年7月。

2.　曉函，長沙馬王堆漢墓帛書概述，文物，1974年第9期，頁
40—44，1974年9月。

3.　張政烺、周世榮，座談長沙馬王堆漢墓帛書，文物，1974年
第9期，頁48—49，1974年9月。

4.　中國科學院考古研究所，湖南省博物館寫作小說，馬王堆二、
三號漢墓發掘的主要收穫，考古，1975年第1期，頁47—57
轉頁61，1975年1月。

5.　湖南省博物館，長沙馬王堆漢墓，長沙：湖南人民出版社，
1979年8月。

6.　嚴靈峰，馬王堆帛書易經初步研究——周易經傳文字的結構
和錯簡，經子叢書，第五冊，215頁，臺北：成文出版社，
1980年7月。

7. 湖南省博物館，馬王堆漢墓研究，長沙：湖南人民出版社，413頁，1981年8月。

8. 何介鈞、張維明，馬王堆漢墓，北京：文物出版社，1982年1月；臺北：弘文館，1985年11月。

9. 張政烺，帛書六十四卦跋，文物，1984年第3期，頁9—14，1984年3月；周易研究論文集，第一輯，頁601—612，北京：北京師範大學出版社，1987年9月。

10. 于豪亮，帛書周易，文物1984年第3期，頁15—24，1984年3月；周易研究論文集，第一輯，頁613—628，北京：北京師範大學出版社，1987年9月。

11. 嚴靈峰，馬王堆帛書易經「六十四卦」的重卦和卦序問題（上、下），東方雜誌（臺灣），復刊第18卷第8、9期，19頁，1985年2、3月；無求備齋學術新著，頁173—225，臺北：商務印書館，1987年2月；無求備齋易學論集，頁269—310，北京：中國社會科學出版社，1995年1月。

12. 黃沛榮，論馬王堆帛書易經之卦序，中國書目季刊（臺灣），第18卷第4期，頁141—149，1985年3月；屈萬里院士紀念論文集，頁141—152，臺北：學生書局，1985年5月。

13. 李學勤，馬王堆帛書周易的卦序卦位，中國哲學，第14輯，頁16—26，北京：人民出版社，1988年1月；李學勤集，頁351—362，哈爾濱：黑龍江教育出版社，1989年5月；周易經傳溯源，頁204—213，長春：長春出版社，1992年8月；簡帛佚籍與學術史，頁239—251，臺北：時報文化出版公司，1994年12月。

14. 霍斐然，帛書周易「水火相射」釋疑，文史，第29輯，頁357—363，北京：中華書局，1988年1月。

15. 李正光，馬王堆漢墓帛書竹簡，長沙：湖南美術出版社，
    293頁，1988年2月。

16. 韓仲民，帛書繫辭淺說——兼論易傳的編纂，孔子研究，
    1988年第4期，頁23—28， 1988年4月；周易研究，1990年
    第1期，頁14—20，1990年。

17. 李學勤，從帛書易傳看孔子與易，中原文物，1989年第2期，
    頁41—44，1989年6月；周易經傳溯源，頁224—230，長春：
    長春出版社1992年8月。

18. 李學勤，帛書周易與荀子一系易學，中國文化，第1期，頁
    30—36，1989年12月；周易經傳溯源，頁98—109，長春：
    長春出版社，1992年8月。

19. 李學勤，帛書繫辭略論，齊魯學刊，1989年第4期，頁17—
    20，1989年12月；周易經傳溯源，頁231—237，長春：長春
    出版社，1992年8月。

20. 張立文，周易帛書淺說，中國文化與中國哲學，頁84—116，
    北京：三聯書店， 1990年12月；周易帛書今注今譯，頁1—
    42，臺北：學生書局，1991年9月；帛書周易注譯（卷首），
    計37頁，鄭州：中州古籍出版社，1992年9月；白話帛書周
    易（卷首），鄭州：中州古籍出版社，1994年5月。

21. 廖名春、康學偉、梁韋弦，周易研究史，長沙：湖南出版社，
    468頁，1991年7月；漢城：藝文書院，935頁，1994年9月。

22. 傅舉有、陳松長編，馬王堆漢墓文物，長沙：湖南出版社，
    186頁，1992年5月。

23. 傅舉有、陳松長，馬王堆漢墓文物綜述，馬王堆漢墓文物（
    別卷），28頁，長沙：湖南出版社，1992年5月。

24. 王葆玹，從馬王堆帛書本看繫辭與老子學派的關係，道家文

化研究，第一輯，頁 175—187，上海：上海古籍出版社，
1992年6月；易傳與道家思想，頁330—347，臺北：商務印
書館，1994年9月。

25. 廖名春，帛書繫辭釋文校補，長沙：馬王堆漢墓國際學術討
論會論文，4頁， 1992年8月。

26. 李學勤，周易經傳溯源——從考古學、文獻學看周易，北京：長
春出版社，237頁， 1992年8月。

27. 韓仲民，帛易說略，北京：北京師範大學出版社，230頁，
1992年10月。

28. 黃沛榮，馬王堆帛書繫辭傳校讀，周易研究，1992年第4期，
頁1—9，1992年。

29. 饒宗頤，帛書繫辭傳「大恆」說，中國文化研究所學報（香
港中文大學），新第 1期，頁85—98，1992年；道家文化研
究，第三輯（馬王堆帛書專號），頁6—19，上海：上海古
籍出版社，1993年8月；馬王堆漢墓研究論文集——1992年
馬王堆漢墓國際學術討論會論文選，頁27—35，長沙：湖南
出版社，1994年5月。

30. 廖名春，帛書繫辭釋文補正，中國文化研究所學報（香港中
文大學），新第2期，頁1—8，1993年。

31. 李學勤，帛書繫辭上篇析論，江漢考古，1993年第1期，頁
80—83，1993年1月。

32. 陳鼓應，馬王堆出土帛書繫辭爲現存最早的道家傳本，哲學
研究，1993年第2期，頁42—49，1993年2月；易傳與道家思
想，頁165—182，臺北：商務印書館，1994年9月。

33. 廖名春，中國古代文明的瑰寶——評《馬王堆漢墓文物》，
哲學研究，1993年第3期，頁77—78，1993年3月。

34. 廖名春，帛書《周易繫辭傳》異文初考，中國海峽兩岸黃侃學術研討會論文集，頁 156—161，華中師範大學出版社，1993年5月。

35. 廖名春，論帛書繫辭的學派性質，哲學研究，1993年第7期，頁58—65，1993年7月。

36. 張岱年，初觀帛書繫辭，道家文化研究，第三輯（馬王堆帛書專號），頁1—5，上海：上海古籍出版社，1993年8月。

37. 余敦康，帛書繫辭「易有大恆」的文化意蘊，道家文化研究，第三輯（馬王堆帛書專號），頁20—26，上海：上海古籍出版社，1993年8月。

38. 張政烺，馬王堆帛書周易繫辭校讀，道家文化研究，第三輯（馬王堆帛書專號），頁27—35，上海：上海古籍出版社，1993年8月。

39. 朱伯崑，帛書本繫辭文讀後，道家文化研究，第三輯（馬王堆帛書專號），頁36—46，上海：上海古籍出版社，1993年8月。

40. 樓宇烈，讀帛書繫辭雜記，道家文化研究，第三輯（馬王堆帛書專號），頁47—54，上海：上海古籍出版社，1993年8月。

41. 許抗生，略談帛書老子與帛書易傳繫辭，道家文化研究，第三輯（馬王堆帛書專號），頁55—63，上海：上海古籍出版社，1993年8月。

42. 陳鼓應，繫辭傳的道論及太極、太恆說，道家文化研究，第三輯（馬王堆帛書專號），頁64—72，上海：上海古籍出版社，1993年8月；大易集要，頁35—39，濟南：齊魯書社，1994年3月；易傳與道家思想，頁232—243，臺北：商務印

書館，1994年9月。

43. 王葆玹，帛書繫辭與戰國秦漢道家易學，道家文化研究，第
    三輯（馬王堆帛書專號），頁73—88，上海：上海古籍出版
    社，1993年8月。

44. 陳亞軍，帛書繫辭探源，道家文化研究，第三輯（馬王堆帛
    書專號），頁89—103，上海：上海古籍出版社，1993年8月。

45. 黃沛榮，帛書繫辭傳校證，道家文化研究，第三輯（馬王堆
    帛書專號），頁104—119，上海：上海古籍出版社，1993年
    8月。

46. 張立文，帛書繫辭與通行本繫辭的比較，道家文化研究，第
    三輯（馬王堆帛書專號），頁120—132，上海：上海古籍出
    版社，1993年8月。

47. 廖名春，論帛書繫辭與今本繫辭的關係，道家文化研究，第
    三輯（馬王堆帛書專號），頁133—143，上海：上海古籍出
    版社，1993年8月。

48. 王　博，從帛書易傳看今本繫辭的形成過程，道家文化研究，第
    三輯（馬王堆帛書專號），頁144—154，上海：上海古籍出
    版社，1993年8月。

49. 陳松長，帛書繫辭初探，道家文化研究，第三輯（馬王堆帛
    書專號），頁155—164，上海：上海古籍出版社，1993年8
    月。

50. 李定生，帛書繫辭傳與文子，道家文化研究，第三輯（馬王
    堆帛書專號），頁165—167，上海：上海古籍出版社，1993
    年8月。

51. 陳鼓應，帛書繫辭和帛書黃帝四經，道家文化研究，第三輯
    （馬王堆帛書專號），頁168—180，上海：上海古籍出版社，

1993年8月；周易研究，1993年第4期，頁1—8，1993年；易傳與道家思想，頁214—231，臺北：商務印書館，1994年9月。

52. 王葆玹，帛書周易所屬的文化地域及其與西漢經學一些流派的關係，道家文化研究，第三輯（馬王堆帛書專號），頁181—189，上海：上海古籍出版社，1993年8月。

53. 廖名春，帛書「二三子問」簡說，道家文化研究，第三輯（馬王堆帛書專號），頁190—195，上海：上海古籍出版社，1993年8月。

54. 廖名春，帛書「易之義」簡說，道家文化研究，第三輯（馬王堆帛書專號），頁196—201，上海：上海古籍出版社，1993年8月。

55. 廖名春，帛書「要」簡說，道家文化研究，第三輯（馬王堆帛書專號），頁202—206，上海：上海古籍出版社，1993年8月。

56. 廖名春，帛書「繆和」、「昭力」簡說，道家文化研究，第三輯（馬王堆帛書專號），頁207—215，上海：上海古籍出版社，1993年8月。

57. 陳鼓應，帛書繆和、昭力中的老學與黃老思想之關係，道家文化研究，第三輯（馬王堆帛書專號），頁216—222，上海：上海古籍出版社，1993年8月；易傳與道家思想，頁272—281，臺北：商務印書館，1994年9月。

58. 邢文，帛書周易與卦氣說，道家文化研究，第三輯（馬王堆帛書專號），頁317—329，上海：上海古籍出版社，1993年8月。

59. 陳松長，帛書繫辭釋文，道家文化研究，第三輯（馬王堆帛

書專號），頁416—423，上海：上海古籍出版社，1993年8月。

60. 陳松長、廖名春，帛書「三三子問」、「易之義」、「要」釋文，道家文化研究，第三輯（馬王堆帛書專號），頁424—435，上海：上海古籍出版社，1993年8月。

61. 王少聞，《馬王堆漢墓文物》述評，道家文化研究，第三輯（馬王堆帛書專號），頁436—437，上海：上海古籍出版社，1993年8月。

62. 李學勤，帛書易傳及繫辭的年代，中國哲學，第16輯，頁1—8，長沙：岳麓書社，1993年9月；簡帛佚籍與學術史，頁262—268，臺北：時報文化出版公司，1994年12月。

63. 陳鼓應，也談帛書繫辭的學派性質，哲學研究，1993年第9期，頁58—60，1993年9月；易傳與道家思想，頁298—304，臺北：商務印書館，1994年9月。

64. 廖名春，帛書繫辭釋文再補，周易研究，1993年第4期，頁9—11轉頁32，1993年。

65. 廖名春，論帛書易傳與帛書易經的關係，孔子研究，1994年第4期，頁40—47，1994年1月。

66. 嚴靈峰，馬王堆帛書繫辭傳殘本全文的剖析，中國哲學史，1994年第1期，頁3—19，1994年1月；大易集要，頁1—9，濟南：齊魯書社，1994年3月。

67. 廖名春「大衍之數」章與帛書繫辭，中國文化，第9期，頁37—41，1994年2月；馬王堆漢墓研究論文集——1992年馬王堆漢墓學術討論會論文選，頁39—45，長沙：湖南出版社，1994年5月。

68. 陳松長，「二三子問」初論，馬王堆漢墓研究論文集——

1992年馬王堆漢墓國際學術討論會論文選，頁46—52，長沙：湖南出版社，1994年5月。

69. 帛書，「二三子問」圖版，馬王堆漢墓研究論文集——1992年馬王堆漢墓國際學術討論會論文選，圖版貳—伍，長沙：湖南出版社，1994年5月。

70. 李學勤，帛書周易的幾點研究，文物，1994年第1期，頁44—49，1994年1月；簡帛佚籍與學術史，頁252—261，臺北：時報文化出版公司，1994年12月。

71. 陳來，馬王堆帛書易傳及孔門易學，哲學與文化（臺灣），第21卷第2期，頁150—168，1994年2月；國際研究，第二卷，頁51—75，北京：北京大學出版社，1994年7月。

72. 池田知久，馬王堆漢墓帛書周易要篇的研究，東洋文化研究所紀要（日本東京大學），第123冊，1994年2月；馬王堆漢墓帛書周易之「要」篇研究（牛建科譯），周易研究，1995年第2期，頁27—34，1995年。

73. 廖名春，帛書易傳引易考、大易集要，頁16—24，濟南：齊魯書社，1994年3月；漢學研究（臺灣），第12卷第2期，頁333—344，1994年12月。

74. 廖名春，帛書釋「要」，中國文化，第10期，頁63—76，1994年8月。

75. 王葆玹，繫辭帛書本與通行本的關係及其學派問題：兼答廖名春先生，哲學研究，1994年第4期，頁47—54轉頁62，1994年4月。

76. 李梅麗，馬王堆漢墓研究論著簡目（1972年—1992年），馬王堆漢墓研究論文集—— 1992年馬王堆漢墓國際學術討論會論文選，頁335—369，長沙：湖南出版社，1994年5月。

77. 廖名春，帛書導引圖題記「備欮」考，古漢語研究，1994年第2期，頁60—61，1994年6月。

78. 王葆玹，西漢經學源流，臺北：東大圖書公司，404頁，1994年6月。

79. 嚴靈峰，馬王堆帛書易經中孔子贊易和「說卦」，大陸雜誌（臺灣），第89卷第1期，頁1—3，1994年7月。

80. 嚴靈峰，馬王堆帛書易經斠理，臺北：文史哲出版社，268頁，1994年7月。

81. 近藤浩之，馬王堆漢墓帛書《周易》研究概說（上）——帛書《周易》研究二十年の動向，中國哲學研究（日本），第八號，70頁，1994年7月；帛書《周易》的整理過程及其編目（曹學群譯），簡帛研究譯叢，第一輯，頁127—141，長沙：湖南出版社，1996年6月。

82. 鄧立光，從帛書易傳看孔子之易教及其象數，周易研究，1994年第3期，頁20—29，1994年8月。

83. 廖名春，先天卦位探源，國際青年易學通訊，第4期，頁2，1994年9月。

84. 任俊華，「諱而辟咎」小議，國際青年易學通訊，第4期，頁3，1994年9月。

85. 陳鼓應，帛書繫辭與今本繫辭——再論帛書繫傳爲道家之傳本，易傳與道家思想，頁183—213，臺北：商務印書館，1994年9月。

86. 陳鼓應，三三子問、易之義、要的撰作年代以及其中的黃老思想，易傳與道家思想，頁247—271，臺北：商務印書館，1994年9月；國際易學研究，第一輯，頁89—106，北京：華夏出版社，1995年1月。

87. 李學勤，帛書「要」篇及其學術史意義，中國史學，1994年第10期，頁81—88，1994年10月。

88. 廖名春，帛書《周易》經傳述論，名家談易，頁413—435，北京：美芝靈國際易學研究院，1994年。

89. 廖名春，論帛書易傳與帛書易經的關係，孔子研究，1994年第4期，頁40—47，1994年12月。

90. 李學勤，從「要」篇看孔子與《易》，簡帛佚籍與學術史，頁269—275，臺北：時報文化出版公司，1994年12月。

91. 廖名春，帛書「二三子」釋文，國際易學研究，第一輯，頁7—12，北京：華夏出版社，1995年1月。

92. 廖名春，帛書「繫辭」釋文，國際易學研究，第一輯，頁13—19，北京：華夏出版社，1995年1月。

93. 廖名春，帛書「易之義」釋文，國際易學研究，第一輯，頁20—25，北京：華夏出版社，1995年1月。

94. 廖名春，帛書「要」釋文，國際易學研究，第一輯，頁26—29，北京：華夏出版社，1995年1月。

95. 廖名春，帛書「繆和」釋文，國際易學研究，第一輯，頁30—37，北京：華夏出版社，1995年1月。

96. 廖名春，帛書「昭力」釋文，國際易學研究，第一輯，頁38—39，北京：華夏出版社，1995年1月。

97. 池田和久，帛書「要」釋文，國際易學研究，第一輯，頁40—45，北京：華夏出版社，1995年1月。

98. 嚴靈峰，有關帛書易傳的幾個問題，國際易學研究，第一輯，頁46—54，北京：華夏出版社，1995年1月。

99. 朱伯崑，帛書易傳研究中的幾個問題，國際易學研究，第一輯，頁55—61，北京：華夏出版社，1995年1月。

100.李學勤，帛書易傳與易經的作者，國際易學研究，第一輯，頁62—66，北京：華夏出版社，1995年1月。

101.張立文，帛書易傳的時代與人文精神，國際易學研究，第一輯，頁67—88，北京：華夏出版社，1995年1月。

102.王德有，易儒道三家主旨辨——就繫辭帛書本辨易儒道之異同，國際易學研究，第一輯，頁107—119，北京：華夏出版社，1995年1月。

103.鄭萬耕，帛書易傳散議，國際易學研究，第一輯，頁120—139，北京：華夏出版社，1995年1月。

104.廖名春，帛書繫辭與今本繫辭的關係及學派性質問題續論，國際易學研究，第一輯，頁140—155，北京：華夏出版社，1995年1月。

105.池田和久，馬王堆漢墓帛書周易要篇的思想，東洋文化研究所紀要（日本東京大學），第126冊，1995年1月；馬王堆漢墓帛書周易要篇的成書年代（陳書初譯），簡帛研究譯叢，第一輯，頁111—126，長沙：湖南出版社，1996年6月。

106.鄧球柏，白話帛書周易，長沙：岳麓書社，346頁，1995年1月。

107.廖名春，帛書「易之義」與先天卦位說，易醫文化與應用，頁271—278，北京：華夏出版社，1995年3月。

108.鄧立光，從帛書《易傳》證知並重構孔子之哲學思想，廣州：第一屆國際易學與當代文明研討會論文，35頁，1995年1月。

109.嚴靈峰，無求備齋易學論集，388頁，北京：中國社會科學出版社，1995年1月。

110.廖名春，馬王堆帛書《周易》經傳釋文，續修四庫全書經部易類，第一冊，頁1—56，上海：上海古籍出版社，1995年。

111. 邢文，儒學與周易——馬王堆帛書研究的視角，中國社會科學院研究生院學報，1995年第2期，頁40—44，1995年3月。

112. 廖名春，帛書易傳概論，易學心知，頁1—14，北京：華夏出版社，1995年5月。

113. 謝寶笙，從馬王堆帛書「要」篇追尋《易經》的原著精神，易學心知，頁15—29，北京：華夏出版社，1995年5月。

114. 魏啓鵬，帛書「繫辭」駢枝，道家文化研究，第六輯，頁293—303，上海：上海古籍出版社，1995年6月。

115. 陳松長，帛書「繫辭」校勘札記，道家文化研究，第六輯，頁304—309，上海：上海古籍出版社，1995年6月。

116. 朱伯崑，帛書本《易》說讀後，道家文化研究，第六輯，頁310—319，上海：上海古籍出版社，1995年6月。

117. 王博，「要」篇略論，道家文化研究，第六輯，頁320—328，上海：上海古籍出版社，1995年6月。

118. 劉昭瑞，論《易》之名易——兼談帛書「要」篇，道家文化研究，第六輯，頁329—335，上海：上海古籍出版社，1995年6月。

119. 邢文，《鶡冠子》與帛書「要」，道家文化研究，第六輯，頁336—349，上海：上海古籍出版社，1995年6月。

120. 王葆玹，帛書「要」與「易之義」的撰作時代及其與「繫辭」的關係，道家文化研究，第六輯，頁350—365，上海：上海古籍出版社，1995年6月。

121. 陳松長，馬王堆帛書「繆和」「昭力」釋文，道家文化研究，第六輯，頁367—380，上海：上海古籍出版社，1995年6月。

122. 張善文，論帛書《周易》的文獻價值，臺北：第二屆海峽兩岸《周易》學術研討會論文，20頁，1995年6月。

123.謝寶笙，易經與孔子的蟬蛻龍變，北京：華夏出版社，181頁，1995年7月。

124.連劭名，論太極與太恆，周易研究，1995年第3期，頁10—24，1995年8月。

125.廖名春，帛書《易傳》象數學說探微，漢學研究（臺灣），第13卷第2期（總第26號），頁37—46，1995年12月。

126.廖名春，關於帛書易傳的研究，傳統文化與現代化，1995年第6期，頁40—47，1995年12月。

127.廖名春，試論孔子易學觀的轉變，孔子研究，1995年第4期，頁25—29轉59，1995年12月。

128.黃琪莉，帛書《周易》研究現狀概述（附錄：帛書《周易》研究論著目錄），中國文哲研究通訊（臺灣），第5卷第4期，頁95—117，1995年12月。

129.邢文，帛書周易與古代學術，中國社會科學院博士學位論文，188頁，1995年12月。

130.陳松長，帛書周易研究綜述，中國文化月刊（臺灣），第193期，頁20—36，1995年。

131.林義正，論《周易》與孔子晚年思想的關係，哲學論評（臺灣），第19期，頁79—126，1996年1月。

132.廖名春，《論語》「五十以學易」章新證，中國文化研究，1996年春之卷（總11期），頁25—28，1996年2月。

133.廖名春，帛書《易傳》象數學說考釋，象數易學研究㈠，頁24—34，濟南：齊魯書社，1996年2月。

134.李仕澂，也談「先天卦位」與「帛書卦位」，象數易學研究㈠，頁35—50，濟南：齊魯書社，1996年2月。

135.池田知久，易傳の道器會——帛書易傳繫辭篇と通行本繫辭

上傳，老莊思想，日本：放送大學教育振興會，1996年3月。

136. 廖名春，關於帛書《易傳》整理過程中的一些問題，鵝湖（臺灣），1996年第3期（總249期），頁16—21，1996年3月。

137. 廖名春，從先秦秦漢文獻論《周易》本經的作者問題，孔孟學報（臺灣），第71期，頁65—75，1996年3月。

138. 王葆玹，儒家學院派《易》學的起源和演變——兼論中國文化傳統的問題，哲學研究，1996年第3期，頁54—64，1996年3月。

139. 廖名春，從帛書《易傳》論先天卦位的起源，金景芳九五誕辰紀念文集，頁391—405，長春：吉林文史出版社，1996年4月。

140. 呂紹綱「繫辭傳」屬儒不屬道論，國際易學研究，第二輯，頁257—276，北京：華夏出版社，1996年4月。

141. 王博，從帛書「繆和篇」到《淮南子》〈繆稱訓〉——關于穆生易學的一種推測，國際易學研究，第二輯，頁277—287，北京：華夏出版社，1996年4月。

142. 王葆玹，再論「繫辭」太極與大衍之數諸問題——兼答廖名春先生，國際易學研究，第二輯，頁288—305，北京：華夏出版社，1996年4月。

143. 陳松長，再論帛書《易傳》整理過程之問題，鵝湖（臺灣），1996年第7期（總253期），頁33—34，1996年7月。

144. 鄧球柏，帛書周易校釋（增訂本），552頁，長沙：湖南出版社，1996年8月。

145. 邢文，帛書《周易》的成書分析，傳統文化與現代化，1996年第3期，頁50—54，1996年9月。

146. 廖名春，「說卦」新證，中國文哲研究通訊（臺灣），第六

卷第三期，頁137—149，1996年9月。

147.梁敢雄，大衍之數與天地之數考辨——兼論大衍筮法的建構、著作時代及其學派歸屬，鄂東易學通訊，總第4期，頁12—14轉16，1996年秋。

148.張立文，帛書《易傳》的人文精神，國際儒學研究，第二輯，頁189—207，北京：中國社會科學出版社，1996年10月。

149.廖名春，《尚書》始稱新證，文獻，1996年第4期（總第70期），頁152—156， 1996年10月。

150.近藤浩之，馬王堆漢墓關係論著目錄，中國出土資料研究（日本），創刊號，頁200—251，1997年3月。

151.廖名春，周易說卦傳錯簡說新考，周易研究，1997年第2期，頁33—41，1997年5月。

152.林亨錫，漢前周易易傳佚篇之研究——以帛書「繆和」、「昭力」為中心，北京：清華大學碩士學位論文，64頁，1997年5月；西安：第二屆國際易學與當代文明研討會論文，1997年10月。

153.鄧立光，從帛書易傳證知孔子說易引用古熟語，周易研究，1997年第3期，頁1—5，1997年8月。

154.郭沂，從早期《易傳》到孔子易說——重新檢討《易傳》成書問題，國際易學研究，第三輯，頁129—159，北京：華夏出版社，1997年8月。

155.貝克定，分段與結構分析帛書易傳，西安：第二屆國際易學與當代文明研討會論文，18頁，1997年10月。

156.近藤浩之，《帛書易傳》二三子篇的龍，西安：第二屆國際易學與當代文明研討會論文，3頁，1997年10月。

157.廖名春，《周易》經傳與易學史新論，西北大學博士後研究

工作報告，121頁， 1997年10月。

158.邢文，論帛書《周易》的篇名與結構，考古，1998年第2期，頁64—66，1998年2月。

一九九八年三月二十日於北京育新花園寓所

帛書易傳圖版

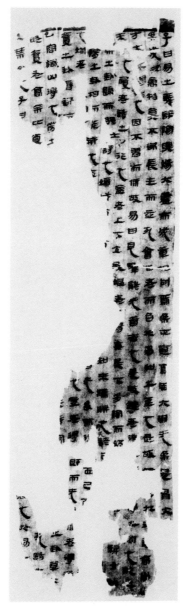

圖1-《衷》1上

圖 2 - 《衷》1下

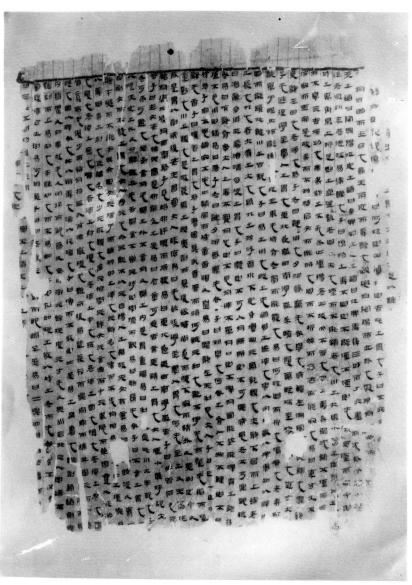

圖 3 - 《衷》2 上

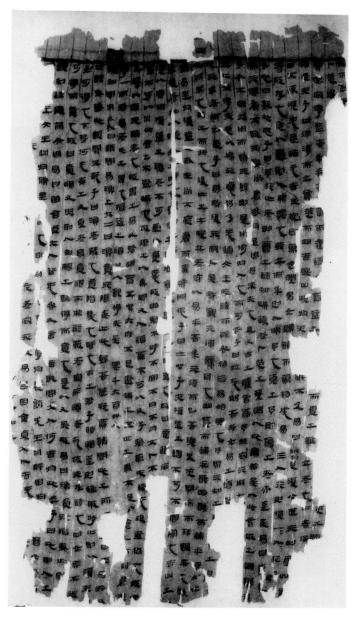

圖 6 - 《要》、《繆和》1上

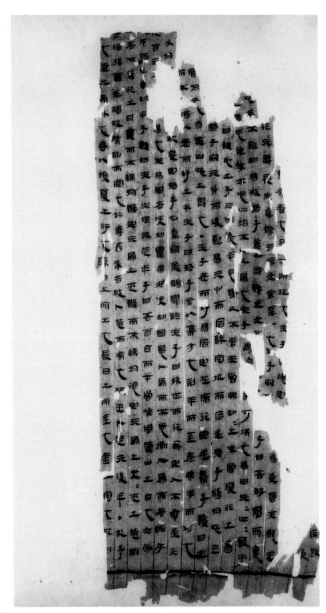

圖7-《要》1下

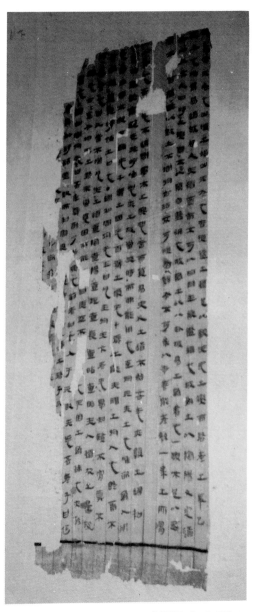

圖8-《要》1下、《繆和》1下

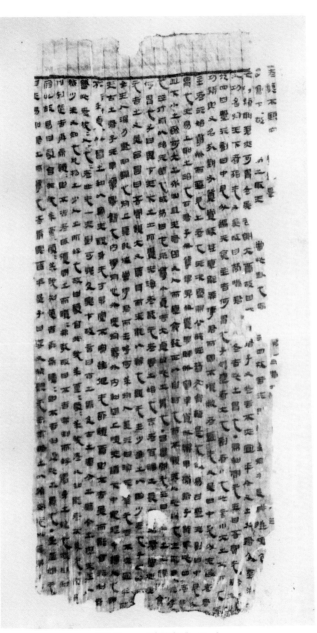

圖 9 - 《繆和》2 上

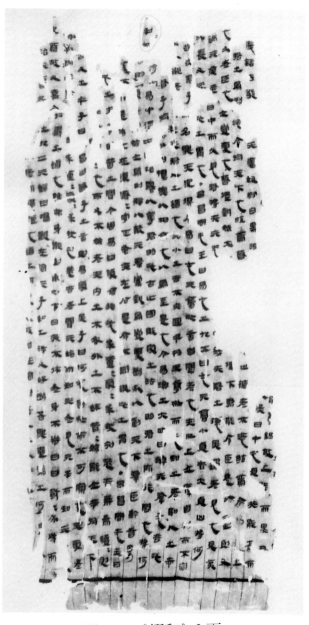

圖 10－《繆和》2 下

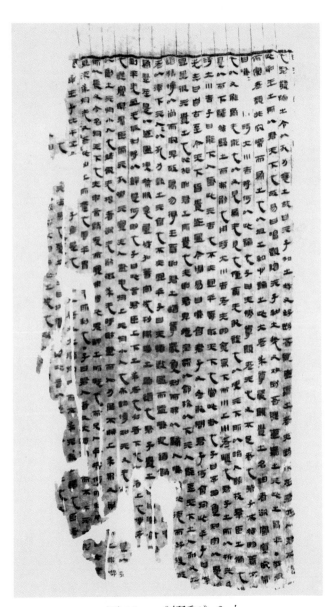

圖 11 - 《繆和》3 上

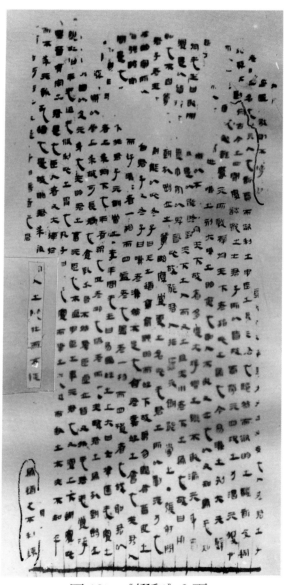

圖 12－《繆和》3 下

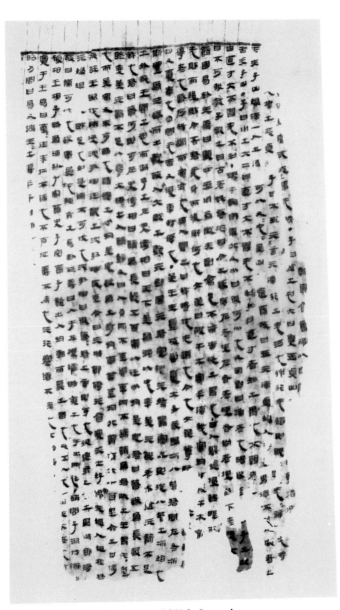

圖 13 - 《繆和》4 上

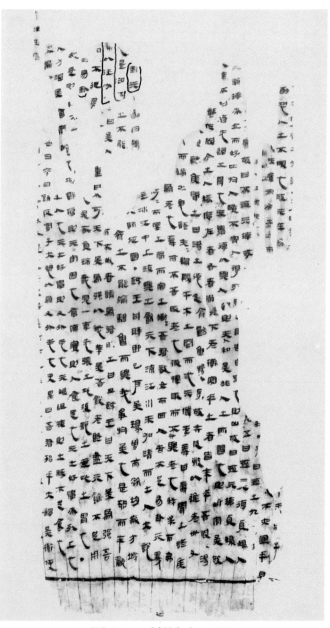

圖 14 -《繆和》4 下

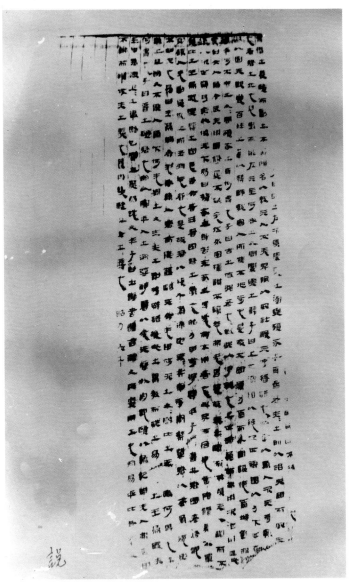

圖 15 -《繆和》5 上、《昭力》上

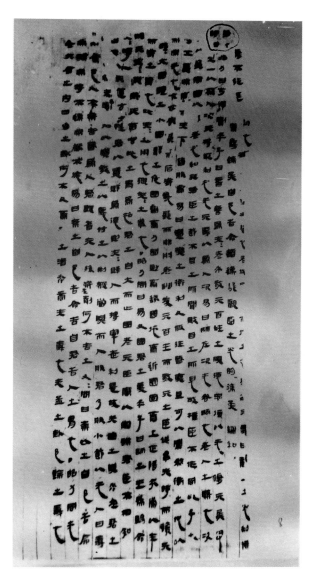

圖 16－《繆和》5 下、《昭力》下